이름 없는 구름

An Introduction Christian Spirituality

사무엘 초우 지음
조승호 옮김

쿰란출판사

| **옮긴이의 글** |

　사무엘 초우 박사는 제가 다녔던 신학교에서 역사신학과 조직신학을 강의하는 교수님으로서, 저는 그분에게서 성령론, 종말론, 그리고 영성신학을 들었습니다. 제자였던 저의 눈에 비친 그는 끊임없이 연구하는 학자였습니다. 제가 신학교 도서관에서 아르바이트 할 때 늘 책을 한 아름씩 빌려가는 그분의 모습이 매우 인상적이었습니다. 그는 이 시대 화교 기독교계에 걸출한 신학자로서 그의 신학은 좌로나 우로나 치우침이 없어 보입니다. 그는 또한 제자들을 사랑하는 스승입니다. 무엇보다 그는 영성 실천가입니다. 그는 영적인 영양섭취 능력에 천부적인 은사를 받고 태어난 것 같습니다. 그는 '영혼의 영양사'가 되어 늘 주님 자녀들의 영적인 영양에 관심을 갖고 돕고 있습니다. 그분의 심령에는 기쁨이 가득하고 얼굴에는 웃음이 떠나질 않습니다.
　어떤 분들은 김치와 된장국만 있어도 밥 한 끼를 먹을 수 있습니다. 저도 그 중의 한 사람입니다. 하지만 매일 김치와 된장국만 먹다가는 머지않아 몸이 허약해질 것입니다. 고등학교 자취시절 저는 먹는 것이 시원치 않았습니다. 어느 날 제 잇몸이 붓고 고름이 나는 것을 보았습니다. 머리도 어지럽고 귀도 울리고 그랬습니다. 영양결핍이었습니다. 결혼하고 나니 너무 좋습니다. 매일 아내가 만들어주는 맛있고 영양가 있는 음식을 먹을 수 있기 때문입니다. 이제는 잇몸에서 고름이 나지도 않고 머리의 어지럼증도 없습니다. 몸과 마음이 가볍고 즐겁습니다.

영적인 세계에서도 마찬가지라 생각됩니다. 한두 가지 자기에게 익숙한 스타일대로 신앙생활을 할 수는 있습니다. 구원받고 주님 나라 가는 데는 문제가 없습니다. 예수님을 믿으면 누구든지 구원받기 때문입니다. 하지만 이 땅에 사는 동안 영혼의 '풍성함'은 누릴 수 없습니다. 심하면 영혼의 빈혈증을 앓을 수도 있습니다.

여러분의 영혼의 잇몸이 붓고 고름이 나며 현기증이 날 때 이 책을 읽어보시기 바랍니다. 적어도 우리의 영혼에 필요한 27가지 종합 영양제를 섭취하리라 믿습니다. 이 영혼의 영양분은 지난 2000년 교회사 가운데 시대를 거듭하면서 축적되고 숙성된 것들입니다. 이미 중생을 체험하고 이 땅에서 나그네 삶을 살며 천성을 향해 달려가는 주님의 자녀들에게 이 책이 영혼의 좋은 영양제가 될 것으로 믿습니다. 가던 길을 잠시 멈추고 영혼의 영양분을 한번 섭취해 보는 것이 어떨는지요.

2009년 11월 10일
조승호

| 한국 독자에게 드리는 감사의 글 |

대주교 안토니 블룸이 들려준 한 아름다운 이야기가 있습니다.

한 시골 노인이 있었습니다. 그는 정해진 시간에 정해진 교회에 들어가는 습관이 있었습니다. 날마다 그는 그곳에서 아무것도 하지 않고 그저 앉아 있곤 했습니다. 그 교구 목사는 정기적으로 찾아와 조용히 앉아 있는 이 방문객을 주의 깊게 눈여겨 보았습니다. 그러던 어느 날, 목사는 더 이상 호기심을 억제할 수 없어 그 노인에게 물었습니다. '왜 날이면 날마다 혼자 교회에 오는지? 왜 이런 식으로 그의 시간을 낭비하는지?' 그러자 그 노인은 사랑이 깃든 반짝이는 눈으로 목사를 바라보며 그 이유를 이렇게 설명했습니다.

"저는 그분을 바라보지요. 그분은 저를 바라보고요. 그리고 우리는 서로가 서로를 사랑하노라 이야기한답니다."

- Joyce Huggett, Listening to God (London: Hodder and Stoughton, 1986), p. 64. The story by Anthony Bloom is uncited.

이 짧은 이야기는 이 책이 영적 삶에 관한 성장과 진전을 연구하고자 하는 바를 여러 모로 담고 있습니다. 그것은 지난 수세기 동안의 영성 작가들과 신비주의자들의 견해와 가르침을 이해하려고 시도한 것입니다. 여기 관찰되는 많은 분들의 삶이 매우 개인적이고 저마다 독특한 통찰력을 주고 있습니다. 하지만 그들의 삶은 그들의 기도, 묵상, 그리고 세상을 향한 관심 어린 심정에서 많은 공통점을 가지고 있습니다.

훌륭한 한글 번역을 해준 조승호 목사님에게 깊은 감사를 드립니다. 그는 그리스도의 제자로서 그리스도의 몸을 생각하는 비전 가운데 사심없이 모범적으로 사역하고 있습니다. 뿐만 아니라 매순간의 우리의 삶 가운데 어떻게 하나님 나라의 실재를 체험하며 살아갈 수 있을까 배우고자 힘쓰고 있습니다.

이 책이 한국 독자들에게 읽혀질 수 있게 되어 대단히 영광스럽습니다. 아무쪼록 이 책이 우리 삶 속에 더 위대한 교회 공동체를 낳는 데 조금이나마 기여할 수 있기를 바랍니다. 그리고 그리스도 안에서 자유로운 삶, 성취되는 삶, 열정적인 삶을 불러일으키는 데 작은 보탬이 되었으면 합니다. 끝으로 이 책이 나올 수 있도록 애써 주신 쿰란출판사에 심심한 감사의 마음을 전합니다.

2009년 7월 대만에서
사무엘 초우

| 서문 1 | "열려라 참깨"의 기분을 맛보며

이 책을 나의 사랑하는 아내 메이롱(美蓉)에게 바칩니다.

20년 전, 내가 시카고에서 신학교에 다닐 때 기독교 영성신학사(靈性神學史)는 "열려라 참깨"라고 외쳐야 하는 보물창고의 비밀암호처럼 나의 호기심을 불러일으켜주었고 나로 하여금 거듭 탐구하도록 했습니다. 문델린(Mundeline)에 있는 세인트메리(St. Mary)신학교에 다닐 때도 영성신학 관련 과목들을 수강했는데, 그때 나는 서방 영성학의 풍부 속으로 그만 빠져들고 말았습니다. 그 시절, 나는 처음으로 침묵과 묵상의 심오함 속으로 발을 내딛게 되었습니다. 뿐만 아니라, 기나긴 역사의 풍파 속에서도 바래지 않고 여전히 빛나는 십자가의 요한(John of the Cross)과 토마스 머튼(Thomas Merton) 등 영성 대가들을 알게 되었습니다. 힘겨운 박사 과정을 밟을 때도 영성신학 분야에 대한 관심과 흥미는 줄어들기는커녕, 날이 갈수록 커져만 갔습니다.

초기 교회 역사를 연구하며 초기의 수도주의, 금욕주의의 작품들을 읽게 되었습니다. 그때 사회를 벗어나 혼자 살아갔던 사막 교부들도 만나게 되었습니다. 그런데 거기에는 사람을 끄는 측면이 있었습니다. 그들 작품 가운데 '영성훈련'에 관한 깊은 탐구는 정말로 풍부한 원천과도 같았습니다. 그 후에, 프랜시스회의 영성학과 아시시의 프란체스코에 대해 심도 있는 연구를 했습니다. 나의 지도 교수였던 레인 박사(Dr. Belden Lane)의 지도로 나는 영성학 속에 있는 신성함과 심오함의 중요성을 감상할 수 있게 되었습니다. 그의 가르침과 삶은 나에게 지대한 영향을 끼쳤고 교회 역사 가운데 널리 알려져 있는 영성 선배들을 감상할 수 있도록 도와 주었습니다. 여러 해를 지나며, 나도 모르는 사이에 나 자신의 영적 삶이 그 안에 뿌리를 내리게 되었고 그 뿌리가 날이 갈수록 깊어져 갔습니다.

11년 이래, 나는 중화복음신학교에서 내가 과거에 배워서 아는 것은 하나도 남김없이 줄기차게 학생들에게 가르치며 그들에게 우리의 신앙전통에 대한 열정을 불러일으키고자 노력해 왔습니다. 강의실 안이든 밖이든 질문과 토론을 통해서 나도 모르는 사이에 학생들도 많은 값진 가르침들을 내게 공급해 주었습니다. 늘 적극적이고 열성적인 학생들의 참여를 피부로 느낄 수 있었습니다. 전임 사역자로 부름 받은 이들의 변화되고 성숙해져 가는 모습을 보고 있노라면, 내 마음은 겸손과 경외로 가득 차곤 했습니다. 11년 동안 나는 "가르치고 배우는 중에 서로 성장한다"는 말이 무슨 말인지 진정 경험하게 되었습니다.

최근 몇 달 동안, 나는 한 권의 책을 완성한다는 것이 결코 쓸쓸히 홀로 걷는 것과 같이 힘들고 피곤한 일만은 아님을 깨닫게 되었습니다. 이 과정 가운데, 나는 이 일이 여러 사람의 노력이 어우러진 성과라는 사실을 깨닫게 되었습니다. 또한 '모두가 함께 교회의 지체'가 된 즐거움을 맛보게 되었습니다. 정말로 너무나 많은 분들의 직간접적인 도움과 격려로 인해, 옛 성현들이 도서관의 묵은 자료 속에서 하나하나 나오고 한 데 모아져 결국 빛을 보게 되었습니다. 마치 "열려라 참깨" 한마디에 문이 열리고 세상 밖으로 나와 반짝이는 보석처럼 말입니다.

〈월간 민들레〉 웨이티샹(魏悌香) 목사님께 감사드립니다. 그는 3년 동안 줄곧 내게 칼럼을 연재토록 해주었고, 덕분에 내 생각을 글로 표현할 수 있게 되었습니다. 위이엔(余燕), 메이즈(美資) 등 행정과 미술편집 동역자들에게도 감사드립니다. 그분들의 충심과 노고로 인해 잡지가 매달 형제 자매들의 손에 배달될 수 있었습니다. 계속해서 글을 쓰는 과정 가운데, 나를 격려해 주었던 많은 형제 자매들, 동창생들에게 감사드립니다. 그들은 본서가 꿈에서 서서히 현실이 되도록 해주었습니다.

신학교의 여러 동역자들에게 감사드립니다. 특별히 라이지엔궈(賴建國) 박사님께 감사드립니다. 그의 감화력 있고 낙관적인 격려가 있었기에 내가 한껏 기쁘게 집필에 매달릴 수 있었습니다. 11년 전에 내가 처음으로 종말론을 강의했을 때, 학생이었던 양잉츠(楊英慈) 자매에게 감사드립니다. 그녀는 가사를 돌보고 교회를 섬기는 일을 겸하면서도 틈을 내어 번역해 주었습니다. 동시에 차오밍싱(曹明星) 자매를 언급하지 않을 수 없습니다. 그녀는 몹시 바쁜 중에서도 기꺼이 번역을 감당해 주었습니다. 편집일을 맡아준 파트타임 학생 양시우이(楊秀儀) 자매에게 감사드립니다. 본서가 출판될 즈음 그녀의 출산일이 다가올 것인데 이 자리를 빌어 축복합니다. 린펑잉(林鳳英) 자매에게 감사드립니다. 그녀의 공헌한 바가 적지 않습니다. 그녀는 이 '늙은' 책에 컴퓨터로 디자인한 산뜻하고 세련된 현대 복장을 코디하여 멋진 얼굴로 사람들과 만나게 해주었습니다.

마지막으로, 내 삶 가운데 중요한 두 여인인 아내 메이롱(美蓉)과 딸 인인(誾誾)에게 감사드립니다. 나는 그들과 직접적이고 친밀하게 나의 몇 년 동안의 영적인 삶을 함께 나누었습니다. 이 책을 바침으로 그 사랑을 기념하는 바입니다.

1999년 6월
중화복음신학교에서
사무엘 초우

| 서문 2 | 다시금 하늘 빛을 보게 되다

    1999년 여름 본서가 출간된 이래 독자들이 계속해서 이 책을 읽고 있다는 사실을 여러 경로를 통해 알게 되었습니다. 이 사실은 필자인 나에게 큰 격려를 주었습니다. 이 책에 대한 독자들의 반응과 건설적인 비평에 감사드립니다. 나는 이를 통해 우리가 본서에서 언급한 모든 성도들과 '영광스런 공동체'에 함께 속해 있다는 사실을 더욱 믿게 되었습니다.

    이 '영광스런 공동체'와 함께 하늘 길을 달려가는 내가 한 가지 깨달음을 얻게 됩니다. 그것은 바로 내가 시공을 초월한 이 생명 공동체의 일원이라는 사실입니다. 그리고 이 공동체는 성도에게 속해 있는 생명 공동체입니다. 이 땅에 살고 있는 분이든 이미 주님의 안식에 들어간 분이든 그리스도의 오묘한 지체인 성도의 생명 공동체는 성원들 서로간에 종이 한 장 차이도 없는 아주 가까운 거리에 있습니다.

    본서에서 언급하고 있는 성도가 남성이든 여성이든 영광스런 공동체입니다. 내가 책을 통해서 그분들의 가르침을 받을 때 그들은 나의 훌륭한 스승이요, 하늘 향해 함께 달려가는 동반자들입니다. 내가 거기에서 큰 힘을 덧입게 되고 격려를 받게 됩니다. 그들과의 교제는 나에게 지혜를 선사하고 절친한 친구를 얻게 하였습니다. 그들의 생애 가운데 아로새겨져 있는 위로와 격려들을 연구하다 보면 마치 그들이 우리 곁에 있어 예수님의 길을 동행하고 있는 것 같습니다. 이 영광스런 공동체가 독자들의 참여로 더욱 튼튼히 자라가기를 바랍니다.

캠퍼스 출판사의 흔쾌한 승낙으로 본서가 새롭게 출판되어 기쁩니다. 원래의 판권을 넘겨준 민들레협회의 웨이티샹(魏悌香) 목사님에게 감사드립니다. 캠퍼스 출판사의 편집 담당자 분들의 노고와 도움에 감사드립니다. 글에 관한 조예가 깊은 우쿤성(吳鯤生) 편집장님, 서로 시간이 엇갈려 늘 만나기 힘들었던 정한광(鄭漢光) 형제, 원고 독촉을 열심히 해준 위이엔(玉燕) 자매, 편집을 도와준 양잉츠(楊英慈) 자매……. 방울방울 모아진 조언과 도움으로 작은 등잔불 같던 본서가 마침내 다시금 하늘 빛을 보게 되었습니다.

2003년 3월
중화복음신학교에서
사무엘 초우

| 차 례 |

| 옮긴이의 글 · 2
| 한국 독자에게 드리는 감사의 글 · 4
| 서문 1 _ "열려라 참깨" 의 기분을 맛보며 · 6
| 서문 2 _ 다시금 하늘 빛을 보게 되다 · 10

서론 ·· 18

1 | 사막의 별 ·· 38
　　안토니 수도사(Antony of Egypt, 251-356)

2 | 자아를 초월한 신학자 ······················· 46
　　에바그리우스(Evagrius of Pontus, 344-399)

3 | 신비주의 신학자 ································ 53
　　디오니시우스(Dionysius the Areopagite, 500?)

4 | '수도원 생활 규칙' 의 스승 ················ 62
　　성 베네딕트 (Benedict of Nursia, 480-547)

5 | 하나님을 사모하는 신앙고백자 ·········· 68
　　성 맥시무스 (St. Maximus the Confessor, 580-662)

6 | 마음마다 생각마다 오직 예수님 ········ 76
　　예수기도(The Jesus Prayer, 5-8세기)

7 | 꿀물 신학자 ··· 83
　　버나드(Bernard of Clairvaux, 1090-1153)

8 | 가난을 사모하고 죽음을 노래함 ································ 90
　　성 프랜시스(St. Francis of Assisi, 1181/2-1226)

9 | 주님과 함께 겪은 십자가의 고통 ································ 100
　　성 보나벤투라(St. Bonaventura, 1217-1274)

10 | 사랑이 깊어질수록 흔들림은 없어지고 ····················· 109
　　에크하르트(Meister Eckhart, 1260-1328)

11 | 당신은 하나님과 무슨 사이인가요? ·························· 119
　　루이스부리크(Jan van Ruysbroeck, 1293-1381)

12 | 몸은 세상에, 마음은 그리스도께 ····························· 127
　　성 토마스 아 켐피스(St. Thomas á Kempis, 1380-1471)

13 | 빛나는 모성애로 차고 넘치는 거룩한 사랑 ················ 134
　　줄리안(Julian of Norwich, 1342-1416)

14 | 한 조각 이름 없는 구름 ········· 142
  영성 훈련(The Cloud of Unknowing, 14세기)

15 | 사랑은 가까운 곳에 ········· 150
  캐서린(Catherine of Genoa, 1475-1510)

16 | 만약 하나님이 두 얼굴을 가지고 계신다면 ········· 160
  마틴 루터(Martin Luther, 1483-1546)

17 | 진리는 평범하고 사소한 일 가운데 ········· 169
  성 이그나티우스(St. Ignatius of Loyola, 1491-1556)

18 | 당신은 빈곤과 풍족 중 어느 곳에 판돈을 걸 건가요? ··· 177
  성 테레사(St. Teresa of Avila, 1515-1582)

19 | 어두운 밤에 떠나는 영혼의 여정 ········· 189
  십자가의 성 요한(St. John of the Cross, 1542-1591)

20 | 부엌을 기도원 삼지 말란 법 있나요? ········· 199
  로렌스(Lawrence of the Resurrection, 1611-1691)

21 | 영혼을 더 이상 떠돌이 되게 하지 말라 ·················· 209
    요한 웨슬리(John Wesley, 1703-1791)

22 | 삶을 깊이 있게 해주는 세 가지 비법 ················ 219
    살레의 성 프랜시스(St. Francis de Sales, 1567-1622)

23 | 하나님이 당신을 전적으로 사랑하도록 하라 ············· 231
    귀용 부인(Mme. Guyon, 1648-1717)

24 | 천국 가는 길에 자질구레한 일도 참 많구나! ············ 243
    성 데레사(St. Therese of Lisieux, 1873-1897)

25 | 정신 똑바로 차리고 그분을 본받아라 ················· 253
    샤를 드 푸코(Charles de Foucauld, 1858-1916)

26 | 긴 밤중에 소리 없는 전도자 ························ 267
    토마스 머튼(Thomas Merton, 1915-1968)

27 | 집에 돌아가는 길을 찾았다! ························ 279
    나우웬(Henri J. Nouwen, 1932-1996)

| 저자 소개 _ 영성실천가 사무엘 초우 · 296

이름 없는 구름

서론: 영성과 신학

'영성'을 이야기하면, 우리는 너무나 자연스럽게 영성은 내적이고 주관적인 영적 성품이며 그 안에 이성적으로 해석할 여지가 없는 것으로 생각한다. 우리는 '영성'을 객관적으로 평가할 수 없다고 여긴다. 보통 우리는 영성을 개인적이고 감성적이고 주관적인 경험과 관련된 일이라고 생각한다. 한편 신학을 대중적이고 이성적이고 계시를 기반으로 하는 학문으로 분류한다.

양극화된 관점

이같이 양극화된 관점은 '영성'의 위치를 급속히 위축시켜, 영성을 심리와 이성의 활용이 결여된 하나님과 사람의 관계로 취급하게 한다. 이런 관점은 신학에도 해를 미친다. 이 관점을 가지게 될 때, 신학을 심령과 열정이 결여된 채 하나님과 인간의 관계에 참여하는 것쯤으로 치부하고 만다. 신·구약 안에 계시된 하나님은 당신 자신의 형상으로 남자와 여자를 창조하셨다. 뿐만 아니라 피조물과 온전히 서로 교통하고 있다. 우리가 하나님과 교통함에 있어 단지 머리만을 활용하면 됐지 무슨 심령을 동원할 필요가 있느냐고 주장하는 사람이 있다면, 그 사람은 그리스도인의 하나님에 대한 이해와 인식에서 크게 벗어난 것이다.

사실, 영성은 신학적 성격의 연구과제이며, 신학 또한 영성과 관련된 활동이다. 일반적으로 어떻게 일컬어지든 간에, 신학은 분명 영성에 속해 있다. 만약 신학이 영적 에너지와 그 본연의 목적을 상실한다면 신학은 그 즉시 일종의 기술적인 도구로 전락하게 된다. 또는 매우 무미건조한 경험철학으로 변하고 말 것이다. 이때 우리는 신학을 더 이상 수준 높은 영적 활동으로 여기기보다, 그저 이성적으로 사고하기를 좋아하는 사람들에게나 필요한 활동쯤으로 여기게 된다. 사실상, 신학활동은 대중성을 지니고 있다. 신학은 반드시 교회를 섬기는 데 사용되어야 한다. 소수 몇 사람의 전유물이 되어 그들의 신학에 대한 지식욕을 만족시키고, 이를 통해 자신을 높이고 자신의 가치를 격상시키는 데 사용되어서는 안 된다.

교회는 영성과 신학이라는 양극화의 바람직하지 못한 사상이 범람하고 있다. 많은 교회 지도자들이 신학과 신학교 교육을 수용하는 분위기지만 전반적으로 보면 아직도 적잖은 사람들이 신학에 대해 회의적인 마음을 가지고 있다. 신학에 종사하는 사람이나 신학교에 대해 거리감을 가지고 있다. 그들은 신학이 교육과 사상을 추구하다 보면 일종의 올가미가 되어 사람들을 이단으로 이끌지도 모른다고 염려한다. 신학에 대한 이 같은 회의와 거리감은 많은 교회로 하여금 신학과 단절되도록 하고 신학과 관련된 사람이나 일들에 대해 특별 꼬리표를 달고 그 위에 이렇게 적는다.

"인간의 일, 동호회와 같이 사회적 활동에 속함, 하나님의 직접적인 계시의 영광이 결여됨, 비영적임."

그들의 마음속에 예루살렘과 아테네는 아무 상관이 없는 별개의 도시로 존재한다.

이 같은 양극화된 분위기 아래 있는 많은 교회들은 영성과 신학상의 균형 잡힌 발전을 가져올 수 없게 된다. 이러한 현상은 교회가 과도하게 영성을 추구하든지 아니면 지나치게 신학을 추구하는 결과를 낳게 된다. 몇몇 신자들은 상심한 마음으로 교회가 영성에 침몰한 지 벌써 오래고 '범(泛)영성주의'가 판을 치고 있다고 지적한다. 불행한 것은 이같이 범람하는 영성 추구의 풍랑에도 불구하고 교회라는 이 '방주'를 떠올려 부흥의 항로로 들어서지 못한다는 것이다. 반대로 교회는 가라앉고 있고 범영성주의에 갇혀 오도가도 못하는 상황이 되었다.

두 가지를 추구함에 있어 지나친 열성과 소홀함

모든 교회가 다 과도하게 영성을 추구하느라 상대적으로 신학을 소홀히 하는 것만은 아니다. 반대로, 어떤 교회들은 지나치게 신학을 추구하는 일에 몰두한 나머지 영성을 소홀히 하는 모습을 보인다. 교회 안에는 교회와 목회자의 현재의 모습에 불만을 품고 있는 사람들도 있다. 사실, 이런 사람들은 늘 우리 곁에 있어 왔다. 하지만 이들도 부흥이 하루속히 임하기를 학수고대하고 있다.

그들 가운데 어떤 분들은 평신도도 있고 예전에 교회의 지도자를 역임했던 분도 있다. 어떤 분들은 교회에 대해 마음이 상해 실망하고 교회를 떠난 분들도 있다. 교회가 살든지 죽든지 상관없다. 어떤 때는, 이런 분들이 마치 선지자와 같이 용감히 일어나 교회에 외치지만 아쉽게도 교회는 귀를 막고 듣지 않는다. 심지어 교회는 그들에게 반감을 갖고 그들이 위아래도 알아볼 줄 모르고, 성경적인 겸손과 순종이 결여된 사람이라고 책망한다. 결국, 이런 분들이 교회에 제시한 이상과 건의사항들은 목회자들에 의해 비현실적인 헛소리에 불과하다고 여겨지고 만다.

우리도 이미 엘리트 그룹이 하는 원망의 소리를 귀에 못이 박히도록 지겹게 들어왔다. 그런데 이 같은 외침 속에 교만함과 자신들의 실속을 챙기고자 하는 불순한 마음이 섞여 있고 현 교회에 대한 불만이 표출되어 있다. 신학에 관련된 일을 토론코자 하면 그들은 교회와 신학교가 성숙하지 못하다거나, 시대에 뒤처졌다거나, 마음을 쓰지 않는다고 원망의 말을 한다. 그들은 자신이 신학적 지식을 소유하고 있기 때문에 교회의 문제를 날카롭게 지적해 낼 수 있음을 우쭐해 한다. 그들은 교회를 비평함으로 교회를 구할 수 있다고 여긴다. 교회들은 '현대적' 신학을 배척하지만, 그들은 여전히 신학적인 면에서 자신들이 '현대적'이라고 여긴다.

이들은 자신들이 교회에 도전을 준다고 생각하고 스스로도 흥분하며 자신들이 고리타분한 전통에 대항하는 투사들이라고 생각한다. 이 같은 '신학파' 안의 '엘리트'들은 가장 최신의 신학의 흐름에 정통함으로 인해 교회 지도자나 신학교 교수 앞에서 폼을 잡고 우쭐거린다. 그들은 말이나 글을 통해 종종 솜씨를 드러낸다. 다른 사람으로 하여금 그가 현대 신학자의 작품을 섭렵하고 있다는 것을 알게 한다. 예를 들면, 폴 틸리히(Paul Tillich), 몰트만(J. Moltmann), 구티에레즈(G. Gutierrez) 등.

그 결과, 그들은 신학작품을 섭렵하고 신학의 대가를 신봉함으로 거의 고급 인텔리 기독교인의 상징이 된다. 그들은 마치 포도주 감별사와 같이 되어 각종 신학을 분별해 낼 수 있다. 사실, 신학을 섭렵하는 것이 무슨 저주받을 일은 아니다. 하지만 만약 우리가 신학에 '독일파', '원리주의파', '현대파' 와 같은 감투를 덮어 씌운다면 가장 훌륭한 '신학제품' 이 될 것이고, 그것은 바로 맹목에 사로잡힌 미신적인 숭배행위가 된다.

이 같은 '마음속으로 좋은 의도' 를 품고 있는 엘리트들은 자기도 모르는 사이에 그들의 비장의 카드를 드러내게 된다. 본래 그들은 모두 18세기의 사상계몽 시대의 모범적인 후예들이다. 그들은 사상계몽운동이 인류에게 이성(理性)의 해방과 확대를 가져다 주었고, 사람의 심령이 생명을 얻게 되었다고 생각한다. 그들은 이성의 힘을 믿어 의심치 않을 뿐만 아니라 객관성을 끝없이 추구한다. 뜻밖에도 이런 신념은 그들의 영성 뿐만 아니라 신학에도 백해무익하다.

이런 철학 안에는 실증철학이 우위를 점하고 있고 가장 많은 주목을 받고 있다. 그 철학의 구조는 객관적으로 관찰한 현상과 실재적인 사실에 기초하고 있다. 이상할 것도 없이 이 같은 실증주의의 지지자들은 성령은사운동을 경시한다. 그들은 성령은사운동 중에 경배와 찬양의 모임 가운데 표출되는 감정주의나 경험주의에 분명한 경계선을 긋는 데 급급해 한다. 그들의 눈에는 대중이 모인 공개적인 장소에서 마음의 감동과 흥분을 나타내는 경배 행위는 모두 수준 미달이요, 낮은 교육 수준이요, 교양이 부족한 행위로 보인다.

부인할 수 없는 것은, 실제로 교회 안에 지나치게 격렬하여 절제하지 못하고 극단적인 순간의 감정에 내맡기는 몇몇 성도들이 있다는 것이다. 하지만 이런 모습은 오로지 사람이 주관적인 경험만을 믿음의 내용이라고 드높일 때 비로소 나타나게 된다. 이때, 경험은 그리스도인의 믿음의 원천이요 목표가 된다. 그런데 이런 것들은 진정한 영성이 아니다. 진정한 영성은 전면적이면서 정서적으로 풍부하며 또한 안정감을 가져다 주기 때문이다. 조나단 에드워즈(Jonathan Edwards)는 ≪신앙적 감정≫(Religious Affection, p.59)에서 이렇게 적고 있다.

"진정한 종교가는 대부분 그 안에 성결한 감정을 품고 있다."

이를 볼 때, 이런 엘리트들이 교회 안에서 절제가 없고 지나치게 격한 영성에 대해 혐오하는 것도 일리가 있고 그들의 비판도 그저 무작정 쏘아붙이는 말이 아니다. 사상계몽운동은 이를 추종하는 사람들로 하여금 모든 비이성적이고 격정적인 사물을 모두 신비나 이해할 수 없는 영역으로 분류하도록 만들었다. 사실, 가장 좋은 것은 두 가지의 장점을 모두 취하는 것이다. 그럴 때 신학은 좀더 역동적이고 활기 넘치게 되고, 영성은 좀더 깊이 있는 사상을 덧입게 될 것이다.

계몽운동의 깊은 영향

신학보다 영성을 지나치게 중시하는 신자들은 그들이 비록 늘 개인의 믿음을 강조함에도 불구하고 사상계몽운동의 영향을 완전히 면할 수는 없다. 아마 이런 추론에 대해 상당히 의아해하는 분도 있을 것이다. 어떻게 영성을 중시했던 교회의 전통을 엄격히 고수하고자 하는 교회 지도자들도 사상계몽운동의 영향권에서 벗어날 수 없단 말인가? 되묻고 싶을 것이다.

교회 안에 비록 많은 사람들이 신학적인 토론에 대해 흥미가 부족한 것이 사실이고 영적인 침체의 원인을 이성을 지나치게 의지한 때문으로 돌린다. 하지만 그들도 알게 모르게 이성의 영향을 받아 그들의 설교나 성경해석 또는 종말론을 논함에 있어 이성을 대량으로 활용한다. 예를 들어 보자. 워치만 니(倪柝聲)는 그의 저서 ≪영에 속한 사람≫에서 여러 성경 말씀을 인용하고 있지만 영지주의적인 심리분석을 중요하게 빌어 쓰고 있다는 사실을 숨길 수 없다. 성경 고고학을 인용하는 것을 훨씬 능가하고 있다. 워치만 니는 인간의 영(靈)의 작용을 직감, 교통, 양심으로, 인간의 혼(魂)의 작용을 감정, 사상, 의지로 분류했다.

워치만 니 외에도 기독교원리주의 진영에 속하는 교회들이 사상계몽운동의 추론을 받아들여 우주를 하나의 질서정연한 조직체로 보게 되었다. 창조주가 이미 우주 가운데 질서를 부여해 놓았기 때문이다. 이 때문에 하나님의 '초월적인 지혜'의 계획하심으로 생겨난 인간세상을 이미지나 해석을 통해 증명하고자 한다. 그들은 이성이 반드시 하나님의 존재하심을 포함해야 한다고 여긴다. 뿐만 아니라 이 하나님은 인간에게 당신 자신을 계시해 주실 수 있다. 기독교 원리주의자들은 사상계몽운동의 추론과 결론을 기를 쓰고 반대한다. 그런데 그들도 계몽사상가들과 같이 동일한 추론 방법을 활용한다는 것이다. 그것은 바로 '인용의 증거'를 통해서 진리를 얻고자 하는 것이다. 그래서 원리주의 진영이든 혹은 성령은사 진영이든 입으로는 그들이 사상계몽운동의 조류에 휩쓸리지 않았다고 말하지만, 실제로는 그들이 이미 사상계몽운동의 신도가 되어버렸다.

뿐만 아니라, 이런 교회들도 이성을 활용해 기독교를 변증하는 일이 그들의 신학에 대한 흥미를 능가하게 되었다. 그들은 종파의 난립과 그로 인해 직면한 여러 도전들에 대해서도 상당한 관심을 가지고 있다. 그리고 종교와 과학 간의 조화를 이끌어내고자 하는 막중한 책임이 그들의 가장 중요한 일이 되어 버렸다. 사람들이 기독교를 변증하는 일을 신학 위에 두고 교회의 초점으로 삼을 때, 교회는 피할 수 없이 갈수록 문화의 가치기준을 받아들이고 용납할 수밖에 없게 된다. 이 기독교 변증에 대한 열광은 오늘날 교회의 간행물이나 강연, 복음전파 중에 언제 어디서든 보고 들을 수 있다.

그리스도인들이 예루살렘과 아테네가 서로 무관하다고 목소리를 높이지만, 은연중에 아테네의 지혜를 모독하고 예루살렘의 승리를 구하고 있다. 이성을 숭배하는 불신앙적인 사상을 타파하기 위해 그리스도인들은 지혜롭지 않은 대책을 마련했다. 사상계몽운동의 추론을 빌어 쓴 것이 그것인데, 결국 이러한 인용 증거를 활용하는 방법, 그리고 기독교 세계관에 대한 증명은 기독교를 일종의 윤리 차원으로 끌어내리는 결과를 초래하게 되었고, 또한 그리스도와 논리가 서로 마구 섞이게 만들어 버렸다.

진리의 성령에 새롭게 귀기울여야

교회가 영성을 중시하든 혹은 신학을 중시하든, 우리가 만약 교회의 곤경을 해결하고자 한다면 단지 신학교육을 강화하는 것으로, 그리고 교의의 해석을 새롭고 풍부하게 하는 것만으로는 안 된다. 뿐만 아니라 냉철한 두뇌, 혹은 뜨거운 심정을 의지해서도 안 되고, 외부에서 초청한 성령의 은사를 중시하는 스타일의 설교를 의지해서는 더더욱 안 된다. 우리가 영성과 신학의 균형을 끊임없이 추구하는 것만이 오늘날 교회가 절박하게 찾고 바라는 것이어야 한다.

신학자가 어떤 일을 해서 교회를 도울 수 있을까? 우선, 신학자는 '들어야' 한다. 신학자는 반드시 '듣는' 훈련을 해야 한다. 귀기울여 듣는 일은 모든 신학사상이나 신학강론보다 우선되어야 한다. 귀기울여 듣는 것은 신학의 기초로써 사람이 마음을 열고 성경에 귀기울이고, 전통에 귀기울이고, 성령께 귀기울여야 한다. 신학은 사람이 성령께 귀기울이는 습관과 규율을 배양토록 해야 한다. 불행히도, 성령께 귀기울이는 이 일은 자주 소홀히 취급되고 이에 관한 올바른 가르침 또한 부족하다. 그러나 오직 성령님의 지속적인 인도와 가르침을 통해서만이 비로소 진정한 신학이 생겨나고, 신학 또한 비로소 그 기능을 발휘할 수 있게 된다. 성경은 말한다.

"진리의 성령이 오시면 그가 너희를 모든 진리 가운데로 인도하시리니"(요한복음 16장 13절).
"오직 하나님이 성령으로 이것을 우리에게 보이셨으니 성령은 모든 것 곧 하나님의 깊은 것이라도 통달하시느니라"(고린도전서 2장 10절).

진리의 영은 우리를 인도해주고, 믿음의 비밀을 통달한다. 그래서 교회와 신학자는 모두 성령께 겸손히 듣고 순종하며 그분을 바짝 뒤따라야 한다.

신학은 영적인 규율인데 성령의 인도함을 받는 것을 그 근거로 하는 규율이다. 성령의 가르침과 인도함을 받는 것이 신학의 정수이다. 분명히, 성령은 신학자들에 의해 좌지우지되거나 혹은 현미경 밑에 놓여 자세히 검사되는 하나의 '요소'가 아니다. 우리가 신학의 정수를 알고 나면, 신학에 대한 경외함과 경건함이 자연스럽게 생겨나게 된다. 그 안에 성령의 함께하심이 있기 때문이다. 그리고 성령의 함께하심 때문에, 신학은 종교철학이나 비교종교학 혹은 종교심리학과는 사뭇 다르다.

이것은 신학자 칼 바르트(Karl Barth)가 그의 저서 ≪복음주의 신학입문≫(Introduction of Evangelical Theology)에서 말한 것과 같다. 칼 바르트는 말했다.

신학이 진정한 신학이 되기 위해서는 영적이고 성령 위주가 되어야 한다. 오직 성령을 통해서만 사람이 비로소 신학이 비판성을 듬뿍 담고 있고 또한 사람을 기쁘고 겸손하고 자유롭게 하는 하나님께 속한 복음의 과학이라는 사실을 깨닫게 된다. 오직 용감한 믿음을 소유하고 성령이 바로 진리라는 사실을 믿을 때, 신학이 비로소 자연스럽게 진리에 대한 의문들을 동시에 질문하고 또 동시에 대답할 수 있게 된다.(p.55)

신학은 일종의 '삶의 방식'

칼 바르트의 관점은 다른 많은 신학자의 관점과 같지 않다. 본질상 신학이 단지 '과학적'인 것만은 아니기 때문이다. 설령 신학이 과학적인 면을 포함하고 있어 그 속에 많은 과학적 수치나 역사로 증명할 수 있는 생각과 교의가 있다 할지라도 신학의 가장 중요한 목표는 단지 지식(Scientia)이 아니다. 독일 경건주의 창시자 필립 스펜서(Philip Spencer)는 신학을 정확히 묘사해 말했다. 신학은 단지 하나의 과학이 아니라 일종의 '삶의 방식'(habitus practicus, Pia Desideria, pp. 103, 115)이다. 이 모든 것이 신학변증의 첫 번째 목적이기 때문에 근본적으로 객관화가 아니다. 사실, 우리 신학변증의 대상은 하나님으로서 어떤 물체가 아닌 하나의 주체로서 전능하신 하나님으로 '불리는' 그분이시다.

함부르크의 신학자 헬무트 틸리케(Helmut Thielicke)는 그의 저서 ≪친애하는 신학생 여러분≫(A Little Exercise for Young Theologians)에서 경고의 목소리를 높이며 말하고 있다. 신학의 연구가 위험에 빠지게 되었는데 그것은 제3인칭의 '그'는 생각하지만 제2인칭의 '님'을 생각하지 않는다는 것이다. 이러한 위험은 사람들이 "……사람과 하나님의 관계를 순기술적인 자료로만 전환했기 때문이다. 우리가 성경을 읽지만 하나님이 지금 나에게 하시는 말씀이라고 느끼지 못하고, 단지 성경이 시간을 들여 주석만 하면 되는 물건이라고 느끼게 될 때, 나와 하나님과의 관계는 바로 순 기술적인 자료 차원으로 전락하게 되는 것이다." (p.33)

신학변증이 '님' 과의 관계를 지식이나 혹은 숫자적 차원으로 축소시킬 때, 신학이 다시는 그의 가장 중요한 핵심 주제와 그 어떤 연관도 없게 된다. 그래서 우리가 신학 연구에 종사할 때, 예전에 가지고 있지 않았던 창조의 힘을 가지게 되었다고 너무 쉽게 여기게 된다. 그리고 자기가 전혀 자신감이 없는 대상에도 정통하다고 여기게 된다. 마치 마틴 부버(Martin Buber)가 말한 것처럼.

> 영원한 '님' 은 본성 안에서 '그것' 이 될 수 없다, 왜냐하면 그 본성에 의거하면 '님' 은 결코 유한한 방식으로 세울 수 없기 때문이다……, 그렇지만, 우리 인간의 본성 때문에, 우리는 모두 부단히 영원한 '님' 을 '그것' 으로 바꾸었고, 하나님을 한 사건으로 바꿔버렸다.(I and Thou, p. 112)

이 같은 신학의 영적인 측면이 아마 즉시 많은 사람들을 위협할지도 모르겠다. 특히 성령의 사역에 생소하거나 성령께 가까이 하기를 원치 않는 신학자들 말이다. 그들은 늘 성령께 간구하지만 진심에서 우러나온 말이 아니다. 왜냐하면 성령이 임하시면 기존의 모든 것을 바꿔버릴 수 있고, 그들이 원래 정해놓은 제도를 초월할 수 있고, 심지어 이전에 '과학의 황후' 라고 설파했던 자신들의 신학이 굴욕을 당할까봐 두려워하기 때문이다. 그들이 자유와 개방을 찾지만, 그들이 결코 성령 안에서 찾지 않기 때문에, 이 모든 것들이 그들을 얽어 매고 급기야는 그들의 가위눌림이 되고 만다.

온전한 그리스도인의 삶의 세 가지 요소

교회는 지금 신학과 영성의 업그레이드 길을 찾고 있다. 프리드리히 폰 휘겔(Baron Friedrich Von Hügel, 1852-1925)의 간증이 우리에게 큰 도움과 유익을 준다. 설령 우리가 그에 대해 잘 모르고 그가 개신교인이 아니고 천주교인이지만 그의 견해는 풍부한 식견을 가지고 있기 때문에 우리가 깊이 헤아려볼 가치가 있다. 프리드리히 폰 휘겔은 천주교 신학자였고 일생의 대부분을 영국에서 보냈다. 그는 학술 연구에 종사했을 뿐만 아니라 당시 종교가들의 정신적 스승이었다. 그 중에는 유명한 신비학파 학자 에블린 언더힐(Evelyn Underhill)도 포함되어 있다. 프리드리히 폰 휘겔이 생각하기를 균형 잡히고 건강한 그리스도인의 생활은 마땅히 종교의 세 가지 요소를 포함해야 하는데, 그것은 지성과 역사와 신비의 세 가지 측면이다. 이 세 가지 요소간에 존재하는 창조적 장력 때문에 온전하고 풍부한 그리스도인의 삶이 생겨난다.

첫 번째 요소는 지성적 혹은 과학적 요소로서 종교생활 가운데 하나님께서 부여해 주신 지식을 선용하는 것을 말한다. 지식은 학술적인 연구와 변증적인 연구를 포함한다. 말하자면, 이것은 교회 안에서의 가르침과 관련된 사명을 말한다. 오늘날 교회 안에 보편적으로 청장년 주일학교가 개설되어 있기는 하지만 하나님이 부탁하신 이 사명을 교회가 충실히 완수하고 있는 것은 아니다. '반(反) 계몽주의'나 '반(反) 지식주의'가 밀려 들어오는 지경에까지 이른 교회가 있고, 심지어 어떤 교회의 지도자나 교인들이 이 같은 비정상적인 현상을 대견스럽게 여기기까지 한다. 만약 지식적 요소가 결핍되면 우리는 잘못된 길로 들어서게 되고, 신앙이 마치 민간종교와 같이 미신으로 변질되게 된다. 하지만, 현재 교회가 다원화와 과학화된 사회를 향해 주님을 위해 빛을 발하고 있는데, 우리가 복음 전파의 사명을 강조하는 것은 중요하다. 하지만 이에 못지않게 가르침의 사명 또한 강화해야 할 것이다.

두 번째 요소는 역사 혹은 제도의 요소인데 이것은 우리로 하여금 신앙을 역사의 계시 안에 뿌리 내리도록 한다. 우리는 성육신하신 예수 그리스도, 유일하신 참 하나님을 경배하고, 교회는 세상을 향해 이 역사적 사건을 나타내도록 부르심을 받았다. 그리고 말씀과 행동으로 세상 사람들과 함께 하나님의 복음을 나누어야 한다. 그런데 불행한 것은 교회가 증거하는 복음의 말씀과 행동 모두 상당히 약하다는 것이다. 교회의 선포가 자주 강단 위에만 국한되어, 외부의 세계에 거의 공명작용을 일으키지 못한다는 것이다. 그리스도 예수의 성육신의 논리에 근거하면 교회가 마땅히 그리스도를 본받아, 상황에 맞고 합당하며 그리고 볼 수 있고 피부에 와 닿을 수 있는 방식으로 복음을 전파해야 한다. 그런데 오늘 교회는 늘 사람들이 볼 수 없고 피부에 와 닿지도 않으면서도 교회가 이러한 모습을 깨닫지 못하고 있다는 것이다. 우리는 실로 교회를 업그레이드 시켜야 하고, 교회가 산꼭대기에서 소리 높여 이 시대를 향해 외쳐야 한다.

세 번째 요소는 신비 혹은 정서적인 요소로서, 이 요소 안에 우리와 하나님 사이의 활기찬 관계가 있게 된다. 그분은 우리의 하나님이시고 또한 우리의 연인이시다. 우리는 그분의 자녀이고 또한 그분의 사랑하시는 바 되었다. 이 신비함이 우리로 하여금 하나님을 사랑하게 하고 그분을 경배하게 한다. 그런데 우리의 신앙생활 가운데 이런 신비함은 좀처럼 찾아보기 어렵다. 그래서 감격은 주일예배에 참석하여 찬양할 때나 겨우 맛볼 수 있는 수준인 경우가 많다. 만약 경건한 감격이 생겨나지 않는다면, 일종의 무거운 죄책감 같은 것이 생겨나는데 자기가 무슨 책임을 다하지 못한 것 같은 그런 느낌을 받는다. 이 신비 혹은 정서적인 요소는 우리들의 교회에서 늘 왜곡되고 변형되어 나타난다. 사람들은 이 요소를 경건주의와 함께 혼합하여 극도로 흥분된 감정을 연출해 낸다. 그런데 프리드리히 폰 휘겔은 이 세 가지 요소 가운데 한 가지라도 부족해서는 안 된다고 가르친다. 이 세 가지 요소가 모두 구비될 때 비로소 균형 잡힌 효과적인 그리스도인의 삶을 영위할 수 있다. 만일 이 중에 한 가지 요소를 크게 강조하고 부각시키게 될 때 신앙생활의 균형은 깨지고 마침내는 혼란을 초래하게 된다. 반대로, 만약 이 중의 한 가지 요소를 소홀히 할 때 영성의 결핍을 낳게 된다. 말하자면, 프리드리히 폰 휘겔이 제시했던 세 가지 요소를 종합하면 다음과 같은 결론을 얻을 수 있다.

"우리의 총명과 지혜를 동원하여 하나님을 알아가고, 교회라는 제도와 시스템을 통해서 세상 사람들에게 봉사하며 섬기고, 우리의 경애와 경배를 통해서 하나님을 사랑해야 한다."

물론, 프리드리히 폰 휘겔의 이론이 무슨 만병통치약 같은 것은 아니다. 하지만 이 이론은 우리에게 몇 가지 깨우침을 가져다 주는 것이 사실이다. 교회가 어떻게 지성과 역사와 신비, 이 세 가지의 영적인 요소 안에서 균형을 잡고 유지해 갈 것인가 하는 것은 우리에게는 하나의 어렵고도 막중한 도전이다. 오늘의 기독교는 대부분 16세기의 종교개혁과 18세기의 계몽운동의 전통을 계승해왔는데, 이런 전통들은 성경, 교의의 연구, 정확한 신앙, 그리고 신앙 안의 이성적인 측면을 강조한다.

교회의 자기 각성

문화의 특성과 민간신앙의 영향으로 교회는 도덕주의와 신비주의 경향을 띠게 되었다. 많은 그리스도인들이 주관적인 경험을 구함으로 인해 너무 쉽게 지나친 자기 반성과 자기 중심 위주의 함정에 빠져들어가게 되었다. 만약 교회가 오로지 성령의 은사적 경험만을 강조한다든지, 혹은 그저 신학적 사유만을 강조한다면, 교회가 추구하는 부흥은 결국 빛 좋은 개살구가 되어 좋은 열매를 맺지 못하게 되고 진정한 효과를 가져오지 못하게 될 것이다.

우리는 교회가 부흥을 향해 달려가도록 격려해야 한다. 하지만 동시에 자기 각성이 필요하다. 왜냐하면, 오늘날 교회가 추구하는 부흥의 노선이 단지 개인의 영적인 경험을 추구하는 것이 되어서도 또는 더 많은 신학적 사유만을 추구해서도 안 되고, 성경에 더 부합되고 분별할 수 있는 능력을 겸비한 균형 잡힌 모습이 되어야 할 것이다!

맺는 말: 영성학의 중요성

'기독교 영성학'을 연구하다 보면 기독교의 과거와 전통을 펼히 접하게 된다. 성령 안에 거하고자 몸부림 치는 사람이면 누구나 자신이 유구한 역사의 강줄기의 한 지류에 속해 있다는 사실을 인정해야 한다. 그 역사라는 강물의 발원지는 아득하고 멀어서 우리가 헤아릴 수가 없다. 교회가 '실용주의'와 '활동주의'의 유혹에 직면해 있을 때, 이 같은 인식은 특히 중요하다. 지나치게 현재의 사조에 눈이 멀어서 과거의 방법과 지혜를 소홀히 할 때, 그 안에 엄청난 위기가 내재되어 있다.

대부분의 사람들에게 있어서, '과거'는 늘 고리타분하고 철 지난 세련되지 못한 것으로 인식되는 반면, '새로운 것'이 그래도 좋다고 늘 여긴다. '진보'를 외치며 '새로 바꾸자'를 구호 삼아, 우리는 부단히 역사와 전통을 내다 버리고 있다. 우리는 그리스도 신앙의 근원으로 되돌아 가는 것이 절대적으로 필요하다. 일찍이 성령의 함께하심과 능력을 통해 그리스도 안에 거함으로 영성을 추구했던 인물들을 우리는 마땅히 중시해야 하고 더 깊은 역사적인 안목을 가지고 고찰하고 그것들의 중요성을 인정해야 한다.

이 필요에 대한 절박함이 필자의 연구 동기를 촉발했고, 신앙잡지 《월간 민들레》의 '영성신학' 칼럼에 매회 게재하게 되었다. 이 칼럼을 연재하게 된 것은 주님께 부르심 받고 그들의 삶으로 그리스도를 나타내었던 출중했던 여러 역대 성도들을 소개하여 그들의 하나님의 부르심에 대한 응답 그리고 각기 다른 방식으로 '완전하신 분'께 가까이 했던 그들의 신앙을 나타내고자 함이었다. 그러므로 본서는 다음과 같은 특징을 담고 있다.

1. 본서는 한 권의 역사와 관련이 있는 책이다. 멀리는 초기 교회로부터 가깝게는 1996년 세상을 떠난 나우웬 신부에 이르기까지, 역대 기독교 영성학상 후세에 심원한 영향을 끼쳤던 여러 신앙 선현들을 소개하고 있다.

2. 본서는 또한 초교파적이며 범세계성을 지니고 있는 책이다. 개신교의 전통 뿐만 아니라 로마 천주교와 그리스 정교회의 전통도 포함하고 있다. 남성 성도만이 아니라 여러 명의 여성 영성 작가들도 포함하고 있다.

그들은 각 시대마다 자기에게 맞는 합당한 방식으로 성령의 함께하심과 능력을 통해서 그리스도 안에 있는 풍성한 삶을 살고자 했던 분들이었다. 예를 들면 안토니(Antony of Egypt), 줄리안(Julian of Norwich), 십자가의 요한(John of the Cross), 요한 웨슬리(John Wesley), 토마스 머튼(Thomas Merton) 등이 그들이다. 그들은 한결같이 성령밖에는 다른 길이 없다는 사실을 체험했다. 물론, 유일한 '길'이 되시는 그리스도 예수 안에, 수많은 길이 있다. 성령은 수많은 서로 다른 문화와 시대 가운데 역사하셨다. 그리스도인들을 부르시고 가장 적절하게 대외적으로 그들의 삶을 나타내 보여 주셨다. 그들은 비범하고 훌륭한 삶의 방식으로 이 세상을 이해했고, 이 세상에 자신들을 굳게 세웠다. 동일하신 성령께서는 또한 역사의 사건마다, 그리고 희망과 고통과 약속의 빛 가운데 역사하셨다.

매 시대마다, 사람들은 제각기 '단순히 과거의 방식을 답습하는 것을 피하고자' 노력해왔고 '새로운 방법을 발견하고자'

서론 35

노력해왔다. 그럼으로써 자신들의 삶 가운데 그리스도로 가득 찬 풍모를 나타내 보여 주고자 했고, 사람과 그리고 하나님과 연합하는 경지에 이르고자 했다. 과거의 역사를 올바로 볼 때, 우리는 이런 작품들 가운데 나타내 보여지는 역대 성도들의 노력을 꿰뚫어 볼 수 있게 될 것이다.

각 시대의 그리스도인들은 전통을 되돌아봄으로써, 그리고 초기 그리스도인들의 공동체를 통해서 우리가 그로부터 통찰력을 얻도록 해야 한다. 그것은 바로 우리가 몸담고 있는 이 시대에 어떻게 그리스도 안에서 풍성한 삶을 영위할 것인지 하는 것이다. 이 점은 말할 것도 없이 확실하다. 성령께서 우리를 일깨워 주시고 우리로 하여금 예수님이 하셨던 모든 말씀, 그분이 행하셨던 모든 일을 우리의 말과 행위의 모범으로 삼도록 하는 것은 너무나 자연스런 일이다. 그런데 우리가 주님을 따를 수 없을 것처럼 보일 때, 우리를 격려하여 새로운 길로 인도해 주는 일이 바로 성령님의 사역이다. 이것은 바로 우리가 영성의 전통 가운데서, 위대한 심령의 스승들의 경험에서 찾아볼 수 있다. 지금 보기에, 그들은 전통이 되어 있지만, 당시만 해도 그들이 나타내 보여주었던 영적인 삶의 모습들은 당시의 주류파 사람들에게 쉽게 이해되지 않는 것들이었다. 단지 사회와 교회의 극소수의 사람들에게만 받아들여졌을 뿐이다.

'기독교 영성학'은 단지 그리스도인 삶의 '어떤 한 부분'이 아니라 그리스도인 삶의 '전부'이다. 마찬가지로, 기독교 영성학은 단지 교회 가운데 영적이고 경건한 몇몇 특별한 사람들만을 위해서 있는 것도 아니다. 기독교 영성학은 세례를 받고 그리스도의 몸 된 모든 사람들을 위한 것이고 또 소유되어야 한다.

전통 가운데 수많은 영적인 지혜가 매장돼 있다. 그것들은 우리가 그 가운데서 배우고 섭취하여 풍부한 자원과 새롭게 하는 샘물로 삼도록 우리를 기다리고 있다. 우리 함께 성령님의 능력과 그분의 함께하심을 힘입어 그리스도를 뒤따르자. 그리고 옛 성현들과 어깨를 맞대고 함께 그리스도를 뒤따르자. 그들이 신부든 주교든 기독교 승려든 혹은 신비주의자든 이들은 모두 기독교 영성 역사 가운데 영원히 빛 바래지 않을 한 페이지를 장식했던 분들이다.

그리스도는 우리의 '길' 이시다.

1. 사막의 별
안토니 수도사(Antony of Egypt, 251-356)

많은 그리스도인들이 교회에 가서 예배를 드리거나 특별 집회에 참석한다. 하나님을 가까이하고 영성을 키우기 위해서다. 도심을 떠나 수련회에 참석하기도 한다. 교회와 목사님들도 이런 모임과 집회들이 그리스도인의 영성에 큰 도움이 된다고 생각한다. 집회의 프로그램 속에 말씀의 가르침이나 성경공부 시간을 넣는다. 그리스도인들도 이런 성경의 메시지가 우리의 영적인 질병을 고치고 우리와 하나님과의 관계를 올바르게 할 수 있다고 생각한다. 우리는 세상과 동떨어질 필요가 있음을 강조하지만 실천하기가 쉽지 않다. 그 실천이란 바로 저 멀리 인적이 드문 한적한 곳에 가서 하나님을 찾고 그분과 더 깊은 교제를 나누는 것이다.

순교자를 대신하는 수도원 제도

서기 3, 4세기경 이집트의 많은 그리스도인들이 원래 자기들이 살던 지역을 떠나 황량한 사막으로 들어갔다. 그들이 바라는 이상적인 영적 생활을 추구하기 위함이었다. 사막으로 이주해서 사는 열풍이 사막 수도원의 활기찬 발전을 가져왔다. 수도원주의는 세속의 사람과 논쟁을 벌이지 않는 생활이다. 수도원에서 사람들은 다양한 방법으로 마음을 다해 온전함을 추구한다. 가혹한 고행, 장시간의 묵상, 하나님께 대한 섬김, 사람들에 대한 봉사, 이런 것들이 모두 수도사들의 평소 삶의 내용이다.

수도원주의는 어떻게 생겨난 것인가? 이것은 2, 3세기 로마 초기 순교자의 시절로 거슬러 올라간다. 그 당시 경건한 그리스도인들은 주님께 헌신하고 주님을 사랑하는 최고의 행동을 순교로 보았다. 순교자들은 로마 정부의 핍박과 이교도 사회의 패역한 분위기에 맞섰다. 그들은 죽을지언정 굴복하지 않았다. 서기 4세기, 콘스탄티누스 대제(大帝)가 세례를 받고 그리스도인이 되었다. 기독교를 국교로 받들고 인정하게 되었다. 그 후부터 수많은 사람들이 교회로 몰려들게 되었다. 그렇지만 이와 함께 교회도 사회와 영합하기 시작했다.

이때 뜻이 있는 몇몇 사람들이 수도원을 건립하였다. 수도원주의를 통해 교회 안의 세속화와 맞서기 위해서였다. 점차로 수도사는 순교자와 같은 사람으로 인정받게 되었다. 그리스도인의 마음속에 영웅과 성자로 자리매김하게 된 것이다. 수도사들 중에는 형제들 뿐만 아니라 자매들도 있었다. 그들은 세상에 발을 딛고 살고 있었지만 이 세상에 속하지는 않는 사람들이었다. 그들은 하나님께 속한 거룩한 자녀요 백성이었다. 사람들이 우러러보고 사모하는 존경의 대상이었다. 수많은 사람들이 수도원에 찾아가 수도사들에게 기도를 요청하고 병을 고침 받고 인생의 어려운 문제에 대한 해답을 찾고자 했다.

이집트 사막의 안토니 수도사

이런 수도사들 가운데 이집트의 안토니(Antony of Egypt, 251-356)가 있었다. 그는 부르심을 받고 사막에 들어가서 수행하는 수도사들 중에서도 가장 유명한 수도사였다. 그는 이 땅에서 105년을 살았다. 안토니가 이 땅을 떠난 지 얼마 되지 않아 몇몇 사람들이 그의 전기를 집필하기 시작했다. 그에 대한 많은 전기 중에서도 초기 교부였던 북아프리카 알렉산드리아의 아타나시우스(Athanasius, 293-373)가 집필한 ≪성 안토니의 생애≫(The life of Antony)가 가장 잘 알려져 있다.

아타나시우스는 서기 325년 니케아 신경 중의 예수님의 완전한 신성을 끝까지 주장했다. 그 이유로 아리우스주의 신봉자들에게 핍박을 받아야 했다. 당시 아리우스주의자들은 그리스도와 성부 하나님의 동등됨을 반대하는 입장이었다. 아타나시우스는 아리우스주의자들의 핍박을 받고 사막으로 쫓겨나게 되었다. 그때 사막에서 안토니를 만나 서로 알게 된다.

아타나시우스가 집필한 ≪성 안토니의 생애≫에 의하면 안토니는 한 부유한 가정에서 태어났다. 17, 18세 때 부모를 여의고 자기와 여동생 두 사람만 남게 된다. 하루는 안토니가 성경을 읽게 되었는데 성경에서 이렇게 말씀하고 있었다. "네가 온전하고자 할진대 가서 네 소유를 팔아 가난한 자들을 주라 그리하면 하늘에서 보화가 네게 있으리라 그리고 와서 나를 좇으라"(마태복음

19장 21절). 그는 마음에 감동을 받았다. 즉시 모든 재산을 팔아 가난한 사람들에게 나누어 주었다. 그리고 여동생을 그 지역 교회에 맡기며 돌봐 줄 것을 부탁한다. 그런 후 자신은 근처의 마을로 한 연장자를 찾아간다. 이 연장자는 한평생 오로지 기도에 힘쓰며 은둔 생활을 하고 있는 사람이었다. 안토니는 계속해서 거처를 조금씩 멀리 옮겨 다녔고 마침내 사막에 이르게 된다. 처음에 그는 무덤에 가서 기거한다. 거기에 살면서 그는 죽음이 가져다주는 모든 어두움의 권세를 이기는 법을 배우게 된다.

그 다음에 안토니는 사막으로 들어간다. 약 20년 동안 그는 홀로 피스피르(Pispir)에서 살았다. 이곳은 나일강 동쪽의 강기슭으로 대략 멤피스의 남쪽 50킬로미터 지점에 있다. 피스피르는 보통 '외산'(Out Mountain)으로 불린다. 거기에서 그를 본 사람은 거의 없었다. 하지만 그의 명성은 자자하여 그를 우러러 사모하는 수많은 사람들이 그의 수행 방법을 배우고자 했다. 마침내 이들은 안토니를 찾다가 만나게 된다.

안토니는 마치 성전에서 걸어 나오는 것 같았다. 그 성전은 아주 특별한 성전으로 그 안에는 심오한 비밀과 성령님으로 충만했다. …… 그들이 안토니를 보았을 때 그들은 자신들의 눈을 믿을 수가 없었다. 안토니의 매우 활력 넘치는 모습을 보았기 때문이다. 체격은 예전과 다름없었다. 운동량이 부족하여 뚱뚱해졌다거나 금식하며 마귀와 싸우느라 피골이 상접해지지 않았다. …… 그의 영혼은 티없이 맑고 깨끗해 보였다. …… 여러 사람 앞에 서 있는 그의 모습이 그처럼 균형 잡히고 자연스럽게 보일 수가 없었다.

마치 완전히 이성(理性)의 지배를 받고 있는 것처럼. (≪성 안토니의 생애≫, 14절)

당시 안토니는 45세였다. 수많은 사람들이 안토니를 찾아가 도움을 구했다. 그리고 그의 지도하에 고행의 삶을 배우고자 했다. 안토니는 마침내 사막의 깊은 곳으로 거처를 옮겨 콜짐(Colzim)에 이르게 되었다. 콜짐은 보통 '내산'(Inner Mountain)이라 불린다. 그곳에서 안토니는 여생을 보내게 된다. 그러면서 가끔 수도사들이 기거하고 있는 '외산'으로 나가 거기서 찾아오는 방문객들을 맞이하곤 했다.

사막 광야의 시험

≪성 안토니의 생애≫에는 마귀의 여러 일들을 적고 있다. 마귀는 항상 수도사가 부름받은 지 얼마 되지 않은 초기에 가장 맹렬한 공격을 퍼붓는다고 안토니는 말한다. 마귀는 갖은 수단과 방법을 다 동원하여 수도사들을 굴복시키고자 한다. 그리고 수도 생활이 재미가 없고 짜증나는 일이라고 속삭인다. 이를 통해 우리는 안토니가 만난 시험이 얼마나 컸는가를 이해할 수 있다. 마귀는 시시때때로 안토니가 고독한 수도사의 삶을 포기하도록 부추겼다. 하지만 안토니는 기도로 시험을 이겼다.

마귀는 더럽고 추한 생각을 통해 수도사의 마음을 흔들었다. 그를 넘어뜨리고자 해서였다. 하지만 그것이 통하지 않자 이제는 수도사의 감각 기관을 공격했다. 어떤 때는 여러 가지 이상한 환상을 보여 주며 그를 위협하고 괴롭혔다. 안토니는 그를 따르는 사람들에게 다음과 같이 말하고 있다.

마귀는 늘 완전 무장을 한 군인처럼 나를 협박하곤 합니다. 전갈, 말, 야생 짐승, 독사를 이용해 저의 거처를 습격합니다. 나는 항상 성경 말씀을 큰 소리로 외침으로써 이 같은 공격을 맞받아칩니다. 성경은 말하고 있습니다.
"혹은 병거, 혹은 말을 의지하나 우리는 여호와 우리 하나님의 이름을 자랑하리로다"(시편 20편 7절).
하나님의 긍휼을 감사합니다. 내가 이 말씀을 부르기만 하면 마귀는 놀라 도망쳐 날아가 버립니다. 또 한 번은 이런 일이 있었습니다. 마귀가 눈을 어지럽게 하는 강렬한 빛 가운데 나타나서는 내게 이렇게 말하는 것이 아니겠습니까?
"안토니, 우리가 여기에 온 것은 네게 우리의 빛을 선물하기 위해서다."
나는 마귀의 빛이 들어오지 못하도록 두 눈을 꼭 감았습니다. 그리고 하나님께 기도드리기 시작했습니다. 그러자 즉시 이 빛이 사라져 보이지 않게 되었습니다. 두 달 후에 마귀 무리들이 또 나타났습니다. 그들은 나에게 노래를 불렀고 내 앞에서 서로 성경을 이야기하고 있었습니다. 나는 귀를 틀어막고 마치 귀머거리처럼 듣지 않았습니다(시편 37편 13절).

(《성 안토니의 생애》, 39절)

어떤 때, 마귀는 환각을 통해 수도사를 공격합니다. 마귀가 천사로 변신해 수도사에게 나타납니다. 그리고 수도사의 경건한 신앙

을 칭찬함으로써 수도사를 꾀어 교만에 빠뜨립니다. 어떤 때 마
귀는 수도사의 의지를 연약하게 합니다. 다시는 수행을 계속하지
못하도록 만듭니다. 또 어떤 때는 하늘에 높은 자리를 예비해 놓
겠다고 헛된 약속을 합니다. (《성 안토니의 생애》, 35절)

안토니는 수도사들이 여러 가지 방법으로 마귀의 시험을 이
겨야 한다고 가르친다. 그 방법에는 기도, 묵상, 금식기도, 주님
사랑하기, 그리스도인의 미덕을 나타내 보이는 삶 등이 있다. 안
토니는 다음과 같이 말한다.

사랑하는 수도사 여러분, 깨끗하고 정갈한 삶 그리고 살아 있는
믿음은 마귀가 두려워하는 것입니다. 나를 믿어 주십시오. 내가
경험을 통해 깨닫게 되었습니다. 마귀는 선하고 기도하며 금식하
고 온유하며 가난을 즐거워하는 그리스도인의 삶을 무서워합니
다. 세상의 헛된 명예를 가벼이 여기고 겸손하며 긍휼히 여길 줄
알며 자기 감정을 다스릴 줄 아는 그리스도인들의 삶을 무서워합
니다. 마귀는 특히 예수 그리스도의 사랑으로 가득 찬 마음을 무
서워합니다. (《성 안토니의 생애》, 30절)

그러므로 그리스도인은 선한 일을 소홀히하여 마귀가 틈타
는 여지를 남겨서는 안 되겠다. 원수는 항상 우리의 연약한 데를
공격하기 때문이다. 만약 우리가 열심으로 주님을 섬기고 주님의
그늘 아래 거한다면 마귀는 감히 우리를 괴롭히지 못할 것이다.
마귀가 우리의 영혼을 빼앗지만 않는다면 결단코 우리의 신체를

해하지 못할 것이라고 안토니는 말한다. 마귀가 우리의 영혼을 취하기 전에 마귀는 먼저 우리 안에 있는 그리스도께 속한 좋은 인품과 덕성 그리고 기도의 영을 빼앗아 갈 것이다.

　안토니는 그의 일생을 통해 하나님의 부르심에 대한 단순한 순종, 그리고 영적 생활에 따른 고귀한 대가(代價)를 나타내 보여 주었다. 영적 생활은 마귀와의 한바탕 힘겨루기 전쟁이다. 이 전쟁은 사상률이 높은 전쟁이다. 영적으로 거룩하게 되는 데에는 지름길이 없다. 만약 누구든지 주님을 가까이하고 그분과 깊은 교제를 나누고자 한다면 반드시 고달픈 영적 전쟁을 치를 준비를 해야 한다고 안토니는 우리를 향해 심중하게 외친다.

2. 자아를 초월한 신학자
에바그리우스(Evagrius of Pontus, 344-399)

그리스도인의 삶은 날마다 새로워져야 한다. 뿐만 아니라 결코 긴장을 풀 수 없는 한바탕 전쟁이다. 그 가운데는 크고 작은 많은 장애물들이 가득 널려 있다. 그 중에서도 가장 크고 가장 강력한 장애물이 바로 나 자신, 즉 '자아(自我)'이다. 사람의 자아가 크게 자리잡고 앉게 될 때 사람은 결코 하나님과 원활하고 즐거운 교통을 나눌 수 없게 된다. 하나님과 하나 되는 기쁨을 만끽할 수 없는 것은 두말할 필요도 없다.

자아에 대한 이 같은 의제(議題)는 4세기의 수도사이자 영성신학자였던 에바그리우스(Evagrius of Pontus, 344-399)가 후대에 남겨준 깊이 있는 분석을 통해 잘 이해할 수 있게 된다. 그의 분석은 우리가 이 자아의 장애물에 대해 더 많이 알게 해준다. 그럼으로써 우리는 자아를 이길 수 있게 된다. 더욱더 하나님을 알아가고 하나님께 가까이할 수 있다.

에바그리우스는 소아시아 본도(Pontus)의 부유한 인텔리 집

안에서 태어났다. 젊은 시절 그는 갑바도기아의 3대 교부 중의 한 사람이었던 갑바도기아 성(城)의 주교 바실(Basil, 330-379)의 문하생이었다. 또 다른 두 명의 주교는 바실의 남동생 니사의 그레고리(Gregory of Nyssa)와 친구 나지안주스의 그레고리(Gregory of Nazianzus)였다. 그들 세 명의 주교는 명문 출신으로 그리스 문학과 초기 교부들의 저작에 정통했다.

그들은 삼위일체(三位一體)의 교리에 구체적인 공헌을 함으로써 '본체'(本體)와 '위격'(位格)의 교리를 명쾌하게 구분해내는 데 이바지했다. 바실은 특히 삼위일체 하나님의 서로 다른 명칭을 정의했다. 성부(聖父) 하나님은 아버지의 성품을, 성자(聖子) 하나님은 아들의 성품을, 그리고 성령(聖靈) 하나님은 거룩한 성품을 가지고 계신다고 정의했다. 하지만 삼위의 구분은 성부께서는 낳은 바 되심이 없고, 성자께서는 낳은 바 되셨고, 성령께서는 보내신 바 되었다고 정의했다.

나중에 에바그리우스는 나지안주스의 그레고리 교부를 스승으로 모시게 되었고, 스승과 제자 두 사람은 함께 서기 381년에 콘스탄티노플 공의회에 참석한다. 에바그리우스는 일찍이 바실에 의해 예배당의 성경 봉독자(Lector)로 발탁된 적이 있다. 성경 봉독자의 직무는 예배의식 중에 성경을 낭독하는 것인데 당시 성경 봉독자는 성직자의 길로 들어서는 첫 번째 관문이었다.

그런데 뜻밖에도 복잡한 한 연애 사건은 에바그리우스의 명예를 실추시켰고 갓 시작한 성직자의 삶에 영향을 주었다. 이때 그는 황급히 멜라니아 장로(Melania the Elder in Jerusalem)에게 몸을 피해 거기서 보호와 위로를 청하였다. 멜라니아는 로마의 귀족으로 병원을 운영하고 있었다. 이 병원은 감람산에 있었다. 성지 순례자들 중에 병든 사람들을 수용하고 전문적으로 돌봐주던 곳이었다. 나중에 멜라니아는 에바그리우스에게 이집트에 가서 은둔하며 수도할 것을 설득한다. 에바그리우스는 초기 2년 동안 니트리아(Nitria) 산 속에서 그리고 나중 14년은 셀스 사막(Desert of Cells)에서 수도한다. 사막에서 에바그리우스는 600명의 은둔자들과 함께 수도했다. 그리고 그는 사막에서 생을 마감한다.

그리스도인 삶 가운데 도사리는 여덟 가지 위험 요소

수도원주의는 영혼의 최대의 적은 환상을 수반한 생각(Logismos)이라고 규정한다. 이 같은 생각은 사람의 마음을 어지럽고 혼란케 한다. 사람의 마음이 삶의 본질적인 문제에 전념할 수 없게 한다. 그렇게 되면 사람의 마음은 마치 정처없이 물 위를 둥둥 떠다니는 배처럼 사방을 배회하게 된다. 에바그리우스는 이 환상을 수반한 생각을 여덟 가지로 정리했다. 나중에 카시안(John Cassian, 365-433)은 이를 더욱 발전시켰는데 이는 '일곱 가지 치명적인 죄'라고 불린다.

첫 번째 종류의 죄는 '탐식'(食食)이다. 에바그리우스가 말하는 탐식이란 과도한 음식을 섭취하는 것을 의미하는 것이 아니라 건강에 대한 일종의 걱정과 염려를 말한다. 탐식에 대한 생각은 사람이 병에 걸리는 것은 너무 많은 금식에서 비롯된다고 인식하도록 한다. 이런 생각은 수도사들이 잘못을 각오하고서라도 수도원의 정해진 식사 외에 필요 이상으로 음식을 먹게 만든다.

두 번째 종류의 죄는 '음란과 정욕'이다. 이것은 방탕하고 정욕적인 환상이다. 정욕은 사람의 마음이 마치 고삐 풀린 야생마 같이 되어 육체의 정욕을 만족게 하고자 갈구하게 된다. 이런 음란과 정욕은 사람과 육체적으로 관계를 맺는 것이 아니라 마음속의 방탕이다. 이 죄는 자기의 영적인 갈등과 몸부림이 결국에는 아무 소용이 없고 비참한 종말을 맞게 될 것이라고 믿게 만든다.

세 번째 종류의 죄는 '재물욕'이다. 에바그리우스는 이 문제는 구체적이지 않은 막연한 미래의 곤궁에 관한 대책 마련에서 나온다고 본다. 사람이 여기에 빠지게 되면 한 가지 잘못된 생각을 갖게 된다. 자기가 머지않아 궁핍과 가난 속으로 들어가게 된다는 것이다. 다른 사람에게 손을 벌려 구걸하지 않으면 입에 풀칠도 하지 못할 것이라고 생각하게 만든다. 만약 사람이 이 같은 재물을 탐하는 죄에서 벗어나기 위해서는 반드시 하나님을 믿어야 한다. 그리고 미래를 하나님께 맡겨드려야 한다.

네 번째 종류의 죄는 '의기소침'이다. 사람이 의기소침해져 풀이 죽게 되면 오로지 왕년에 잘나갔던 멋진 시절만을 생각하게 된다. 시간이 자기에게서 어쩜 이렇게도 빨리 날아가 버리는가 한탄하고 한없이 후회하며 풀이 죽어 살아간다.

다섯 번째 종류의 죄는 '분노'이다. 노하여 성내는 것은 기도 생활에 특히 파괴력이 크다. 마음이 노와 분으로 가득 찬 사람은 결코 하나님께 입을 열어 기도할 수 없기 때문이다. 이런 사람은 끊임없이 악몽에 시달리고 심하면 환상에 사로잡히게 된다고 에바그리우스는 말한다. 그는 우리에게 다음과 같이 권유한다.

"만약 다른 사람이 나에게 죄를 범하면 우리는 그 사람을 너그럽게 용서해 줘야 합니다. 이렇게 함으로써 우리는 분노의 상황을 뛰어넘고 분을 가시게 할 수 있습니다."

여섯 번째 종류의 죄는 '침체되어 답답함'이다. 침체되고 답답한 생각은 사람을 무력하게 하여 아무 일도 못하게 한다. 사람을 만사에 흥미를 잃게 만든다. 이때는 밝은 대낮과 어두운 밤의 구별이 없어진다. 자기의 현재 상황에 회의(懷疑)를 갖기 시작한다. 정신 나간 사람같이 되어 자기가 아마 다른 곳으로 도망하여 새로운 그리스도인의 삶을 살 수 있을 것이라고 여기게 만든다. 이 때문에 원래 나아가던 방향을 포기하게 된다.

마지막 두 종류의 죄악된 생각은 '허영'과 '교만'이다. 이 두 가지는 가장 사악한 생각이다. 허영은 사람이 자기의 영광에 초점을 맞추도록 한다. 자기 성취와 자기 잘난 맛에 도취하게 만든다. 자기가 하루아침에 유명해져서 만인의 주목을 받고 우러러봄을 받을 것이라는 환상에 젖어들기 시작한다. 교만은 사람이 모든 것을 할 수 있고 하나님이 필요없다고 생각하는 것이다. 에바그리우스에게 있어서 영적 교만은 일종의 펠라기우스주의로 사람이 하나님의 값없이 주시는 고귀한 은혜를 믿지 못하는 것이다. 뿐만 아니라 하나님의 구원의 은혜가 필요 없다고 생각한다. 교만을 이기는 가장 좋은 방법은 겸손이다.

정념(情念)에서 벗어난 순결한 기도

이상에서 말한 여덟 가지 헛된 환상적 생각 중에서 '자아 사랑'이 이 모든 잘못된 생각의 핵심이다. 이런 좋지 않은 생각은 우리를 거짓 환상적 생각에 가둔다. 우리와 하나님 사이를 멀어지게 한다. 하나님을 가까이하지 못하도록 만든다.

만약 우리가 이런 잘못된 생각을 초월코자 한다면 반드시 자기를 훈련하여 고통, 공포, 욕망, 쾌락과 같은 정념(情念)에서 완전히 해방된 상태(Apatheia)에 도달해야 한다. 이는 우리가 밖의 사물에 대해서는 극도로 민감하게 되는 반면에 마음속은 오히려 잔잔히 평온한 상태를 유지하는 것이다. 즉 세상의 것으로 인해 요동하지 않는 상태이다. 우리에게는 주변의 사람과 일 그리고 자기의 과거와 미래의 꿈을 담담하고 평온하게 대할 수 있는 능력이 있다. 이것은 감각이 무디어지거나 냉랭해진 것이 아니라 일종의 자연스럽고 평온한 마음의 상태인 것이다.

그런데 이런 원만하고 요동함이 없는 상태는 하늘과 사람이 하나가 되는 그런 기도와 같은 것은 아니다. 우리는 묵상할 수 있고 진리에 속한 지식을 누릴 수 있다. 하지만 여기에 만족하지 말고 순수하고 깨끗한 기도 속으로 들어가야 한다. 만약 여기에서 멈춘다면 사람의 마음이 오히려 해이해지고 하나님께 마음을 쏟을 수 없게 된다고 에바그리우스는 말한다. 사실, 순수하고 정결한 기도는 내가 없는 기도이다. 자기의 생각을 뛰어넘어 하나님과 교통하는 기도이다. 우리가 하나님과 하나가 될 때 우리의 마음 또한 모든 형상과 격식에서 벗어나게 된다. 하나님은 형상과 격식의 제한을 받지 않는 영(靈)이시기 때문이다.

하나님께서는 결코 사람의 생각의 제한을 받지 않으신다. 이 때문에 하나님의 생각이 우리 마음속의 일반적인 생각과 꼭 같은 것은 아니다. 에바그리우스는 사람이 오로지 거룩하신 성부 성자 성령님의 밝히 비쳐주심 안에 비로소 순수하고 깨끗한 기도를 할 수 있다고 말한다. 우리의 하나님에 대한 인식도 초월적이다. 하나님은 모든 정의(定義)와 특성과 공간의 한계를 초월하기 때문이다. 순수하고 깨끗한 기도는 모든 영적 추구의 최고 목표이다. 그러나 사탄은 모든 계략을 동원하여 우리의 영적인 노력을 깨뜨리려고 한다.

자아를 망각하는 영의 사람

4세기 수도사 에바그리우스의 가르침은 오늘날에도 여전히 유효하다. 그것은 만약 우리의 마음속에 겸손의 태도를 잃는다면 우리는 바로 모든 것에서 패배하게 된다는 것이다. 영(靈) 안이 씻은 듯이 아무것도 남지 않게 될 것이다. 그 어떤 자아 만족이나 교만 모두가 우리의 영적인 추구를 저지할 것이다.

우리는 얼마나 쉽게 자기 의(義)에 빠지길 잘하는가! 아마 이해가 잘 되지 않을지 모르지만 사실 진정한 영의 사람은 자기 자아를 망각하는 사람이다. 영성(靈性)이라는 잣대를 가지고 자기가 영적인 사람인가 그렇지 않은가를 평가하지 않는다. 사람 중심이 아닌 하나님 중심이다. 이런 그리스도인이 진정 영적인 사람이다.

3. 신비주의 신학자
디오니시우스(Dionysius the Areopagite, 500?)

　　신비주의(神秘主義)를 자주 사람들은 인용한다. 하지만 그만큼 또한 잘못 사용되는 단어이다. 신비주의에 대한 사람들의 바른 이해가 필요한 것 같다. 사실 '신비주의'(Mysticism), 이 단어의 어간의 의미는 '신비'로서 원래 고대 그리스의 종교 신앙에서 유래되었다. 당시 이 그리스 교파에 가입하고자 하는 신자는 비밀을 지켜야 했다. 집회의 의식을 외부에 공개해서는 안 되었다. 오직 신도들만 자기 종교의 의식을 알고 있을 뿐이었다. 이렇게 전해지고 변천하여 훗날 사람들은 비밀스런 일을 보면 바로 그것을 신비주의와 연관 짓게 되었다.

　　사람들은 '신비주의'라는 단어를 광범위하게 사용한다. 하지만 신비주의는 법술이나 직감 그리고 준심리학이나 성상학(星象學)과 똑같이 봐서는 안 된다. 신비주의는 또한 감각기관의 형상이나 이상한 환상 혹은 특별한 계시 등에 대한 연구는 더더욱 아니다. 사실 신비주의는 "하늘과 사람이 하나 되는"것을 목표로 하는 일종의 영성 추구이다. 신비주의는 하나님에 대한 주관적인 경험과 구체적이고 직접적이고 아름다운 인식을 묘사하고자 시도한다. 이 인식이 다분히 직접적이기 때문에 '하나님과의 연합'이라고 불린다. 신비주의자들은 늘 하나님과 연결되는 미묘한 경험을 갖게 된다. 그리고 시적인 풍부한 언어를 사용하여 언어로 표현할 수 없는 종교적 경험을 묘사한다.

신비주의를 가볍게 보는 경향

대부분의 그리스도인들이 신비주의에 대해 상당한 반감을 가지고 있다. 심지어 어떤 사람들은 신비주의를 비웃기까지 한다. 이 때문에 그리스도인이 무의식 중에 영적인 삶 가운데 존재하는 신비적인 부분을 가볍게 보고 등한시하게 된다. 그런데 이런 신비주의에 대한 반목(反目)적인 태도는 주로 16세기 종교 개혁의 영향에서 비롯됐다. 당시 종교 개혁의 핵심 지도자들은 성경이 그리스도인의 영성에서 차지하는 비중을 매우 강조했는데 이로써 생긴 결과이다. 이런 분위기는 나중에 복음주의 진영과 기독교 원리주의 진영에 큰 영향을 끼치게 되었다.

이들은 성경 중심의 이성적인 신학 혹은 선지자적인 영성을 중요시한다. 반면에 하나님과의 연합을 위주로 하는 신비주의 신학이나 깨달음의 영성은 가볍게 본다. 많은 교회와 신학교에서 신비주의를 만유의지론(萬有意志論) 혹은 만유재신론(萬有在神論)으로 본다. 그리고 신자들이 신비주의에서 벗어나도록 가르친다. 복음주의 진영의 신학자 블로치(Donald Bloesch)는 신비주의를 비판하며 이렇게 말했다.

교회의 모든 신비주의의 전통은 네오플라톤주의의 영향을 받아 하나님의 우주 안에 내재하심을 하나님의 초월해 계심보다 더 강조한다. 이것은 시간이 흐름에 따라 끝내 만유의지론 혹은 만유재신론으로 변질하게 된다.(참조, Donald Bloesch, Essential of Evangelical Theology, Volume Two, 1979)

긍정신학과 부정신학

신비주의 전통 가운데 가장 큰 영향력을 가지고 있는 작가가 디오니시우스(Dionysius the Areopagite)이다. 후대 사람들은 그를 아레오바고 디오니시우스라고 부른다. 사도행전 17장 34절에 나오는 디오누시오와 동일 인물이라고 생각하는데 사실은 그렇지 않다. 신비주의 작가 디오니시우스는 아마 서기 500년 전후의 시리아의 수도사일 것이다. 그는 다음의 네 권의 책을 집필하였다고 전해 내려온다. ≪천상의 위계≫(The Celestial Hierarchy), ≪교회의 위계≫(The Ecclesiastical Hierarchy), ≪거룩한 이름≫(The Divine Names), ≪신비신학≫(The Mystical Theology).

디오니시우스의 신비주의 가르침을 이해하기 위해서 우리는 먼저 하나님을 인식하는 두 가지 방법을 알아야 한다. 그것은 바로 '이성적 깨달음'과 '신비적 깨달음'이다. 우리의 하나님께 대한 이성적 인식은 이성신학에 속한다. 반면 신비신학은 이성을 통해서가 아닌 말로 전할 수 없는 직관을 통해서 가능하다. 인간의 이성은 확실히 우리가 하나님을 인식하는 데 도움을 준다. 하지만 전부는 아니다. 이성을 통해 아는 하나님께 대한 지식으로 하나님을 전부 알았다고 할 수는 없다. 신비주의 신학자 디오니시우스는 네오플라톤주의의 영향을 받았다. 뿐만 아니라 여기서 더 나아가 하나님은 인간의 이성을 초월하신다고 강조한다. 이 때문에 인간은 하나님을 완전히 알 수 없고 사람의 말로도 형용할 수 없다고 본다.

이성적 깨달음은 긍정신학에서 하나님을 아는 일종의 방법이다. 긍정신학에서 하나님은 만물의 창조주로서 지혜와 권능과 선함과 아름다움이 충만하신 분이다. 하나님께서는 일체의 진리이시다. 하지만 인간의 이성 또한 하나님은 우리가 생각할 수 있는 모든 아름다움과 선함을 초월하신다고 속삭인다.

사실, 인간 세상의 그 어떤 아름다움과 선함에 관한 어휘와 관념을 가지고도 완벽하게 하나님을 묘사할 수는 없다. 만약 우리가 부정신학, 즉 신비적 깨달음을 통해서 전통적으로 내려오는 이성적 깨달음의 패턴을 뛰어넘는다면 우리는 더 많이 하나님을 알게 될 것이다. 부정신학은 우리가 긍정신학을 통해서 알았던 하나님께 대한 지식의 한계를 벗어나 더 많이 하나님을 알도록 돕는다.

디오니시우스는 그의 저서 ≪거룩한 이름≫에 다음과 같이 적고 있다.

> 인간은 모든 사물을 통해서 하나님을 알게 된다. 그러나 하나님께서는 사물 자체는 아니시다. 인간은 관념과 이성과 촉각과 의견과 깨달음과 상상 등을 가지고 하나님을 명명코자 시도한다. 그런데 하나님께서는 인간의 이 모든 것을 초월하신다. 하나님은 한편으로 인간이 인식할 수 있지만 또 한편으로는 알 수 없는 분

이다. 사람들은 하나님께서 인간의 지식과 이성과 상상과 감각을 능가하신다고 깨닫게 될 때 비로소 지극히 높으신 하나님을 찬양하기 시작한다. 사람의 시선이 다시는 사물에 얽매여 있지 않고 심지어 자기 자신에게 있지 않게 될 때 비로소 헤아릴 수 없는 지혜가 마음속에서 반짝반짝 빛나게 되고 하나님을 더 깊이 알아가기 시작한다. (≪거룩한 이름≫(The Divine Names), 일곱 번째 부분, 3쪽)

하나님은 우리가 칭할 수 있는 모든 아름다운 이름보다 뛰어나시다. 뿐만 아니라 인간 세상의 지혜로 헤아릴 수 있는 것을 훨씬 능가하신다. 우리 자신의 좋은 머리와 지혜를 가지고는 도저히 하나님을 알 수 없다. 디오니시우스는 ≪거룩한 이름≫에서 또 적고 있다.

그러면 우리는 어떻게 하나님의 거룩하시고 아름다우신 이름을 논할 수 있는가? 만약 우리의 언어와 지식이 모든 것을 초월해 계시는 하나님을 묘사할 수 없다면 우리는 어떻게 해야 하는가? 만약 초월해 계시는 하나님께서 만물 중에 계시는데 우리는 관념과 상상과 의견과 이상과 언어를 가지고 그분을 가까이할 수 없다면 우리는 또 어떻게 해야 하는가? 만약 하나님을 인간 세상의 언어로 논할 수 없다면 우리는 어떻게 하나님을 알 수 있단 말인가?

(≪거룩한 이름≫(The Divine Names), 첫 번째 부분, 15쪽)

디오니시우스의 말은 우리가 인간 세상에서의 노력을 포기하라고 하는 말인가? 저와 여러분에게 하나님에 대한 무지의 단계에서 달갑게 멈추어 서 있으라는 것인가? 전혀 그렇지 않다. 우리는 결코 겁먹어 움츠러들어서는 안 된다. 긍정신학말고도 우리에게는 부정신학이 있기 때문이다. 예를 들면, 우리가 "하나님은 사랑이시다"라고 말할 때, 우리 마음속에 인간 세상에서의 사랑에 대한 이미지가 떠오르게 된다. 그러나 사실 하나님의 사랑은 인간 세상에서의 사랑과 같지 않다. "하나님은 사랑이시다"라고 할 때 이 사랑은 인간 세상의 가장 지고한 사랑을 초월하는 사랑이다. 그래서 우리는 심지어 하나님은 "사랑이 아니시다"라고 말할 수 있다. 여기서 말하는 사랑은 당연히 인간 세상의 사랑을 말한다. 우리가 주님을 믿은 지 얼마 되지 않는 초신자 시절에는 긍정신학이 하나님을 아는 데 도움을 주지만 믿은 지 오래되면 될수록 우리는 부정신학을 통해 하나님을 알아가게 된다고 디오니시우스는 보았다.

그래서 신비주의 신학자 디오니시우스는 신비신학이 이성신학보다 더 좋고 더 요긴하다고 생각했다. 영적인 서적을 읽고 목사님의 설교를 듣는 것만으로는 우리가 온전히 하나님을 알지 못한다. 우리가 진정으로 하나님을 아는 것은 신비적 깨달음을 통해서이다. 그런데 이런 신비적 깨달음은 사람에게 속하는 일종의 상상이 아니다. 그것은 바로 값없이 주어지는 하나님의 은혜이다.

긍정신학과 부정신학, 이 두 가지는 하나님을 추구하고 그분을 알아가는 방법으로써 명상과 묵상의 두 가지 방법과 아주 유사하다. 실로 디오니시우스는 서양 종교 영성의 발전사에 깊고 거대한 영향을 끼치게 되었다. 첫 번째 묵상 방법은 바로 우리의 상상력을 동원하는 것이다. 하나님을 '빛' 혹은 '하늘의 아버지' 혹은 '목자' 등 성경에 나오는 긍정적이고 적극적인 이미지로 상상하여 머릿속에 생생히 떠오르게 한다. 마치 우리 눈앞에 계신 것같이 하는 것이다.

두 번째 묵상 방법은 앞의 방법과 정반대되는 것인데 그것은 "완전히 비우는" 기술을 활용한다. 하나님을 그 어떤 사물, 예를 들면 빛이나 목자 같은 사물로 상상하는 대신에 마음속을 완전히 비우는 것이다. 하나님께서는 눈에 보이는 형상을 초월하시기 때문이다. 이런 이미지들은 하나님의 만분의 일도 묘사하는데 부족하다. 심지어는 잘못 인도할 위험마저 안고 있다. 자아를 내려놓을 것을 강조하는 전통적인 묵상 방법은 하나님과 만나는데 깊은 비밀을 느끼게 하고 경험하게 한다. 사람들은 그저 하나님을 어렴풋이 마음속으로 깨닫고 알게 된다. 은밀히 계시는 하나님은 그분이 비록 자기 자신을 인간에게 계시하시더라도 한 겹의 수건으로 가리고 계신 것과 같기 때문이다.

첫 번째 묵상 방법에서는 긍정신학이 상상을 통해 하나님을 인지하고 그분께 가까이 다가가게 한다. 반면 두 번째 묵상 방법에서는 하나님을 알고자 하는 사람들에게 빛이나 목자 같은 이미지로 실제로 존재하시는 하나님을 가정하여 상상하는 것을 경계하도록 돕는다. 하나님을 어떤 이미지나 문자에 국한시켜 하나님의 실제적인 존재하심을 흐리게 할 수 있는 잘못을 범할 수 있기 때문이다. 바꿔 말하면 '생각을 완전히 비우는' 이런 깊은 묵상은 '하나님과 사람이 하나 되는' 경지를 경험하고자 함이다. 하나님은 우리 머리의 이성으로 분석하지 않고 심령으로 이해하고 사랑 안에서 만나게 되기 때문이다.

이성과 심령이 동시에 필요하다

긍정신학은 이성적 깨달음을 강조하는 반면 부정신학은 감성적이고 심령적인 깨우침을 강조한다. 전자는 우리의 이성을 활용해 하나님을 알도록 한다. 그것은 곧 조직신학이다. 이 부류의 그리스도인으로 대표되는 사람들, 특히 개혁주의 진영의 그리스도인들은 성경을 핵심적이고 기본적인 진리로 깊이 인식한다. 하나님을 알고 깨닫는 데는 성경의 범위를 벗어날 필요가 없다고 본다. 모든 것을 다루고 있는 성경이야말로 하나님이 어떤 분인지 나타내는 데 부족함이 없기 때문이다. 심령적으로 하나님을 느끼고 체험하고자 하는 그 어떤 것도 지나친 주관적인 경험으로 본다. 신앙에 해롭고 위험한 것이기에 본받을 것이 못된다고 본다. 오직 성경을 주의 깊게 살피고 이성적으로 깨닫기만 하면 하나님을 알고 이해하게 되는데 굳이 명상과 묵상을 통해서 하나님을 가까이하는 것이 꼭 필요한 일은 아니라고 주장한다.

잘못하면 우리의 신앙이 머리로만 하나님의 지식을 이해하고 하나님과 개인적이며 인격적인 관계를 소홀히 하기 쉬운데 이 점에 있어서 부정신학 진영의 그리스도인들에게는 부족함이 없다. 그런데 성령과 은사 중심 진영의 그리스도인들은 또 너무 지나치게 개인의 영적인 경험을 강조한 나머지 성경에 대한 고찰을 소홀히 하는 경향이 있다. 실로 옥의 티라 할 수 있다.

사실 심령과 이성의 분야가 그처럼 절대적인 것은 아니다. 이러한 대립은 피할 수가 있다. 순수하며 올바르면서도 깊이가 있는 신앙, 하나님에 대한 지식에 있어서는 이성적인 인식이 있으면서도 심령적 체험이 있는 이런 두 가지를 겸비하여 치우침이 없는 신앙이 되어야 한다. 만약 그렇지 않다면 균형을 잃은 건전치 못한 그리스도인의 삶이 된다. 만일 한 가지만 가지고 있다면 이런 그리스도인의 영적인 생명에 문제가 있는 것이다. 결론적으로 하나님을 추구하고 그분을 아는 방법은 한 가지 종류만 있는 것이 아니다. 또 요긴한 공식이 있어서 하나님을 만나는 데 법칙으로 쓸 수 있는 것도 아니다. 만약 어떤 사람이 말하길 그 공식과 법칙이 있다고 한다면 우리는 반드시 의문을 제기하고 거절해야 할 것이다.

    디오니시우스는 어떻게 하나님을 인식할 것인지 가르치면서 두 가지 방법을 제시했다. 그 목적은 긍정신학과 부정신학을 대립의 구도로 몰고 가 서로를 분리시키려는 데 있지 않다. 서로 보완하여 같은 한 분의 하나님을 알고자 하는 데 있다. 사실은 성경을 고찰하여 머리로 지식적인 인식이 있은 후에는 여기다가 명상과 묵상을 통해서 주관적으로 하나님의 함께하심을 느낄 수 있어야 한다. 이때 비로소 하나님의 계시에 비교적 깊은 깨달음이 있다고 할 수 있다. 이 같은 신앙이야말로 여러분의 삶 가운데 뿌리를 내리고 자라게 된다. 여러분이 초신자이든 아니면 현재 성숙하고 원만한 영성을 추구하고 있는 그리스도인이든 간에 디오니시우스의 깊은 신비주의 신학은 여러분을 신앙의 길을 인도해 주고 참고하는 데 실로 큰 도움이 될 것이다.

4. '수도원 생활 규칙'의 스승
성 베네딕트(Benedict of Nursia, 480-547)

겸손은 교회가 중시하고 권장하는 아름다운 덕목 중 한 가지이다. 기독교의 전통 가운데서도 겸손은 높이 추앙받는 덕목이다. 어거스틴은 명언을 말한 적이 있다.

"만일 여러분이 제게 기독교 안에서 으뜸가는 교훈이 무엇이냐고 묻는다면 겸손이라고 대답할 것입니다. 그럼 두 번째는 무엇입니까 물으면 겸손이라고 대답할 것입니다. 세 번째가 무엇입니까 물으면 저는 여전히 겸손이라고 대답할 것입니다. 겸손은 으뜸이요, 둘째 셋째로 중요한 것도 겸손입니다."

예수 그리스도는 바로 기독교가 말하고 있는 겸손의 가장 훌륭한 모델이 되신다. 뿐만 아니라 그리스도께서 제자들의 발을 씻어 주신 모범적인 예는 자주 인용된다. 하지만 오늘날 많은 사람들이 진정한 겸손을 오해하고 있다. 교회에서 몇몇 교사들은 열심으로 그리스도 예수의 자기를 비우신 사실을 찬양한다. 겸손은 충성스럽게 성도들이 무릎 꿇어 자기를 낮추고 자기의 가치를 평가절하하는 것이 필요하다고 생각한다. 그런데 사실 이것은 잘못된 견해이다. 성경 말씀과 신학의 근거가 결여된 것이다.

죄가 당초에 하나님께서 창조하신 우리의 처음 모습을 오염시켰다는 것을 우리는 모두 당연히 알고 있다. 하지만 죄는 인간이 하나님의 형상을 따라 지음 받았다는 이 사실을 완전히 무너뜨리지는 못한다. 바꿔 말하면, 우리는 항상 겸손하게 자신의 성취를 봐야 한다는 것이다. 그러나 이것은 스스로를 천하게 대하고 스스로를 혐오하는 것이 아니다. 또는 유약하거나 무능하다고 여길 것은 더더욱 아니다.

리처드 포스터(Richard Foster)는 말했다.

"겸손은 바로 사람이 할 수 있는 대로 진리에 의거하여 생활하는 것이다. 이 진리는 자기에게 진실되고 다른 사람에게 진실되며 주변 세계에 진실되는 것을 포함한다. 겸손한 사람은 다른 사람을 도울 줄 아는 사람이다. 이런 사람은 항상 다른 사람을 배려한다. 절대로 자기 중심적이지 않다."

그렇다면 우리는 어떻게 이처럼 아름다운 덕목인 겸손을 얻을 수 있는가? 말하자면 아주 흥미롭다. 겸손도 다른 많은 아름다운 덕목과 같아서 우리가 부단히 이것을 주목한다면 우리는 영원히 이 아름다운 덕목을 가질 수 없다는 사실이다. 성 베네딕트는 이에 관해 우리에게 아주 좋은 가르침을 주고 있다. 우리는 마땅히 그의 가르침을 잘 생각해 봐야 한다.

공동체 수도생활

서양 수도원주의의 아버지 성 베네딕트(Benedict of Nursia, 약

480-547)는 누시아의 지위 높은 집안에서 태어났다. 젊었을 때 로마에 가서 공부했다. 얼마 되지 않아 성 베네딕트는 로마의 방탕과 부패를 견디다 못해 서기 497년 로마를 떠나 로마 동쪽에 있는 작은 도시 엔피데(Enfide) 산에서 홀로 3년을 수행한다. 홀로 수도할 때 성 베네딕트는 쐐기풀과 가시덤불 위에서 알몸으로 뒹굴어 몸이 상할 때까지 고행했다. 그는 이 방법으로 독신생활에 따르는 여러 가지 유혹들을 극복했다.

얼마 후 수많은 사람들이 성 베네딕트를 찾아왔고 그를 따랐다. 성 베네딕트 또한 이들을 받아들이고 자기 제자로 삼고 가르쳤다. 서기 528년 성 베네딕트는 그의 제자들과 함께 카시노(Cassino) 산으로 가서 거기에 성 베네딕트 수도원을 건립한다. 성 베네딕트는 수도원에서 그 유명한 저서 《베네딕트 규칙》을 집필했다. 나중에 이 작은 책자로써 성 베네딕트는 역사에 길이 이름을 남기게 된다.

《베네딕트 규칙》은 상당히 간단하지만 이후 수백 년에 걸친 수도원주의에 매우 깊은 영향을 끼쳤다. 그것은 극단적인 고행주의와 다르다. 《베네딕트 규칙》은 지혜로운 수도원 생활의 질서를 추구하는 데 있다. 비록 엄격한 규범이 그 안에 포함되어 있는 것은 사실이지만 타협할 수 없는 가혹함과 괴로움이 있는 것은 아니다. 그 중에서 가장 기본적인 영적 규칙은 노동의 일과 경건한 기도의 결합이다. 즉 '오라 에트 라보라'(Ora et Labora)는 좌우명이 그것이다. 이 규칙은 수도사들이 하루에 일곱 번 기도하고 중간중간에 노동과 적당한 음식 섭취와 수면을 하도록 요구한다. 이것은 나중에 서방 수도사들의 생활의 기준이 되었고 오늘날까지 변함없이 이어져 내려오고 있다.

겸손을 얻는 12단계

성 베네딕트는 사람이 마음과 몸과 영적인 세 방면의 활동을 통해 점차로 겸손한 삶을 살 수 있게 된다고 보았다. 성 베네딕트는 성경 속에 있는 야곱의 하늘 사다리를 빌려 겸손을 갖게 되는 12단계를 설명하고 있다. 이 가르침이 1,000여 년의 역사를 가지고 있다. 하지만 오늘날에도 성 베네딕트가 제시한 것보다 더 구체적인 영적 원칙을 찾아보기 어렵다.

성 베네딕트의 겸손의 가르침은 성경에 근거하고 있다.

> "무릇 자기를 높이는 자는 낮아지고 자기를 낮추는 자는 높아지리라" (누가복음 14장 11절, 18장 14절).

12단계 또한 성경에 근거하고 있다.

제1단계는 하나님을 경외하는 삶을 사는 것이다. 사람이 절실히 알아야 할 것은 우리의 마음과 생각이 모두 하나님 앞에 개방되어 숨김이 없다는 사실이다. 이 때문에 사람이 바로 하나님을 경외하게 된다는 것이다. 제2단계는 겸손한 사람은 하나님의 뜻을 사모해야 한다. 자신의 생각을 이겨야 한다. 사람은 자기의 욕망을 만족하는 것을 추구하는 데 빠져 있으면 안 된다. 제3단계는 사람이 기쁜 마음으로 겸손히 이 땅에 있는 웃사람에게 순종해야 한다. 하나님을 사랑하기 때문이다.

성 베네딕트는 순종은 겸손의 중요한 요소라고 보았다. 이상의 세 단계는 우리와 하나님의 관계에 관련된 것인데 이것은 모두 기초과목이다.

제4단계는 인내심이다. 겸손한 사람은 고난이나 억울함 그리고 모순을 초월할 수 있다. 꿋꿋이 인내심을 가지고 절대 포기치 않는다. 그리고 마침내 승리한다. 제5단계는 겸손한 사람은 자신의 죄를 숨기지 않는다. 반대로 용감하게 조금도 남김없이 자기의 죄를 인정한다. 제6단계는 자족하며 분수에 맞는 생활이다. 제7단계는 겸손한 사람은 마음속으로 자기가 다른 사람보다 낫지 않다고 생각한다. 제8단계는 수도원에 사는 수도사들에게 적용되는데 그들은 수도원에서 요구하지 않는 일을 절대 하지 않는다.

아래 세 단계는 혀를 다스리는 것과 관련되어 있다.

제9단계는 자기의 혀를 제어해야 한다. 다른 사람이 당신에게 문제를 물어오지 않으면 몰라도 그렇지 않을 때는 소리 내지 말고 조용함을 유지해야 한다. 제10단계는 경솔히 크게 웃지 않는다. 사람이 큰 소리로 떠들고 웃는 것은 바보짓이다. 제11단계는 다른 사람과 말할 때는 절제해야 한다. 침착하고 신중해야 한다. 마지막 12단계는 마음으로 겸손할 뿐만 아니라 행위적으로도 겸손해야 한다.

작은 데서부터 겸손하고 순종해야

위에서 말한 열두 가지 단계 안에는 성 베네딕트의 영적 원칙이 모두 그 안에 녹아들어 있다. 누구든지 이 열두 계단을 오르고자 한다면 먼저는 하나님을 경외해야 한다. 이렇게 할 때 또한 완전한 사랑을 갖게 된다. 매 단계 안에 사소하고 간단한 일상적인 가르침을 발견할 수 있다. 이 모든 것들은 다 하나님의 사랑 때문이다. 작고 거들떠보지도 않는 수많은 일 그리고 우리의 습관 중에 우리는 늘 스스로 걸려 넘어지기 때문이다. 우리가 작은 데서부터 시작하여 자신을 뛰어넘고자 한다면 우리는 점점 겸손으로 들어서게 된다. 겸손의 아름다운 덕목을 소유하게 될 것이다.

5. 하나님을 사모하는 신앙고백자
성 맥시무스 (St. Maximus the Confessor, 580-662)

오늘날 교회 안에서의 우리는 서방의 라틴 기독교에 비교적 익숙해 있다. 여기서 말하는 라틴 기독교란 로마교회와 라틴 국가가 가지고 있는 신앙의 내용과 의식을 가리키는데 마틴 루터의 종교개혁 후에 천주교와 기독교로 분열되어 오늘날까지 내려오고 있다. 그런데 상대적으로 동방의 헬라 기독교에 대해서는 비교적 낯설다. 헬라 기독교는 동유럽과 서아시아의 로마 가톨릭을 제외한 교회를 지칭하는데 그리스, 러시아, 시리아 그리고 기타 슬라비아 국가가 여기에 포함된다. '그리스 정통교회' 또는 '그리스 정교' 혹은 '동정교'로 불린다.

동·서방 교회의 분열과 왕래 단절

우리의 대부분의 신학 사상과 영성관은 모두 서방 전통에 깊이 뿌리를 내리고 있다. 그런데 본 세기 초까지 동·서방의 차이는 단지 문화적으로 다를 뿐 교회는 성령 안에서 하나이다. 당시 수많은 오래된 도시들, 예를 들면 예루살렘, 안디옥, 에베소, 알렉산드리아, 로마 그리고 비교적 늦게 생긴 콘스탄티노플 등 각 도시마다 한 명의 주교가 있었다. 그런데 로마 주교가 차츰 자기가 다른 지역의 주교들보다 월등한 권세를 가지고 있다고 주장하기 시작했다. 이것이 동·서방 교회의 분열을 부추기게 된 것이다.

헬라 동정교회와 서방 라틴 교회의 분열은 점차로 진행되었다. 동방은 콘스탄티노플을 중심으로 그리고 서방은 로마를 중심으로 하게 되었다. 일반적으로 로마 가톨릭 교회와 동방 정통 교회가 분열하여 서로 왕래를 끊게 된 때를 서기 1054년으로 본다. 그러나 갈등과 대립은 서기 800년부터 시작하여 1,200년 동안 지속되어 오고 있다.

동정교회는 헬라 신학의 전통과 가장 초기의 일곱 번의 공회의 핵심 내용을 섭취하여 서방 교회와는 색다른 독특한 주장이 생겨나게 되었다. 일곱 번의 공회는 즉 325년의 니케아 회의, 381년의 콘스탄티노플 회의, 431년의 에베소 회의, 451년의 칼케돈 회의, 553년의 콘스탄티노플 2차 회의, 681년의 콘스탄티노플 3차 회의, 787년의 니케아 2차 회의를 가리킨다.

동정교회의 신학은 특별히 삼위일체 신론을 강조한다. 성화사상(theosis)의 깨우침으로 인해 그들의 영성신학은 특별히 그리스도인의 영성 발전에 집중하고 있다. 즉 인류의 성화 과정에 집중하고 있다. 7세기경에 동방 사람 중에서 신학 사상과 기독교 영성관에 대해서 가장 중요하고도 가장 큰 영향력을 행사했던 인물이 한 사람 있다. 바로 신앙고백자 맥시무스(St. Maximus the Confessor, 580-662)이다.

진리를 사수한 신앙고백자

맥시무스는 서기 580년 콘스탄티노플의 기독교 귀족 가정에서 태어났다. 그는 개인적인 재능과 좋은 가정 배경 덕분에 아주 빨리 승진하여 마침내 헤라클리우스(Heraclius) 황제의 비서실장이라는 높은 직위를 맡게 된다. 서기 614년에 그는 직위를 사임하고 크리소폴리스(Chrysopolis) 수도원으로 물러나 은둔하고 수도사의 일원이 된다.

그리고 626년에 페르시아가 유럽을 침략한 해에 그는 수도원을 떠나 북아프리카와 로마를 여행한다. 그는 칼케톤 정통 신앙의 강력한 지지자로서 그리스도께서 신성과 인성을 동시에 지니고 있다는 사실을 옹호했다. 그는 그리스도의 인격의 단일성을 주장하는 이단을 반대했는데 그들은 그리스도가 신성만을 지니고 있다고 주장했다. 그는 교황 성 마틴 1세(St. Martin I)를 설득하여 649년에 라테란 회의(Lateran Council)를 개최하고 그리스도의 인격의 단일성을 주장하는 자들과 그들의 추종자들을 쫓아낸다.

그의 이 행동은 황제 콘스탄틴 2세(642-648)의 심한 노를 사게 됐다. 황제는 맥시무스를 체포하였고 653년에 그를 유배 보냈다. 서기 661년에 맥시무스는 그리스도의 인격의 단일성을 반대하는 설교를 계속했다는 이유로 '국가 반역죄'로 정죄받았다. 그 결과 혀와 오른쪽 어깨를 잘리는 형벌을 받게 된다. 그리고 얼마 후인 662년 8월 13일 세상을 떠나게 된다. 그의 끊임없이 신앙의 내용을 변증하는 용기로 인해 맥시무스는 '신앙고백자'(Confessor)라는 칭호를 받게 된다.

하나님을 사모하고 하나님과의 하나 됨

맥시무스는 단지 그리스도 진리의 용감한 변호자요 엄격한 신학 종사자였을 뿐만 아니라 깊은 영적 생명의 소유자였다. 그의 신학 사상의 핵심은 '하나님 아들의 성육신(成肉身)'이다. 그에게 있어서 명상과 묵상의 결과는 '하나님과의 하나 됨'이다. 이런 하나님과의 하나 됨은 우리가 그분을 닮게 하는데 이것은 바로 우리가 말하는 '성화'(聖化)이다. 이 같은 성화는 '하나님을 사모'하는 것을 통해서 달성된다. 가장 중요한 것은 '하나님의 앎'에 대한 지식에서 비롯된 사모함이다. 이것은 '하나님에 관해서' 아는 몇 가지 지식이 아니라 '하나님 자체'를 얻는 지식이다.

맥시무스는 사람이 그 어떤 세속적인 사모함을 가지고 있으면 하나님께 대한 사모함을 배양할 수 없다고 우리에게 경고한다. 그러므로 '주님을 사랑하는 것'은 동기이고 '세상을 사모하지 않고 자기를 구별하여 거룩하게 드리는 것'은 방법이라고 말할 수 있다. 하나님께서 모든 것을 창조하셨기 때문에 하나님은 그 모든 것보다 더 보배롭고 귀하시다. 그러므로 영혼보다 육체를 더 사랑하거나 혹은 하나님보다 세상을 더 사랑하는 사람은 우상숭배자와 다를 바 없다.

하나님을 사랑하고 사모하는 것을 통해서 사람의 의지는 하나님의 의지와 연합하여 하나가 된다. 마치 잇몸과 치아가 서로 긴밀히 연합되어 있는 것과 같은데 그것이 바로 하나님과 하나 됨이다. 이때 이 사람은 하나님께서 사랑하시는 것을 사랑하게 되고 하나님께서 미워하시는 것을 미워하게 된다. 이같이 긴밀히 연합할 때 이 사람은 완전히 하나님께 순종하게 된다. 그러므로 하나님을 사랑하고 사모하는 것을 통해서 사람은 성화되어 간다. 사람의 의지는 성화를 거쳐 바로 하나님의 의지를 확인하게 된다. 하나님을 사랑하는 것을 통해서 사람의 의지는 하나님의 의지와 온전히 하나가 되고 일체가 된다.

신의 성품에 참여케 된다

그런데 사람의 의지가 성화되어 하나님의 의지가 되는 데 있어 마땅히 그리스도 중심적이어야 한다. 역사적으로 인류의 첫 번째 성화는 바로 그리스도의 몸에서 완성되었기 때문이다. 그리스도께 있어서는 이 두 가지 의지가 동시에 함께 존재한다. 그러나 사람에게 있어서는 사람의 의지가 반드시 하나님의 신성에 굴복해야 한다. 주종관계의 특성이 있는 것이다. 그러므로 그리스도는 우리들의 성화의 모범이요 모델이시다. 동시에 우리들 성화의 본질이시다. 두 가지 의지가 그리스도 안에 동시에 함께 존재한다는 사실은 우리를 '성화되어 하나님과 닮게 되는 것'을 가능케 한다. '사람이 하나님을 닮아가는 것은 바로 하나님이 사람이 된 것과 대조되는 모델'이라는 사실을 깨달을 때만 우리는 진실로 성화의 진정한 의미를 깨닫게 된다.

좀더 명확히 말하면 마치 '성육신'이 하나님의 아들이 사람이 된 것을 가리키는 것과 같이 '성화'는 성령으로 말미암아 사람이 하나님의 자녀가 되는 것, 하나님을 닮아가는 것을 의미한다. 사람이 자기의 행위나 노력을 의지해서 하나님을 닮아가는 것이 아니다. 만약 과연 그렇다면 그것은 바로 '펠라기우스주의' (Pelagianism) 이단인 것이다. 펠라기우스주의는 구원이 사람의 손에 달려 있다고 강조하고 사람이 자기의 의지와 노력을 의지해 구원을 받을 수 있다고 주장한다. 한 사람이 성화될 수 있는 것은 완전히 성령께서 하시는 일이다. 그러므로 우리는 이렇게 말할 수 있다. 즉 이 신앙고백자 맥시무스의 신학 사상과 그의 영성관의 핵심은 바로 그리스도의 성육신이라는 것이다.

성화란 바로 하나님을 사랑하고 사모함으로 말미암아 영원히 끊임없이 하나님께 동화되는 것이다. 이것은 모든 그리스도인의 영성 성장의 최종 목표이다. 그리스도께서 최후의 만찬 중에 기도하셨다.

"아버지께서 내 안에, 내가 아버지 안에 있는 것같이 저희도 다 하나가 되어 우리 안에 있게 하사"(요한복음 17장 21절).

마치 삼위일체의 하나님의 그 삼위께서 영원히 항상 있는 사랑 안에서 피차 '서로의 안에 거하시는' 것같이 하나님의 형상을 따라 지음 받은 인간도 '하나님 안에 거하도록' 부름 받은 것이다. 그리스도께서 우리를 위해 기도하시는데 그 내용은 삼위일체 하나님 서로간의 영원히 그치지 않는 사랑을 통해 우리가 삼위일체 하나님의 생명을 나누어 누릴 수 있도록 하는 것이다. 그 분께서는 우리가 하나님의 사랑에 이끌릴 수 있도록 기도하신다.

이와 똑같은 사상이 성경의 다른 본문에도 나타난다. 베드로후서 1장 4절이다.

"이로써 그 보배롭고 지극히 큰 약속을 우리에게 주사 이 약속으로 말미암아 너희로 정욕을 인하여 세상에서 썩어질 것을 피하여 신의 성품에 참예하는 자가 되게 하려 하셨으니."

이것이 바로 신의 성품에 참여케 되는 우리 사람들이 반드시 해야 할 일이다. 인간은 본래 하나님의 성품을 가지고 있었는데 나중에 잃게 되었다. 이 잃어버린 것은 반드시 그리스도로 말미암아 다시 세워야 한다. 그분 자신께서 사람과 하나가 되기를 원하시는 것을 통해서 그리스도께서 사람의 인성을 성화시키실 수 있다. 뿐만 아니라 그분께서 우리를 위해 십자가 위에서 돌아가신 것을 통해서 각 사람이 모두 성화에 이를 수 있는 것이다.

정교회 신학의 아버지

신앙고백자 맥시무스의 '성화관'을 이해하기 위해서는 하나님의 본질과 능력의 차이를 대조해 봐야 한다. '하나님과 하나 됨'의 의미는 하나님의 능력과 하나 되는 것을 말한다. 하나님의 본질과 하나 되는 것을 뜻하지 않는다. 맥시무스와 그리스 정교회가 '사람이 성화되는 것'과 '사람이 하나님과 하나 되는 것'을 논하지만 그 의미가 '사람이 하나님으로 변화되는 것'을 뜻하지는 않는다. 그들은 모든 범신론 혹은 다신론을 반대한다.

하나님과 사람 사이의 이런 '신비적 연합'은 동시에 진정한 하나 됨이다. 창조주와 피조물의 하나 됨이다. 아주 잘 섞여 다른 어떤 개체가 되는 것이 아니다. 이것이 바로 맥시무스와 동정교가 가르치는 성화와 연합이다. 기타 동방종교가 가르치는 연합과는 전혀 다르다. 동방종교의 가르침은 '사람이 신에게 삼키우는' 것이다. 마치 '한 방울의 술이 망망대해(茫茫大海)로 들어가는' 것과 같다.

맥시무스의 신비신학 중에서 그는 사람이 성화된 후에도 여전히 하나님과 구별된다는 것을 강조한다. 사람이 성화된 후에도 여전히 보통 사람이다. 사람이 본질적으로 변화되어 하나님이 되는 것이 아니다. 그러나 은혜적 측면과 지위적 측면에서 본다면 하나님에게 가까워졌다고 볼 수 있다.

신앙고백자 맥시무스의 '영성관'은 풍부한 동방 정통신앙의 전통을 구비하고 있다. 그가 '하나님 아들의 성육신은 하나님의 우리에 대한 불가사의(不可思議)한 사랑을 나타내 보이셨다'는 사실에 대해 깊은 체험이 있었기 때문에 이 같은 영성관을 확립하게 된 것이다.

일반 교회의 설교와 가르침은 대부분 구속사건(救贖事件) 중심이다. 성육신 중심의 설교와 가르침은 비교적 적다. 우리의 영성 또한 도덕과 율법을 지도하는 것을 원칙으로 삼고 있다. 반면에 '하나님 성품을 나누고 누리는' 것은 비교적 적게 다룬다. 이 같은 신앙의 내용은 보물산(寶物山)의 한 모퉁이에 지나지 않는다. 게다가 '전반적인 성경 계시'를 다 다루지는 못한다. 이 때문에 이런 신비적인 동방의 영적 전통들은 마치 발굴되기를 늘 기다리고 있는 보물산의 다른 모퉁이와 같다. 우리가 다른 길을 개척하여 내고 산 위로 올라가서 보물을 캐내야 할 가치가 있다.

6. 마음마다 생각마다 오직 예수님
예수기도(The Jesus Prayer, 5-8세기)

기도는 그리스도인의 삶의 중요한 기초이다. 우리가 하나님과 사귀고 교통하는 기본 동작이다. 기도는 '마음속의 생각'을 '말로 진술'하는 것일 뿐만 아니라 온몸과 마음을 들여 하나님께 집중하는 것이다. 기도는 사람과 하나님 사이의 쌍방간의 작용이다. 기도는 쌍방의 '서로간의 대화'이지 개인의 일방적인 독백이 아니다. 그런데 우리의 기도는 '일방통행'(一方通行) 식으로 자기 말 하기에 바쁠 때가 대부분이다. 기도 내용은 늘 생활의 사소한 것들을 '보고'(報告)하는 것에 그친다. 혹은 생활에 필요한 자신의 '목록'(list)를 하나님께 나열하는 것이다.

교회 안에서 우리는 보통 전체 모임 때의 기도를 권장한다. 또 개인의 개별적 기도를 권장한다. 그러나 많은 사람들은 아직도 기도가 하기 힘든 일이라고 느낀다. 많은 어른들도 여전히 어린 시절 익혔던 기도하는 습관을 따라 기도한다. 기도하자고 말하기만 하면 반사적으로 얼른 눈을 감는다. 그리고 머리를 숙이고 두 손을 모아 꼭 쥐든지 혹은 양 손바닥을 붙인다. 그런 후 '하늘에 계신 하나님'을 향해 자신의 요구를 나열한다.

우리의 기도가 생명력이 부족할 때가 자주 있다. 기도할 때 반복해서 말을 많이 한다. 기도한 것을 하나님이 못 알아들으시면 어쩌나 걱정한다. 기도의 내용도 단조롭고 빈약하다. 우리의 시야가 자신의 작은 생활권에 묶여 있기 때문이다. 기도할 때 '진짜로 계시는 하나님'을 체험해 보지 못한 그리스도인들도 많이 있다. 우리는 기도할 때 오로지 자신의 필요만을 계산하여 주님께 아뢴다. 기도에 대한 가르침이 부족하고 또 기도에 익숙하지 않기 때문이다. 하나님의 뜻이 무엇인지 헤아리고 알고자 하는 것이 부족하다.

우리의 기도 태도와 내용은 한 단계 업그레이드 되어야 한다. 기도의 폭이 넓어져야 한다. 그런데 정교회는 이 방면에 우리가 배울 가치가 있는 점들을 많이 가지고 있다. 그중에서 특히 그들이 가르쳐 주는 '예수기도'가 그것이다.

예수기도

5세기에서 8세기 사이에 동방 그리스도인의 삶에 지대한 영향을 미친 기도 방법이 출현한 적이 있다. 예수님의 이름을 속으로 읊조리거나 작은 소리로 조용히 읊조리는 기도 방법이다. 보통 '예수기도' 혹은 '예수식의 기도'라고 부른다. 그 기본 개념은 '쉬지 말고 기도하라'는 것이다. 이 기도 방법은 끊임없이 새로운 말들을 생각해 내 기도하는 것이 아니다. 매일의 일상적인 생활 가운데 '마음속으로 예수님의 이름을 읊조리는' 습관을 기르는 것이다. 쉽게 말하면 숨을 들이마시고 내뱉는 것에 맞추어서 혹은 심장의 맥박 리듬에 맞추어 간단한 한 마디의 기도문으로 끊임없이 반복해서 주님과 대화하는 것이다. 이 기도 방법은 얼마 동안의 연습을 거치면 의지적인 노력이 없이도 아주 자연스럽게 '쉬지 말고 기도하는' 경지에 이르게 된다. 이 때문에 '심령의 기도'라고도 부른다.

간단하게 속으로 읊조리지만 각 사람의 실제 상황에 맞게 기도문에 변화를 줄 수 있다. 오늘날 이 '심령의 기도'를 함에 있어 가장 많이 사용하는 기도문은 다음과 같다.

"주 예수 그리스도시여, 저를 불쌍히 여겨 주십시오!"

이 기도는 5세기에서 8세기 사이에 많은 세월을 거치면서 점차적으로 형성된 것이다. 간단하지만 그 안에 네 가지 특징을 지니고 있다.

첫째, 예수님의 거룩하신 이름을 묵상한다. 뿐만 아니라 예수님의 이름을 능력과 은혜의 원천으로 삼는다.

둘째, 하나님의 불쌍히 여기심을 구할 때 마음속에 강렬한 비통함이 뒤따른다.

셋째, 반복되는 기도를 익힌다. 계속해서 반복하는 것은 깊은 경지에 이르는 좋은 방법이다.

넷째, 내면의 지속적인 안정을 찾게 하고 산만하고 질서가 없는 기도를 피하게 한다.

이 예수기도는 두 가지 경우에 자주 사용된다. 첫째는 교회에서나 혹은 자기의 방 안에서 '정식으로 기도'할 때, 뿐만 아니라 아무 일도 하지 않을 때도 '예수기도'는 기도의 일부분이 될 수 있다. 두 번째는 어떤 일을 하고 있을 때도 '마음 먹은 대로 자연스럽게' 기도에 녹아들 수 있다. 특별히 매일 반복되는 자기 일에 종사하면서도 예수기도를 할 수 있다. 자투리 시간을 사용하여 기도할 수 있다. 예를 들면 사람을 기다릴 때 그냥 멍하니 있으면 그 시간은 낭비되고 말지만 이때 예수기도를 사용하면 참으로 유익하다.

'예수기도'는 수많은 성도들의 영성 훈련 과정에서 누적된 결과이다. 뿐만 아니라 성경 교훈에 뿌리를 내리고 있는 기도이다. 예를 들어 보자. 세리는 간단하면서도 진정 어린 기도를 했다.

"하나님이여 불쌍히 여기옵소서. 나는 죄인이로소이다!" (누가복음 18장 13절)

바울은 모든 성도들에게 권면하며 말한다.

"쉬지 말고 기도하라" (데살로니가전서 5장 17절).

베드로는 설교할 때 이렇게 선포했다.

"너희가 십자가에 못 박고 하나님이 죽은 자 가운데서 살리신 나사렛 예수 그리스도의 이름으로 이 사람이 건강하게 되어 너희 앞에 섰느니라……다른 이로서는 구원을 얻을 수 없나니 천하 인간에 구원을 얻을 만한 다른 이름을 우리에게 주신 일이 없음이니라" (사도행전 4장 10절-12절).

'예수기도'는 언젠가 '기독교의 염불'이라고 잘못 불린 적이 있다. 예수기도는 단순한 리듬으로 행해지는 스님의 염불이 절대 아니다. 왜냐하면 예수기도는 기도하는 대상과 특수하고 개인적인 관계를 형성하고 있기 때문이다. 기도자의 모든 생각을 기도 대상에 내어 맡길 뿐만 아니라 기도의 대상과 진실되고 실제적인 '교제'를 나눈다.

예수기도를 하는 중에 우리는 기도의 대상인 주님께 직접 기도드리게 된다. 그리고 자신의 신앙 상태를 솔직히 고백한다. 그분께서 바로 성육신하신 하나님의 아들이시며 우리의 구주가 되심을 믿는다. 겉으로 볼 때 '예수기도'는 일종의 간이기도법(簡易祈禱法)이다. 하지만 그 내용은 하나님과의 실제적인 교제와 깊은 신앙고백에 뿌리를 내리고 있다. 하나님과의 교제가 없고 혹은 신앙 고백이 결여되어 있다면 '예수기도'라고 부를 수 없다.

오매불망(寤寐不忘) 예수님

초기 교회부터 시작하여 '예수기도'는 마귀를 이기는 예리한 무기로 여겨져 왔다. 시내산 성(聖) 캐서린 수도원의 수도사 요한 클리마쿠스(John Climacus, 579-649)는 그의 제자들에게 예수기도를 가르치면서 다음과 같이 말한 적이 있다.

"예수님의 이름으로 여러분의 원수를 채찍질하십시오. 천하에 둘도 없는 가장 강력한 무기입니다. …… 예수님의 이름을 마음속으로 읊조리십시오. 여러분의 호흡과 하나가 될 때까지 말입니다. 그러면 여러분은 보배롭고 귀한 고요함의 가치를 이해하게 될 것입니다."

이 같은 간단하면서도 농축된 기도는 정교회 교사들이 성격을 다듬고 교정하는 데 사용되었다. 9세기에 시내산의 필로데우스(Philotheus) 수도사는 다음과 같은 충고를 하고 있다.

"예수 그리스도를 기념하는 것을 통해 사방에 흩어져 있는 우리의 생각을 끌어 모을 수가 있습니다."

그러므로 예수기도는 '거듭 반복하여 기억하는' 것이다. 시시때때로 한결같이 자기를 예수님의 기억 속으로 몰입시키는 것이다. 이처럼 기억하여 되새기는 것이 우리 마음속의 명함이 다시는 신앙생활의 원수나 걸림돌이 되지 않게 한다. 기도하며 되새기는 대상이 하나님이시기 때문이다. 하나님을 기억하고 되새기는 것은 하나님께 대한 일종의 '회상'(回想)이다. 개인적인 경험의 회상이다. 생생히 살아 움직이는 성경 말씀의 회상이다. 하나님이 기도자의 현재 의식 중으로 들어오게 하는 것이다. 그럼으로써 기도하는 사람의 의식이 쉼 없고 끊임없는 기도 상태로 충만케 되는 것이다.

정상적으로 말하자면 기도 가운데는 자아발견(自我發見)과 자아포기(自我抛棄)가 포함되어야 한다. 진정한 기도는 사람이 진정한 자아를 발견하도록 도와줄 수 있다. 그리고 한 걸음 더 나아가 '옛 자아를 죽이는' 것과 '따로 살길을 찾는' 결과를 가져다 준다. 이 '살길'은 당연히 하나님으로 말미암는 살길을 가리킨다.

'하나님의 의식으로 의식을 삼는' 것은 마땅히 그리스도인의 삶의 본질이다. '예수기도'의 목표는 '하나님의 의식으로 의식을 삼는' 것이다. 그런데 대부분 그리스도인들의 기도가 실패

하는 이유는 하나님의 의식으로 의식을 삼지 못하기 때문이다. 우리의 기도는 단지 '말을 입 밖으로 내뱉는' 수준이나 혹은 하나님께 '목록을 나열하는' 수준을 초월해야 한다. 기도는 반드시 우리의 힘의 원천이 되어야 한다. 우리가 새로이 힘을 덧입는 방법이 되어야 한다.

7. 꿀물 신학자
버나드(Bernard of Clairvaux, 1090-1153)

제가 설문조사 방식으로 "당신은 그리스도인 영성의 핵심이 무엇이라고 생각하십니까?" 라고 묻는다면 의심할 것 없이 "사랑" 이라고 적힌 설문지를 한 보따리 받아보게 될 것입니다.

하나님께서는 사랑을 통해 세계를 창조하신 당신의 목적을 완성하셨다. 하나님의 사랑은 인간 영혼의 불꽃을 점화했다. 그리고 우리가 하나님의 사랑으로 인해 자기를 사랑하는 법을 배우도록 하셨다. 예수님께서는 일찍이 모든 계명을 두 가지로 요약하셨다. 하나는 "네 마음을 다하고 목숨을 다하고 뜻을 다하고 힘을 다하여 주 너의 하나님을 사랑하라" 는 것이요 다른 하나는 "네 이웃을 네 몸과 같이 사랑하라"(마가복음 12장 29-31절)이다. 사도 바울은 첫 번째 계명을 두 번째 계명에 합병시켰다(로마서 13장 9절). '실제적으로 이웃을 사랑' 하는 것이 '하나님을 사랑한다고 선포' 하는 것보다 인간의 하나님께 대한 사랑을 더 잘 나타내기 때문이다.

그리스도인 영성의 각 측면을 종합적으로 살펴보고 간단한 몇 글자로 총괄한다면 의심할 것도 없이 '하나님은 당신을 사랑하신다' 혹은 '하나님의 사랑에 대한 응답'이다. 사랑하고 사랑받는 서로의 관계에서 우리의 '자기'와 '하나님' 사이의 미묘한 관계에 대해 클라이바우스의 버나드(Bernard of Clairvaux)는 깊고 예리한 관찰과 연구를 많이 했다.

중세기 마지막 교부

서방 전통적 관점에 의거하면 클라이바우스의 버나드(1090-1153 AD)는 12세기의 거장(巨匠)이라 말할 수 있다. 그는 '수도원 전통'을 개혁함으로 세상에서 유명하게 되었다. 그는 지나치게 온화하고 자상한 성 베네딕트 수도원 규칙을 더 엄격하고 검소하게 개혁하는 데 힘을 쏟았다. 버나드의 자질과 매력과 말솜씨 그리고 그의 신비신학의 풍부한 체험에 기초한 설교로 인해 그는 당대 그리스도인의 완벽한 모델로 공인받게 되었다. 그 이전의 수도원 지도자들 중에 그와 견줄 자가 거의 없다.

버나드는 프랑스의 한 귀족 가정에서 태어났다. 그는 수도원에 들어가기로 결정하고 1년 동안 준비를 했다. 1112년 마침내 그는 시테우스(Citeaux) 수도원에 들어가 수도사가 되었다. 그는 수도원에 들어갈 때 30명에 가까운 친척과 친구들을 데리고 그들과 함께 갔는데 마치 징집령이 떨어져 군에 입대하는 것 같았다. 3년 후에 수도원 원장이 클라이바우스에 파견하여 거기서 수도원을 새로 건립하고 그 수도원의 원장이 된다. 거기서 그는 주님의 품 안에 안길 때까지 생활한다. 그는 60명에 가까운 수도사들을 양성하고 또한 300명에 가까운 수도사를 양육하는 과정을 간접적으로 돕는다.

버나드는 풍부한 설교로 명성이 났다. 그는 교황의 명을 받들어 유럽 여러 지역을 돌며 제2차 십자군 원정(十字軍遠征)의 필요성을 설파한 적이 있다. 그의 설교를 듣고 각 나라에서 십자군 원정의 열기가 뜨겁게 달아올랐다. 1146년 그는 보다 실제적으로 설교를 통해 십자군 원정에 참여한 기사들을 고무시켰다. 나이가 들어갈수록 위엄과 명망도 올라가 만년(晩年)의 버나드가 가진 존경과 권세는 마치 서방 교회의 교황을 방불케 했다.

버나드는 정교회 교황 플루스 12세(Plus XII)에 의해 1953년 '교회 박사(Doctor)' 칭호를 받게 된다. 그의 삶과 성격과 학술 그리고 저작활동 등 각 방면에서 모두 그리스도 신앙의 묘(妙)와 미(美)를 충분히 드러낸 것을 인정받았기 때문이다. 사실 교황이 그에게 수여한 특별 칭호는 '닥터 멜리플루오우스'(Doctor Mellifluous)였다. '꿀물로 가득 찬 신학의 대가(大家)'라는 뜻이다. 그의 가르침은 중세기의 기타 신학자들의 난해하고 엄격했던 가르침과 비교했을 때 꿀처럼 감미로웠다고 말할 수 있다. 그래서 이 책에서도 잠시 그를 '꿀물 신학자'로 칭하고자 한다.

버나드의 핵심 사상을 이해하기 위해서는 그의 교목(敎牧) 저작들을 섭렵해야 한다. 특별히 '하나님의 사랑에 관하여' 그리고 '아가'와 관련된 86편의 설교문을 참고해야 한다. 그 안에서 우리는 그의 그리스도인의 영적 성장에 대한 심도 있는 묘사 그리고 수도원 전통에 대한 풍부한 통찰을 발견할 수 있다. 그가 사용한 비유와 그 안에 내포된 통찰력이 그처럼 풍부해서인지 오늘날에 이르기까지 여전히 중세 영성 저작물 중에서 가장 위대한 성과이다. 이처럼 심혈을 기울여 기독교의 사랑을 연구 분석한 버나드를 우리는 '박애 박사'(Doctor Caritas) 혹은 사랑의 스승이라고 불러도 지나침이 없을 것이다.

자기 사랑 4단계

어거스틴이 하나님과 자기 사이의 탐구에 힘을 기울인 것같이 버나드는 그의 저서 《하나님의 사랑에 관하여》에서 하나님과 자기 사이의 사랑을 네 단계로 나누고 있다. 논문 전체적으로 버나드는 사랑의 성장에 대해 매우 완벽한 분석을 하고 있다. 서론과 결말에서 각각 다른 형태의 '자기 사랑'이 서로 상응(相應)하고 있다. 글의 전체적인 배열은 하나님의 사랑이 어떻게 우리의 삶 가운데 배어드는지 드러내기 위함에 있다. 그리고 우리가 소유하고 있는 사랑을 바로잡기 위함이다.

첫 번째 단계의 사랑은 '자기를 위한 자기 사랑'이다. 여기에서 버나드는 자신의 독특한 견해를 피력한다. 먼저 자기를 사랑하지 않고는 우리는 다른 사람을 결코 사랑할 수 없다. 먼저 이웃을 사랑하지 않고는 우리는 결코 하나님을 사랑할 수 없다. 심지어 하나님이 먼저 우리를 사랑하지 않고는 우리는 자기가 자기를 사랑할 수 없다. 사랑은 하나님이 먼저 우리 안에 풍성히 쏟아 부으셨고 그 후에 생기는 각종 자연적인 감정의 반응이다. 바로 요한이 말했던 것과 같다.

"우리가 사랑함은 그가 먼저 우리를 사랑하셨음이라"(요한일서

4장 19절).

　두 번째 단계는 '자기를 위한 하나님 사랑'이다. 이 단계가 앞 단계에 비해 더 경건한 것은 아니다. 여전히 자기를 위한 이기적인 이유로 하나님을 사랑하기 때문이다. 우리가 곤란에 처했을 때 하나님께서 우리 곁에 다가오셔서 우리를 도와주셨기 때문에 우리의 마음이 하나님 때문에 녹고 우리 또한 은혜에 감사하는 마음으로 하나님께 보답한다. 만약 우리가 어려움에 처했을 때마다 늘 하나님의 도움을 받았다면, 다시 말해 두 번째 단계의 사랑이 반복적으로 연출될 때 그것은 우리가 이미 자기도 모르는 사이에 제3단계에 진입했다는 것을 나타낸다고 버나드는 보았다. 즉 '하나님을 위한 하나님 사랑'의 단계이다.
　세 번째 단계에서 우리의 하나님에 대한 사랑은 단지 하나님께서 우리를 위해 무언가를 하셨기 때문이 아니다. 우리가 자기 스스로를 올바로 알게 되고 또한 우리를 향한 주님의 은혜와 자비가 얼마나 풍부한지 체험했기 때문이다. 우리는 하나님께 깊이 끌린 바 된다. 이 때문에 이 단계에서 우리는 오로지 주님만을 사랑하게 된다. 게다가 자기의 의도의 좋고 나쁨에 미련을 갖지 않는다. 많은 사람들이 이 단계를 인간의 정서 중에서 나타낼 수 있는 가장 고상한 사랑으로 본다. 그러나 버나드는 여기에 한 단계를 더 추가하여 제4단계의 사랑을 논한다. 즉 '하나님을 위한 자기 사랑'이다. 이 방법으로 자기가 자기를 사랑한다는 의미는 자기를 하나님께 온전히 맡기는 것을 뜻한다. 하나님께서 하시도록 내버려두는 것이다. 자기의 하고자 하는 뜻을 완전히 내려놓고 하나님의 뜻으로 자기 뜻 삼는 것을 의미한다.

　　제4단계에 진입할 수 있는 사람은 가뭄에 콩 나듯 매우 드물다. 심지어 주님을 지극히 사랑하여 달게 순교(殉敎)의 길을 걸어간 성도들마저 과연 이 단계에 도달했는지 버나드는 회의적이다. 버나드의 시각에서 볼 때 우리가 이미 제3단계에 도달해 있다면 그것만으로도 감지덕지(感之德之)할 일이요 그보다 더 좋을 순 없다. 바로 이렇다면 사랑은 더 이상 성장할 수 없게 된다. '하나님을 위한 하나님 사랑'에 도달한 것으로 만족한다면 제4단계에는 결코 도달할 수 없다.

　　사랑은 도대체 어떻게 해야 지속적으로 성장하게 되는가? 하나님의 사랑을 통하지 않고서 사랑은 더 이상 계속될 수 없다고 버나드는 말한다. 그는 다음과 같이 적고 있다.

　　　　하나님은 사랑의 시동기(始動器)이실 뿐만 아니라 또한 사랑의 종점(終點)이십니다. 하나님 자신이 인간의 사랑의 발단이 되셨습니다. 또한 하나님께서 사랑의 능력을 인간에게 부여하셨습니다. 인간의 사랑의 동기를 촉발(觸發)하셨습니다. 그분 자신이 바로 사랑스러운 모든 것의 본체가 되십니다. 그런데 그분께서는 자기 자신을 내놓으셨고 우리의 사랑의 대상이 되셨습니다. 하나님 자신이 우리의 사랑이 자라도록 독촉하십니다. 그분 스스로가 우리의 삶 가운데 말로 형용할 수 없는 놀라운 기쁨을 성취하십니다. 우리가 실망하거나 허사가 되지 않도록 말입니다. 우리를 위한 하나님의 사랑이 놀랍고 신기한 사랑 여행을 펼치게 된 것입니다. 하나님의 사랑은 또한 우리 사랑의 보상(補償)이 됩니다.(On the

Love of God, 7)

　주님을 영접한 후 우리는 여러 가르침을 통해 주의를 곤두세운다. 자기와 다른 사람의 영성에 높고 낮은 여러 가지 우여곡절(迂餘曲折)이 있음에 특별히 주의하도록 충고받는다. 그런데 우리는 그리스도인의 영성관에 그래도 많은 맹점을 지니고 있다. 이 맹점들은 버나드의 '사랑의 네 단계'의 가르침을 통해 우리 삶의 아쉬운 점들을 훨씬 더 나타내 보이게 될 것이다.

　우리는 끊임없이 우리의 인식의 폭을 넓혀가고자 배우고 애를 쓴다. 하지만 우리는 '하나님을 사랑하는 것'과 '자기 사랑' 사이의 미묘한 관계를 분별해 내지 못했다. 심지어 우리는 올바르고 적절한 '자기 사랑'이 필요하다는 사실마저도 부정해 왔다. 자신의 심령을 윤택하게 할 필요가 있는가, 자신의 잘못을 용서할 필요가 있는가, 정체되어 성장하지 않고 있는 자신을 계속해서 참고 받아줄 필요가 있는가 하는 회의적인 생각을 가지고 살아왔다.

　만약 우리가 계속해서 '자기 사랑'하는 법을 배워 터득하지 못한다면 우리는 '하나님을 사랑'하는 일을 시작할 수 없게 될 것이다. 만일 우리의 오른발을 첫 번째 계단에 내딛지 않는다면 어떻게 계속해서 왼발이 두 번째 계단을 오를 수 있겠는가? 지금 버나드는 이미 우리를 위해 영성의 맹점이 있는 곳을 찾아 짚어주고 있다. 그렇다면 다음으로 여러분은 어떻게 '자기 사랑 네 단계'의 계단을 오를 것인가?

　버나드의 꿀물을 한입 맛보는 것이 어떻는지!

8. 가난을 사모하고 죽음을 노래함
성 프랜시스(St. Francis of Assisi, 1181/2-1226)

13세기는 기독교 영성신학(靈性神學)의 중요한 이정표(里程標)였다. 이 시기는 중세기를 통틀어 절정기였다고도 말할 수 있다. 수백 년의 기나긴 암흑시대를 거치면서 수많은 시행착오와 연구가 행해졌지만 이 시기에 비로소 서서히 무르익고 풍성한 열매를 맺기 시작했기 때문이다. 역사의 깊고 어두운 회랑(回廊)가운데 서서히 서광(曙光)의 빛을 드러내기 시작했다.

이 시기에 많은 역사적 사건이 있었지만 그 중에도 수도원(修道院)의 변화는 가장 주목할 만하다. 원래 수도원은 높은 담벼락 안에 갇혀 있었다. 수도사들은 세상과 분리된 생활을 하고 있었다. 그런데 수도사들이 탁발승(托鉢僧)의 모습으로 저잣거리를 거닐며 구걸하는 수도회(修道會)로 변모한 것이다. 이것은 사람들을 놀라게 하는 큰 변화가 아닐 수 없었다. 도미니크 수도회, 프랜시스회, 백의(白衣)수도회, 어거스틴 수도회 등이 모두 이 시기에 결성되었다. 그리고 이런 수도회들은 각기 다른 모습으로 당시의 사회 요구에 대한 자기 나름의 이해를 실천했다. 이런 모습은 당시 교회와 사회의 요구와 꼭 맞아떨어졌다.

이들 수도회는 각기 자기만의 특징을 가지고 있었지만 그 목적하는 이념은 같았다. 승려의 몸과 마음을 후미지고 추운 수도원에 가두어 두는 것보다 차라리 그들이 언제 어디서든 기도하고 복음을 전하며 구체적으로 세상 가운데서 봉사하는 것을 그리스도께 헌신하는 첫 번째 직무로 여겼다. 섬기는 분야와 내용들에 많은 변화가 있었다. 하지만 초기 수도원 생활의 일상적인 규범은 여전히 지키고 보존해 나갔다. 함께 아침저녁으로 조도(早禱)와 만도(晩禱)를 드렸다. 또한 수도원 원장의 지도에 순종했다. 천주교 승려의 기본 서약을 계속해서 지켜 준수했다. 즉 가난한 생활을 하며 편안한 마음을 유지하는 '안빈'(安貧), 독신을 지키는 '수정'(守貞) 그리고 '순종'(順從)이 그것이다. 서약의 실천에 있어서는 당시 환경과 시대 상황에 맞게 적용하여 그 사회에 깊이 녹아들어갔다.

가난을 사모함

중세기의 전체 탁발 수도회의 창립자 중에서 사람들을 가장 놀라게 하고 여론을 분분하게 했던 사람이 '작은형제회' 즉 '프랜시스회'의 창립자 아시시의 프랜시스(Francis of Assisi, 1181/2-1226)이다. 프랜시스는 본래 이탈리아의 부유한 포목상의 아들로서 본명은 지오반니(Giovanni)였다. 아버지는 어머니가 프랑스인인 연고로 프랑스와 무역을 하고 있었고 프랑스 음유(吟遊)시인의 작품을 즐겨 읽으며 로맨틱하고 우아하며 격조 있는 생활을 누리고 있었다. 이런 이유로 이 모든 품위 있는 생활을 대표하는 의미에서 아들의 이름을 프랜시스라고 지어 주었다.

아시시의 많은 고향 친구들은 그를 프란체소(Franceso)로 불렀는데 그 의미는 '프랑스 자식'이라는 뜻이다. 오늘날까지 대부분의 사람들이 프랜시스를 알지만 그의 진짜 이름은 잘 모른다. 단지 이 이탈리아 성도가 어떻게 프랑스 이름을 가지고 있었는지 의아해한다. 젊었을 때의 프랜시스는 사람이 풍류스럽고 아버지의 풍부한 재산으로 인해 낭만적이고 사치스러운 생활을 즐겼다. 착용하는 복장은 품위가 있고 내뱉는 말은 유머러스하며 쓰는 돈은 헤프고 사람 돕는 것을 좋아했다. 이 때문에 친구들에게 인기가 많았다.

역사 속의 많은 종교 지도자들처럼 프랜시스 또한 몇 가지 특수한 종교적 체험을 했다. 그는 이런 체험들을 통해 서서히 가난한 생활에 매력을 느끼게 된다. 어느 날 그가 평소와는 달리 매우 기뻐하는 모습을 보고 친구들이 그에게 물었다.

"무슨 일이 있었니?"

프랜시스가 흔쾌히 대답했다.

"내가 결혼했기 때문이지!"

누구랑 결혼했단 말인가? 항상 그와 함께 있는 친구들도 이 사실을 모르다니!

"나는 고귀하고 우아한 '가난 여사'와 백년가약(百年佳約)을 맺었다네!"

그때부터 그는 가난한 사람과 함께할 수 있는 기회들을 미치도록 좋아했다. 가난한 사람들과 함께 식사하고 그들과 함께 거주했다. 사회에서 버림받은 나병환자(癩病患者)들을 돌보아 주었다. 심지어 그의 사적인 전 재산을 이런 사람들에게 나누어 주기까지 했다. 프랜시스는 변두리에 버려져 기둥과 대들보가 기울고 담벼락에 금이 가 낡아빠진 교회당을 힘들여 수리했다. 자기는 남루하기 그지없어 품위라고는 전혀 없어 보이는 옷을 입고 살았다. 종일 사람들과 주고받는 말 중에 그는 '가난'에 대한 연모의 정을 숨길 수가 없었다. 그는 쉼 없이 가난에 대한 그의 사랑을 나타냈다. 어떤 때는 이를 보다 못한 그의 부모가 그에게 필요한 생활 용품들을 가져다 주었다. 그러면 그는 또다시 이 모든 것들을 가난한 사람들에게 나누어 주었다.

프랜시스가 '가난'과 사랑에 빠진 후로 그의 아낌없이 나누어 주는 행동이 이전보다 더 심해졌다. 마침내 일이 악화되어 아버지와 함께 법정(法庭)에 서게 되었다. 아시시 성(城)의 주교(主敎)는 만약 프랜시스가 집안의 재물을 지혜롭게 사용하기를 원하지 않는다면 재산 상속권을 필히 포기하라고 판결했다. 프랜시스는 조금도 미련 없이 재산 상속권을 포기했다. 자기가 하고 있는 일이 옳다고 여겼기 때문이다.

심지어 그는 몸에 걸치고 있던 옷을 즉시 벗어서 아버지에게 돌려 주었다. 그리고 아버지와의 부자관계 파기를 선언하고 다시는 아버지의 재물을 사용하지 않았다. 그날로 자신을 '하나님의 아들'이라 일컫게 되었다. 그는 많은 사람들이 지켜보는 가운데 벌거벗은 알몸으로 법정을 나와 인적이 드문 숲속으로 들어갔다. 산속을 유유자적(悠悠自適)하며 밤낮으로 하나님의 은혜를 직접 배우는 은둔자(隱遁者)가 되었다.

탁발 작은형제회

1209년이 되었을 때, 복음서 중의 말씀 마태복음 10장 7-10절을 듣게 되었다. 거기에는 예수님께서 제자들을 보내시며 돈이나 재물을 몸에 지니지 말고 가서 '말씀을 전하고' 병든 자를 고치며 죽은 자를 살리며 나병환자를 깨끗하게 하라고 기록되어 있다. 이 말씀이 그에게 큰 깨달음을 주었다. 과거 아버지의 재물을 의지해 생활했던 삶이 마치 꿈처럼 느껴졌다. 차츰 과거의 사치와 유행을 좇아 살던 세련된 삶을 청산하고 오로지 가난한 삶의 아름다움만을 사랑하게 되었다. 삶의 형태가 180도 바뀌게 된 것이다.

사람이 유머러스하고 매력적이며 멋지기는 예전과 다름이 없었다. 단지 가난을 누리는 것 외에 대중을 향해 공개적으로 하나님 나라의 메시지를 설파했다. 그때는 자유로이 복음을 전할 수 있는 시대가 아니었음에도 불구하고 그는 공개적으로 하나님 말씀을 전했다. 그래서 그가 좋아하는 장소는 피정(避靜)을 할 수 있는 조용한 곳이 아니었다. 반대로 오가는 사람들로 붐비고 사람들이 몰려 사는 곳을 선호했다. 거기서 그는 복음의 진리를 증거할 수 있었다. 반대 방향으로 가고 있는 사회를 바로잡고자 했다. 거기서 그는 또한 가난하고 병약한 버림받은 사람들을 섬길 수 있었다. 그들을 섬기는 것이 그에게는 큰 즐거움이었다.

그 당시 그는 '가난을 누리는' 것에 대해 마음으로만 영접했다. 뿐만 아니라 더 확실히 말하면 프랜시스가 보여 준 행동은 가난한 사람들의 요구를 훨씬 넘어서는 것이었다. 그는 자신의 온 삶으로 가난한 자들과 함께했다. 그들과 하나가 되었다. 프랜시스는 자신이 몸소 가난에 처함으로써 자기 자신을 진정으로 가난한 사람이 되게 하였다.

새로운 비전(vision)의 인도함을 받고 프랜시스는 그의 은둔지(隱遁地)를 떠나 다시 고향 아시시로 돌아갔다. 거기서 그는 과거에 그에게 모욕을 주었던 사람들과 대면해야 했다. 그들에게 복음을 전했다. 얼마 후 작은 무리가 그를 따르고자 하는 것이 아닌가? 그를 따르는 사람이 날이 갈수록 많아졌다. 이단(異端)으로 오인받는 것을 면하고자 프랜시스와 그 중 몇 사람은 부득이 로마에 가서 교황을 알현(謁見)해야 했다. 교황의 인정을 얻어 내어 새로운 수도원을 건립하고자 했다. 심사를 거쳐 프랜시스는 마침내 당시 교황 이노센트 3세(Innocent III)의 인준을 얻었다.

그는 아시시 성에 다시 돌아와 그의 복음 전파 사역을 계속할 수 있게 되었다. 아주 빨리, 세계 도처에서 그를 존경하고 사모하는 사람들이 '작은형제회'에 몰려들었다. 그리고 그를 따르기 시작했다. 얼마 후 프랜시스의 영적인 자매였던 성 클라라(Saint Clara)에 의해 자매들만을 위한 분회가 건립되었다. 성 클라라는 '가난한 클라라'(Poor Clara)라고도 불린다. 클라라 수녀회가 지향하는 정신은 프랜시스 작은형제회와 완전히 일치했다. 그래서 순식간에 프랜시스회의 수천 명의 남녀 수도자들이 밖으로 나가 전도활동을 펼쳤다. 그들은 신바람이 나서 찬양을 부르며 탁발 구걸 활동을 진행했다. 그들의 규모가 크게 확대되어 당시 서유럽의 일상적인 광경으로 자리매김하게 되었다.

전기적(傳奇的) 일대기

　대부분의 사람들은 프랜시스가 법의 구속을 받지 않고 늘 신선하고 활달하며 자유분방(自由奔放)한 삶을 살았다고 생각한다. 그가 행정 관리의 은사를 가진 사람이었다고는 여기지 않는다. 수도회가 세워진 초기에는 모든 일들이 프랜시스의 신비하고 탁월한 인격에 감화되어 아무 문제나 부족함이 없이 진행되어 갔다. 그런데 수도회의 인원이 급격히 증가함에 따라 그들에 대한 관리의 중요성이 크게 부각되었다. 새로 가입한 회원들은 프랜시스의 직접적인 가르침을 듣기가 힘들어졌다. 신입회원들은 프랜시스의 온몸으로 쏟아내는 복음 진리의 가르침을 더 이상 직접 들을 수 없게 된 것이다.

　프랜시스는 방대한 조직의 필요에 따라 어쩔 수 없이 몇 가지 분명한 규칙을 제정하게 된다. 이런 규칙들을 정하는 것이 그가 처음에 하나님께 부름 받고 그분으로부터 받은 비전과는 너무나도 동떨어진 것이었다. 그를 심히 고민되게 하고 고통스럽게 했다. 하지만 그는 당시의 관행에 따라 몸소 성지(聖地)를 방문하고 또 회교도들에게도 복음을 전한다.

　1224년, 프랜시스는 이탈리아 반도의 서북부 지역에 있는 투스카니(Tuscany)의 라베르나(La Verna) 산으로 들어가 은둔하며 기도에 전념한다. 거기서 그는 하나님께서 맡기신 일에 대한 강력한 마음의 감동을 받았다. 이 감동에 대한 분명한 확증을 얻게 되었다. 뜻밖에도 그리스도께서 고난 받으셨을 때의 다섯 개 상처가 프랜시스의 몸에 나타났다. 천주교에서는 그리스도의 몸에 난 못 자국과 창 자국을 성흔(聖痕)이라고 일컫는다. 13세기의 많은 소문들은 이 사실을 입증하고 있다. 더욱이 여섯 날개를 지닌 스랍이 당시에 출현했다고 생생히 묘사하고 있다.

프랜시스회의 한 신학자 보나벤투라(Bonaventura, 1217-1274)는 그의 저서 ≪프랜시스 일대기≫(Major life of St. Francis)에서 다음과 같이 적고 있다.

> 대략 그리스도 승천절의 어느 날 새벽이었다. 프랜시스가 산등성이에서 기도하고 있을 때, 불타는 화염 같은 찬란한 빛의 여섯 개의 날개를 가진 스랍이 하늘에서 내려오는 것을 보았다. 민첩한 날개로 하나님의 사람(프랜시스를 가리킴)이 있는 곳 위로 날아왔다. 바로 그곳에서 스랍 날개 사이에 십자가 위에서 못 박혀 돌아가신 분의 몸이 나타났다. 그분의 손과 발은 마치 십자가의 형상처럼 내밀었고 십자가에 묶여 있었다. (13장 3절)

프랜시스의 몸에 있는 성흔도 묘사하고 있다.

> 모두가 그리스도 성흔이 변화된 것이었다. 그 몸의 상처는 순교 당한 데서 오는 상처가 아니었다. 그가 온 마음으로 하나님을 갈구하고 온몸을 그리스도의 사랑의 불 가운데로 내어던진 결과였다. (13장 12절)

죽음을 노래함

그후 그의 생애의 마지막 2년 동안 프랜시스는 당대에 버금갈 수 없는 명작 ≪태양송가≫(Canticle to the Sun)를 집필하였다. 그

안을 보면 그는 형제 자매라는 호칭을 사용하여 하나님이 창조한 만물을 묘사하고 있다. 예를 들면 태양 형님, 달 누이, 새 동생 등이다. 이 시에서 심지어 '죽음' 마저도 시인의 친누이로 묘사하고 있다. 이는 사도 바울 등 다른 사람들이 사망을 인류의 원수로 보는 것과는 현저한 차이를 드러내고 있다. 그는 이렇게 죽음을 노래하고 있다.

> 나의 주님을 찬양하나이다!
> 죽음 누이가 단단히 지키고 있으니,
> 호흡이 있는 자는 아무도 울타리를 벗어나지 못하나이다.
> 슬프도다! 죽을 죄를 지어 망하는 인간들이여,
> 죽음을 다시는 돌이킬 수 없구나.
> 거룩함을 사모해 죽음에 들어가는 사람을 축복하나이다.
> 두 번째 영원한 불의 죽음도 그를 어찌하리요!

죽음마저도 그의 눈에는 하늘의 거룩한 성을 지키는 수호자로 보였다.

참새도 돌보시는 하나님

그 외에도 프랜시스에 관련된 많은 전기(傳奇)들이 있다. 예를 들면 그가 늑대와 함께 살았는데 늑대에게 물려 죽지 않은 일, 새에게 복음의 진리를 전했는데 새가 다가와 도망가지 않은 일 등이다. 그것이 사실이든 아니든 그 모든 것들은 프랜시스 신학의 기본 관념을 잘 대변해 준다. 즉 하나님은 인류 뿐만 아니라 모든 피조물에 대해서도 아버지로서 관심과 사랑을 나타내신다는 관점이다. 이런 모든 것들은 그의 자연만물에 대한 겸손과 그리고 그 안에서 누림으로써 가능하게 된 것이다. 그리고 이것은 곧 그리스도의 수난의 고통과 아버지 하나님의 창조 사역에 대한 이중적 인식을 드러낸다.

이 때문에 그는 한편으로는 복음서를 통해서 영접한 진리대로 완전히 온몸으로 돈 한푼 없는 가난한 생활을 한다. 그러면서 다른 한편으로는 꽃과 새들을 지으시고 그들을 먹이시고 입히시는 아버지 하나님을 기쁨과 자유함으로 신뢰했다. 이 하나님께서 그의 생활에 필요한 모든 것들을 반드시 공급해 주실 것을 신뢰했다.

9. 주님과 함께 겪은 십자가의 고통
성 보나벤투라(St. Bonaventura, 1217-1274)

    오늘날 교회에서 전파하는 메시지 가운데 예수 그리스도께서 받으신 고초에 대해 우리는 대부분 훑어보는 식으로 지나간다. 대부분의 성도들은 한 달에 한 번 있는 성찬식이나 혹은 1년에 한 번 있는 고난절 기간에야 비로소 그리스도께서 받으신 고난을 생각하기도 한다. 우리는 늘 성찬식 때 다음과 같은 찬양을 부른다.

    "주 달려 죽은 십자가 우리가 생각할 때에······", "갈보리산 위에 십자가 섰으니 주가 고난을 당한 표라······", "예수 나를 위하여 십자가를 질 때 세상 죄를 지시고 고초 당하셨네······."

    우리는 이런 찬송을 부르면서 우리의 마음과 생각을 그리스도께서 겪으신 십자가의 고난에 고정하곤 한다.

    우리의 주의를 환기시켜 주는 이런 특별한 기회가 없다면 우리는 스스로 우리의 주의력을 예수 그리스도의 고난에 집중시키는 경우가 매우 드물다. 우리는 구원의 영광에 빠져들기를 좋아한다. 하지만 그리스도께서 우리의 구원을 위해 얼마나 높은 대가(代價)를 지불하셨는지 깨달아 알고자 하는 경우는 그리 많지 않다! 다른 수도회에 비해 프랜시스회는 비교적 가난한 삶을 강조하며 고된 수행을 한다. 그럼에도 불구하고 묵상의 전통을 들여다보면 모든 사람이 그처럼 한결같이 그리스도의 고난을 강조하는 것은 아님을 알게 된다. 그런데 '그리스도의 고난'을 유달리 강조하는 프랜시스회의 신학자가 있었다. 그가 바로 보나벤투라이다. 그는 영성신학 방면의 전형적인 기조를 구축했다.

신비주의 스콜라 철학자

보나벤투라(Bonaventura)는 1217년경에 이탈리아의 중부 바그노레지오(Bagnoregio)에서 태어났다. 그는 1243년에 프랑스 파리에 있는 프랜시스회에 들어갔다. 그리고 파리대학에서 수학한다. 곧이어 그의 탁월한 저술 실력을 발휘하기 시작한다. 특히 심오한 신비주의를 연구 분석하여 누구나 이해할 수 있도록 하는데 큰 공을 세웠다. 이 기간에 그는 그의 철학과 신학 용어에 대한 뛰어난 분석 능력을 통해 많은 성경 주석을 집필하고 중세기 신학자들의 저술 작품들을 해석해 냈다. 예를 들면 당시 신학생이라면 누구나 한 권씩 가지고 있었던 교의학(敎義學) 교재 ≪신학 명제집≫(Sentences)에 주석을 달았다. 이 책은 천주교 신학자 피터 롬바르드(Peter Lombard)가 저술한 것이다.

보나벤투라는 1257년 프랜시스회의 행정 담당자 중의 한 사람이 되었다. 그리고 같은 해, 프랜시스회의 총회장으로 선출되었다. 그 당시는 프랜시스회의 창시자 프랜시스가 세상을 떠난

지 몇 해가 되지 않은 상황이었기 때문에 지도자가 잠시 공석인 상태였다. 프랜시스회 역사상 내부적으로 오합지졸(烏合之卒)의 시기였다고 말할 수 있다.

보나벤투라는 주님 품에 안길 때까지 프랜시스회 총회장직을 수행한다. 그 탁월한 리더십으로 수도회를 이끌었을 뿐만 아니라 당시의 수도사들을 섬겼다. 1273년 5월에 그는 추기경(樞機卿)에 임명되었고 또한 이탈리아 알바노(Albano)의 주교로 추대되었다. 보나벤투라는 주교 추기경직을 맡으면서 리옹(Lyon) 공의회에 참석했는데 회의기간 중에 갑자기 숨을 거두었다. 1274년 7월 15일이었다.

그의 일생 중에서 가장 중요한 시기는 1257-1267년의 10년 동안이다. 이 기간 중에 그는 프랜시스회 총회장직을 수행하면서 한편으로 프랜시스회 영성신학과 관련된 중요한 저서들을 집필하였다. 그 중에서 비교적 유명한 작품으로는 ≪하나님께 나아가는 영혼의 여정≫ (The Soul's Journey into God), ≪생명나무≫(The Tree of Life), ≪사랑의 불꽃≫(The Fire of Love), ≪여섯 날개 가진 스랍≫ (The Six Wings of the Seraph), ≪불가사의한 포도나무≫(The Mystical Vine) 등이 있다.

보나벤투라의 작품은 사랑이 발전해 가는 여정을 잘 나타내보여 주고 있다. 그것은 고난 받으신 예수님에 대한 성도의 사랑이다. 그는 그리스도가 십자가 위에서 희생당했던 고통을 끊임없이 묵상했다. 그리고 모든 그리스도인들이 다음과 같이 묵상할 것을 권한다.

진정한 그리스도인은 주님을 닮고자 갈망하는 사람입니다. 고난 받은 주님을 완전히 닮고자 갈망하는 사람입니다. 있는 힘을 다해 심령으로나 육체적으로 예수 그리스도의 십자가를 질 때 비로소 그리스도의 고난의 깊은 의미를 진정으로 체득할 수 있습니다. 마치 성 바울처럼 말입니다. 바울은 진짜로 그리스도와 함께 십자가에 못 박혔습니다(갈라디아서 2장 20절). 이 때문에 오직 그만이 그처럼 넘치는 열정을 경험할 수 있었던 것입니다. 그리스도의 대속의 은혜를 감사할 때마다 마음이 그처럼 숙연해진 것입니다.

예수 그리스도의 십자가에 못 박히심과 그분이 치른 노고에 대해 그리고 그분이 겪으신 고초와 보여주신 극진한 사랑에 대해 몸소 겪은 것처럼 그는 감사하고 있습니다. 바울의 서신에서조차 그것을 볼 수 있습니다. 그는 회상하며 강렬한 믿음을 내뿜고 있습니다. 주님을 섬길 때의 그의 재능과 담력과 식견(識見)은 우리를 얼마나 감동케 하는지 모릅니다. 죽도록 충성하는 그의 의지는 구속주에 대한 깊은 사랑으로 차고 넘칩니다. 그러므로 그는 실로 아가 중의 신부와 함께 한 목소리로 노래할 자격이 됩니다.

"나의 사랑하는 자는 내 품 가운데 몰약 향낭이요"(아가 1장 13절).

불가사의한 생명나무

보나벤투라는 그가 저술한 아름다운 작품 ≪생명나무≫를 통해서 그리스도의 고난을 묵상하는 영성 훈련에 대해 성도들을 돕고자 한다. 소위 말하는 "생명나무" 묵상은 그리스도의 생애 전부를 포괄하고 있다. 하나님 아버지와 하나였던 것부터 시작하여 성육신, 세상에 오셔서 사람이 되신 것, 공생애와 섬김, 그분의 수난, 부활, 승천, 장래의 심판 그리고 하늘에서의 영원한 생명. 당연히 예수님 자체가 바로 이 불가사의한 생명나무이다.

그분의 평범한 삶은 나무 줄기의 비교적 아랫부분을 통해서 나타낸다. 고난 받으심은 나무 줄기의 중간 부분을 통해서 나타낸다. 그분의 영광은 나무 줄기의 윗부분을 통해서 나타낸다. 나뭇가지에 열린 많은 과실들은 삶 가운데의 서로 다른 사건을 상징하는데 특히 고난 받은 사건을 상징한다. 이런 과실들은 나중에 우리 영혼을 배부르게 하고 영양을 공급해 준다.

보나벤투라는 ≪생명나무≫에서 모든 성도들이 당시의 실제 상황 속으로 직접 들어가 대역해 보는 방식으로 예수님의 생애를 묵상하도록 주문한다. 예를 들면 이렇다.

그분은 베들레헴에서 태어나셨고 예루살렘에서 고난 받으시고 부활하셨다. 그렇다면 우리는 묵상 중에 자신을 베들레헴에 보내 여관을 찾는 수고를 감당하는 일에 참여토록 해야 한다. 실제적으로 말 구유의 냄새를 맡아봐야 한다. 자신이 예루살렘 거리의 군중 사이에 있는 것을 묵상해야 한다. 십자가를 지시고 비틀거리며 자기 곁을 지나가시는 예수님을 차가운 눈으로 보고 있는 자신이 연상된다. 큰 대못이 자기의 손과 발을 뚫고 관통하는 것을 묵상할 때 숨을 끊을 듯 뼛속 깊이 파고드는 고통으로 전율한다. 십자가에 매달려 축 늘어져 있는 자신의 모습을 묵상할 때 온몸의 무게가 두 손의 못 박힌 상처를 잡아 당기고 그 고통에 못 이겨 이마가 마구 요동친다.

보나벤투라의 묵상 비결은 복음서의 기록에 기반을 두고 있다. 독자들의 상상력을 불러일으켜 당시의 실제 상황이 보고 싶어지도록 그리고 독자들을 사건의 참여자가 되도록 요청하고 있는 것이다. 이처럼 인상 깊게 그 사건 속으로 들어가는 것으로 인해 독자들은 그 사건의 진정한 의미를 절실히 이해하게 된다. 뿐만 아니라 이 사건이 계시해 주는 예수 그리스도의 아름다운 덕을 본받게 된다.

≪생명나무≫에서 강조하는 묵상은 묵상자의 마음과 생각을 '실제의 역사적 사건'에 집중하는 것이다. 그 어떤 허구적인 가상(假像)에 마음이 팔리거나 개인의 믿음을 나타내고자 묵상하는 것이 아니다. 우리가 한 역사적 사건을 묵상한다고 하자. 이 때 우리는 자신을 당시의 사건 현장 속으로 완전히 몰입시켜야 한다. 거리를 유지하고 멀찍이서 지켜봐서는 안 된다. 우리가 묵상을 통해 어떤 역사적 사건 속으로 들어갈 때 우리는 현장에 있는 목격자 중의 한 사람이 되든지 아니면 그 사건의 무대에 참가하여 공연하는 연기자가 된다. 묵상하는 사람은 실제로 그 사건 가운데 나타나고 사건 중의 장면이나 인물이 묵상자에게 모두 실제적이고 구체적이다. 이 사건도 묵상자가 '현장'에 있기 때문에 그 사건이 드러내고자 하는 의의와 가치를 잘 나타내게 된다.

주님과 함께 겪는 십자가의 고통

보나벤투라가 이 같은 방법을 사용하여 예수님이 받은 고난과 죽으심을 취급하고 있는 것은 그의 스승 프랜시스의 영향을 받았기 때문이 분명하다. 프랜시스는 묵상 중에 뜻밖에도 예수님과 같은 성흔을 받게 되었고 예수님이 받은 고난에 동참코자 그처럼 열정적으로 자신을 드렸기 때문이다. 그래서 보나벤투라는 ≪생명나무≫에서 삼분의 일이나 되는 분량, 즉 열여섯 가지 묵상의 항목을 할애하여 독자가 그리스도의 받은 고난을 묵상하도록 돕고 있다.

그는 독자들이 예수 그리스도와 함께 당시의 역사 현장 속으로 들어가도록 인도한다. 예수님의 육체적 고통과 심적 고초를 함께 나누도록 지도한다. 이런 묵상법은 예수님이 육체적으로 받은 고통의 세부적인 내용들에 마음을 고도로 집중해야 하는 경향이 있다. 즉 묵상자가 피부로 고통을 느끼며 동정을 불러일으키는 것을 목적으로 하고 있다. 그러므로 그 자신도 또한 다음과 같이 하늘에 계신 아버지 하나님께 기도드리고 있다.

> 오, 하늘에 계신 아버지 하나님이시여,
> 당신께 비옵나니 굽어 살피소서.
> 당신의 성소(聖所)에서,
> 높은 하늘 위의 당신께서 계시는 곳에서 굽어 살피옵소서.
> 하나님, 당신께 비옵나니
> 고개 숙여 사랑의 아들 예수 그리스도의 얼굴을 자세히 살피소서.
> 당신께 비옵나니 거룩한 희생자이시요
> 왕 같은 제사장이신 그분을 불쌍히 여겨 주소서.
> 그분은 우리의 죄를 위해 속죄의 대가를 치렀습니다.
> 그러므로 백성들을 향해 작정하신 당신의 분노를 거두어 주소서.
> 그분이 이렇게 희생당했기 때문에
> 우리가 구속함을 받게 되었습니다.

이분은 아버지와 하나가 되시고 지극히 존귀하시며
지극히 위대하신 구주십니다.
속죄의 대가를 지불하시기 위해서 십자가에 매어 달리셨습니다.
그분의 죽으심으로 인해
죽어 마땅한 우리가 비로소 살게 되었습니다.
그분의 죽으심으로 인해 하늘과 땅이 함께 슬피 울었고
견고한 바위도 마음이 아파 깨어져 사방으로 흩어졌습니다!
세상 사람들의 마음아!
만일 고난 받으신 어린 양이 치르신 희생을 생각할 때면,
너는 두려움으로 인해 놀라지도 않는구나.
불쌍히 여겨 마음 아파하지도 않고
회개하여 마음을 찢지도 않는구나.
생명을 희생하신 사랑으로 인해
마음을 부드럽게도 하지 않는구나.
나는 이렇게 말할 수밖에 없구나.
너희의 마음이 돌보다 몇 배는 단단하구나.

- 생명나무

값싼 은혜에서 깨어나라

이처럼 깊이 있게 예수 그리스도의 아픔을 묵상하려면 옥이야 금이야 하는 우리 그리스도인들에게는 실로 엄두도 나지 않는 일이다. 어쩌면 바로 역대 성도들도 예수 그리스도의 아픔을 소홀히 대했기 때문에 독일의 신학자 본회퍼(Bonhoeffer, 1906-1945)가 그처럼 풍자적으로 '값싼 은혜'라고 소리 높였는지도 모른다. 반

세기의 세월이 흘렀지만 세상에 경종을 울리는 본회퍼의 일깨움은 오늘날에도 자주 그리스도인 사이에서 입에서 입으로 전해진다. 하지만 우리는 여전히 지나치게 간소화되고 지나치게 많이 사탕발림된 구원관을 듣게 된다.

보나벤투라의 가르침은 바로 우리의 구속적 측면의 선입견에 대해 평형을 이루도록 한다. 우리는 신앙적으로 너무 오랫동안 누려만 왔다! 잠에서 깨어나야 한다! 그분이 우리를 위해 이미 십자가에 못 박히는 모든 고초를 담당하셨다. 이 때문에 원래 흙먼지 같은 우리 인간들이 받아야 할 고난의 형벌을 그분의 대속(代贖)으로 인해 면제받게 되었다. 이제는 흙먼지가 기쁨의 강물로 흘러들어 우주적인 구속의 역사 가운데 함께 목욕할 수 있게 되었다.

그러므로 우리는 서로 일깨워 주어야 한다. 그리스도께서 완성하신 구속의 은혜를 인해 더 많이 감사를 드려야 한다. 그리스도를 그처럼 고통 받게 한 우리의 죄악을 마음속 깊이 회개해야 한다. 속죄제(贖罪祭)가 되어 고초 당하신 그리스도를 생각함으로 늘 두렵고 떨리는 마음 자세로 삶에 임해야 하겠다.

10. 사랑이 깊어질수록 흔들림은 없어지고
에크하르트(Meister Eckhart, 1260-1328)

기도가 사람의 마음을 끄는 것은 허심탄회(虛心坦懷)하게 '나'의 마음의 소리를 직접 토로(吐露)할 수 있기 때문이다. 그런데 기도의 가장 큰 문제 또한 '나'에게 있다. 우리의 기도가 온통 나 자신으로 가득 차 있기 때문이다.

마음의 소원이 원만히 이루어지도록 구하든 혹은 온전히 새로운 그리스도인이 되고자 하든 우리는 늘 자아 발전에 온 신경을 곤두세운다. 삶은 자아에 대한 각종 이미지와 이상들로 차고 넘친다. 그러다 보니 아주 작은 삶의 공간만 남기게 되고 하나님께 이 공간에 들어와 우리 삶의 부족한 부분을 메워 주시라고 요구한다. 기도할 때도 우리는 하나님께 대한 몇 마디 찬양과 감사로 기도를 시작하고 "주님의 뜻이 이루어지길 원합니다"라는 말로 기도를 마친다. 그리고 기도 중간에는 걱정과 근심의 마음에서 나온 말들이 일렬로 죽 늘어서 있다.

결코 피할 수 없는 우주의 창조주와 대면하며 기도할 때 우리는 어떻게 좀더 적극적으로 자신을 개방하고 더 많이 하나님께서 주인공이 되시도록 할 수 있을까? 날이 갈수록 자아에 대한 인식을 드높이는 목소리가 커져 가는 이때에 우리가 어떻게 자기의 선입견적 생각을 줄일 수 있을까? 뿐만 아니라 어떻게 하나님의 생각으로 고민할 수 있을까? 이것은 당대 그리스도인의 영성을 종합 검진해 볼 때 나타나는 보편적인 문제이다. 그런데 뜻밖의 사실은 이 같은 현대의 영성 문제에 대해 중세기의 독일 신비주의 신학자 에크하르트의 영적 경험과 신학 이론은 우리가 거울로 삼아도 될 만큼 많은 가치를 담고 있다.

신비파 신학자

에크하르트(Meister Eckhart)는 대략 1260년 독일의 튀링겐(Thuringia)에서 태어났다. 15-17세경에 도미니크 수도회에 가입했다. 프랑스 파리 대학과 독일 쾰른(Cologne)의 도미니크 신학교에서 수학했다. 1293-1313년의 20년 동안 에크하르트는 파리에서 두 번에 걸쳐 신학 교수를 역임했다. 그리고 독일의 종교 지도자로 수차례 임명되었다. 재능이 출중했던 에크하르트는 아주 쉽게 같은 시대의 수도사들 중에 두각을 나타냈다. 색슨(Saxon) 교구가 막 생겼을 때는 제1대 주교로 선출되었다. 이 교구에는 47개의 소규모 수도원이 있었고 지역은 튀링겐에서 네덜란드의 접경 지역까지 포함하고 있었다.

1313년에 에크하르트는 스트라스부르(Strasbourg)로 거주지를 옮기고 거기서 신학을 강의하였다. 스트라스부르는 상업과 종교

두 방면 모두 발달한 유명한 도시였다. 많은 수도회가 이 도시나 그 주변에 수도원을 건립했다. 이 시기부터 에크하르트는 더욱 명성을 날리는 전도자요 영적 인도자가 되었다. 1322년을 전후로 에크하르트는 라인강을 끼고 올라 쾰른으로 돌아와 도미니크 수도원의 이사(理事)가 된다.

그런데 전혀 예상치 못한 일이 그를 기다리고 있었다. 쾰른에는 이미 해괴한 악의 세력이 그를 호시탐탐(虎視眈眈) 기다리고 있었다. 쾰른의 총주교는 도미니크회를 해체시키고자 혈안이 되어 있었다. 그리하여 1326년부터 에크하르트를 이단으로 몰고 그의 언행과 신학 이론을 조사하기 시작했다. 그리고 이 안건을 교황 요한 22세(John XXII)에게 상정하고 판결을 요청한다. 에크하르트도 직접 교황이 있는 아비뇽(Avignon)에 가서 자기를 변호하고 많은 모함들을 뒤집어 엎는다. 그럼에도 불구하고 1329년 교황 요한 22세는 마침내 판결을 내렸는데 에크하르트의 17가지 잘못된 주장에 대해 선고하고 11가지 의문을 제기했다. 그런데 에크하르트는 1327년 말에서 1328년 초 사이에 이미 아비뇽의 한 작은 도미니크 수도원에서 병으로 세상을 뜬 상태였다.

하나님과 하나 되고 요동함이 없음

에크하르트는 그 당시의 사람들에게 '에크하르트 사부'로 불렸다. 이를 볼 때 그의 영적인 지도자적 위치가 얼마나 대단했는가를 알 수 있다. 그리고 수백 년이 흘렀지만 그의 명성은 퇴색됨이 없었다. 마틴 루터나 키에르케고르까지도 에크하르트의 열렬한 팬으로서 그의 영성신학 작품을 애독했다.

에크하르트의 영성신학은 특히 인간의 영혼과 하나님의 하나 됨의 가능성에 상당히 신비주의적인 경향이 있다. 에크하르트는 하나님과 하나 되는 것을 모든 그리스도인 영성 역정(歷程)의 최고 목표로 보았다. 그리고 오직 하나님의 은혜, 하나님의 값없이 주시는 은혜만을 통해서만 비로소 이 목표에 도달한다고 여겼다.

동시에 그는 주장하기를 인간이 하나님과 하나 될 수 있는 것은 인간 영혼이 어느 정도 '하나님과 비슷하다'는 사실에 기인한다. 우리의 생명이 하나님의 본질과 비슷하게 지음 받았기 때문이다. 그리고 사람과 비슷하지만 모든 인간을 초월하여 위에 계시는 하나님만이 인간의 영혼을 만족시킬 수 있다. 예를 들면 하나님께서 무한히 베풀어 주시는 능력이 있기 때문에 인간의 영혼 또한 무한히 받아들일 수 있는 능력이 있다. 에크하르트의 창조주와 피조물 사이의 차이점에 대한 묘사가 사람에게 마치 안개 속에 있는 것같이 애매한 느낌을 준다. 하나님과 인간 사이의 비슷한 점을 강조하기 때문이다.

'하나님과 하나 됨'은 일종의 범속(凡俗)한 생활을 초월한 경지이다. 범속한 일에 영향을 받지 않고 조금도 요동함이 없는 태도이다. 그리고 이것이 생활 가운데 자연적으로 배어 나오는 태도이다. 범속한 생활 속의 아름다움과 추함, 가난과 부유, 사랑과 미움, 이루고 못 이룬 것 등의 상황에 대해 끊임없이 범속적인 견해를 초월하는 태도를 나타내 보이는 것이다.

심지어 이런 상황이 존재하지 않는 것처럼 볼 때 비로소 하나님과 하나 됨에 다다를 수 있다. 창조 때의 하나님과 원래 있었던 관계를 회복하게 된다. 심지어 이런 범속한 사물에 대해 '조금도 요동함이 없는' 상태는 '하나님을 사랑하는' 상태보다 차원이 높다고 에크하르트는 주장한다. '하나님을 사랑함'에 있어서는 의식적으로 사랑하는 대상이 어떻고 사랑하지 않는 대상이 어떠한가를 생각해야 한다. 하지만 '하나님과 하나' 되어 다른 것에 대해서는 '조금도 요동함이 없는' 사람은 의식적으로 사랑함이 어떻고 사랑하지 않음이 어떻고 생각할 필요가 없다. 왜냐하면 그 사람의 의식 속에는 오직 하나님만이 계시기 때문이다.

에크하르트는 또 생각하기를 '초월하여 조금도 요동함이 없는' 것은 '겸손'의 상태보다 차원이 높다. 왜냐하면 겸손은 자기 부정이 필요하지만 요동함이 없는 상태는 부정 혹은 긍정의 판단을 초월하기 때문이다. 우리가 다른 사람 앞에서 겸손함으로 자기를 부정할 때 적어도 우리 눈앞에 있는 이런 사람들의 존재를 인식하기 때문이다. 이런 겸손은 우리가 아직 '요동함이 없는' 상태에 도달하지 못했음을 나타낸다. 아직 '하나님과 하나 됨'의 경지에는 이르지 못한 것을 나타낸다.

지속적으로 자아를 잊도록 훈련하기

그러면 도대체 '범속을 초월하여 조금도 요동함이 없는 상태'란 무엇인가? '초월하여 요동함이 없는 상태'는 일종의 지속적으로 '자아를 망각'하는 자기 길들임이다. 빈번히 지속적으로 '나를 잊는' 것이다. 심지어는 현세를 초월하는 경지에 이르러 자기가 자기를 '잊고 있다'는 사실조차도 인식하지 못하는 상태를 의미한다. 이렇게 자기 영혼을 마치 '황량하고 드넓은 사막'과 같이 충분히 확장하여 넓은 공간에서 하나님께서 마음대로 역사하실 수 있도록 하는 것이다. 에크하르트는 끝까지 주장을 고수한다.

> 다른 것을 구해서는 안 됩니다. 즉 마음속으로 깨닫고 이해하는 것이나 해박한 지식과 학식을 구해서는 안 됩니다. 오로지 전심으로 경건과 자연스럽고 깊은 평정과 조화를 구해야 합니다. 만약 구하고자 한다면 다만 하나님의 생각을 구해야 합니다.(Germon Sermon, IV)

이 때문에 우리가 신경 쓰는 것은 당신이 무슨 일을 했는가에 있지 않고 당신이 어떤 사람인가에 있다. '탁월하여 요동함이 없는 것'은 영적 성장을 추구하는 원칙이라기보다 그것은 끊임없이 자아를 포기하는 삶의 역정이라 말하고 싶다. 사람의 보는 것이 온통 환상적으로 느껴지고 마음속이 온통 하나님의 갖가지 것으로 채워져 있다면 우리는 그 사람이 '세속을 초월한 것과 똑같이' 하나님과 하나가 되는 경지에 도달했다고 말할 수 있다.

그러면 어떻게 '세속을 초탈하여 요동함이 없는' 영적 상태를 우리의 기도 가운데로 가져올 수 있을까? 에크하르트는 우리가 기도할 때 하나님에 관한 생각과 우리 자신의 자아 생각을 전부 머리 밖으로 내어버릴 것을 주문한다. 자아 생각은 인간의 정신을 소모하고 시간을 낭비하여 밤낮으로 활용하는 산물이다. 생각하는 것이 온통 자기의 필요에 관한 것이다. 이런 생각들이 여러 세월 동안 누적되어 우리들의 이미지가 된다. 심지어는 기도 중에 우리는 습관적으로 이러한 마음의 이미지를 활용한다. 에크하르트는 우리가 이런 마음속 가득한 온갖 잡념들에서 해방되어 자유롭게 하나님께서 인도해 주시는 생각에 반응해야 한다고 가르친다. 전심으로 경건을 구하기 위해서 우리는 매우 혼란스러운 심령의 활동을 멈추어야 한다. 대신 우리는 그 어떤 걱정 근심 없이 진정 마음에 거리낌이 없고 묵묵히 소리 없이 오로지 하나님께만 마음을 집중해야 한다.

에크하르트는 우리가 다음과 같이 자신을 훈련할 것을 요구한다. 영적 삶의 깊은 곳에서 기쁨으로 세상에 대한 걱정을 잊고 하나님에 관한 생각까지도 망각해야 한다. 그 어떤 선입견적 생각들을 갖지 않고 오직 하나님 앞에 나아가는 것이다. 하나님의 성품을 상상하는 것을 멈춘다. 설교의 메시지나 교의 가운데 있는 가르침을 생각하지 않는다. 몸에 익숙하고 습관된 전통적 기도문을 잊는다. 믿음과 소망을 간직한 채 오로지 '바로 지금의 하나님' 앞으로 나아가는 것이다. 그리고 하나님께서 우리에게 내려주시는 '바로 지금의 계시' 를 기다린다.

하나님에 관한 생각들을 잊어버리는 것이 절대적으로 필요하다. 왜냐하면 우리는 늘 자신의 상상 중에 우리가 생각하는 하나님을 '만들기' 때문이다. 그러므로 만약 우리가 이성적이고 논리적이라고 여기는 사고방식을 포기한다면 최종 승리자가 되도록 스스로 도울 것이다. 다시는 하나님께 대한 생각을 비뚤어지게 하지 못할 것이다. 에크하르트는 만일 어떤 사람이 기쁨으로 '하나님 외의 것에 초탈하여 요동함이 없고자' 추구한다면 하나님께서도 기쁨으로 자신을 그들에게 계시해 주실 것이라고 말한다. 자아 감정의 혼란에서 벗어난 사람들은 하나님께서 사랑하는 아들의 생명을 그들 안에 허락해 주셨다는 사실을 발견케 될 것이다.

에크하르트가 설교문 중에 어떻게 말하고 있는지 보자.

……우리 마음속의 일들을 결코 숨길 수 없습니다. 우리가 어떤 상황에 처했을지라도 말입니다. 강인하든 연약하든 또는 기쁘든 슬프든 간에 모든 일들을 하나님을 향해 개방해야 합니다. 그리고 완전히 그분께 맡겨드려야 합니다. 혹시 마음속이 다른 그 어떤 것에 빠져 있다면 모질게 마음먹고 냉정히 내버려야 합니다. 만일 우리가 하나님께 우리 자신을 오픈하면 하나님도 우리에게 보답하신다는 사실 때문입니다. 하나님께서는 당신 자신을 우리에게 오픈하여 주시는 것으로 우리가 하나님께 오픈하여 드린 것에 보답하십니다. 사실상 하나님께서는 자신에 관한 모든 것을 우리에게 절대로 조금도 숨기시지 않습니다. 그것이 영적인 지혜가 되었든 절대적인 진리가 되었든 신비하고 오묘한 일이든 초자연적인 신성이 되었든 말입니다. 그 어떤 일도 하나님은 우리에게 나타내 보여 주길 원하십니다. (제68설교문)

모든 생각과 마음을 일일이 하나님께 열라

이 점에 관해서 에크하르트는 덧붙인다. 만약 우리가 마음속의 어둡고 은밀한 곳을 분별하여 알아내지 못한다고 하자. 만약 우리가 온통 무엇엔가 깊이 빠져 그것들이 계속 우리 마음에 자리를 틀고 앉아 있도록 내버려 둔다고 하자. 이럴 때 우리는 결코 영성을 업데이트할 수 없게 된다. 더 깊이 '창고를 정리하는 여행'을 할 수 없다. 왜냐하면 여러분의 내심이 어디에 있는지 모르기 때문에 어디서부터 포기해야 될지를 모르는 것이 당연하다. 그러므로 우리의 내적 생명이 막힌 생각에서 단호하게 일어나 진정한 마음과 경건함으로 우리 내면의 상황을 솔직히 인정해야 한다.

건강한 앞날에 대한 염려, 급히 성내고 질투와 시기하는 마음, 감정의 기복, 정계의 불안정을 비웃는 마음, 주식 시장의 변동에 마음을 쏟는 것, 심지어 하나님의 심판과 구속에 대한 상상……. 여러분이 인식할 수 있는 그 어떤 생각과 마음을 모두 하나님 앞에 일일이 고백하고 그것들이 하나하나 사라지도록 해야 한다. 필요하다면 여러 차례 이 같은 생각의 훈련을 반복해야 한다. 깊은 고요함이 저절로 생겨나도록 해야 한다.

고요함이 자연스럽게 생겨나는 그때 하나님이 마치 여러분 자신과 같이 언제부터인지 모르지만 바로 이미 여러분 안에 계시될 것이다. 하나님께서는 여러분이 이해하는 방식을 초월하여 말이 필요 없이 여러분으로 하여금 하나님을 알게 하신다. 그러면 하나님의 무한한 인자하심으로 인해 깊어 헤아릴 수 없는 계시가 바로 여러분의 몸에서 나타난다. 소리가 사라져 없어지고 측량할 수 없는 생명 안에서 여러분은 '하나님과 하나가 되는' 것이다.

에크하르트의 통찰은 틀림이 없다. 많은 그리스도인들이 종교적 의식과 영적 경건을 지나치게 중시한다. 이러다 보니 하나님께 자기를 여는 것은 서툴다. 마음속에는 하나님에 관한 생각들로 가득하지만 자아의 생각을 초월하여 직접 '하나님과 하나'가 되지는 못한다. 그러나 우리가 확실히 자기의 영적 생명을 중시한다면 언젠가는 스스로에게 묻게 될 것이다.

'어떻게 하나님께 더 많이 열 수 있을까? 어떻게 하나님께 더 많이 집중하여 마음을 기울일 수 있을까?'

에크하르트의 영적인 체험은 틀림없이 우리의 영적 생활 가운데 훌륭한 영적 보약의 역할을 해주고 있다. 우리가 하나님께 여는 정도와 하나님께 마음을 기울이는 깊이 모두에서 큰 유익을 가져올 것이다.

11. 당신은 하나님과 무슨 사이인가요?
루이스부리크(Jan van Ruysbroeck, 1293-1381)

사도 바울은 고린도 교회에 보낸 서신에서 영에 속한 사람과 육에 속한 사람을 언급하고 있다. 뿐만 아니라 '그리스도 안에서', '젖먹이 아이' 등 생동적인 비유를 들어 우리의 영적 생명의 상태를 묘사하고 있다. 이 같은 살아 있는 것 같은 생생한 비유는 우리의 영적 생명의 상황을 이해하는 데 지대한 도움을 준다. 그것은 우리의 영적 생명의 성장 상태에 강력한 일깨움을 준다. 같은 방법으로 많은 영성신학의 작가들도 유사한 비유법을 사용하여 우리 영적 성장의 다른 단계를 묘사하고 있다. 그 중의 한 사람이 바로 루이스부리크(Jan van Ruysbroeck)이다. 그의 영적 생명에 대한 분석은 뛰어날 뿐만 아니라 긍정적인 교육 효과가 있다.

감성과 이성의 결합
루이스부리크는 1293년 브뤼셀과 가까운 마을에서 태어났다. 1304년 생트 구들(Sainte-Gudule) 승려단의 회원이던 숙부 힌케르트(Jan Hinckaert)를 따라 그의 문하에서 공부하며 성직자가 되고자 준비한다. 1317년 그가 24세가 되던 해 정식으로 그 교회의 목회자로 부임하여 섬긴다. 1343년이 되었을 때는 더 온전한 삶을 살기를 갈망하여 루이스부리크와 그의 숙부는 다른 한 형제 쿠던버(Frank van Coudenberg)와 함께 브뤼셀을 떠나 그루넨달(Groenendael)의 부근 지역으로 가서 모범적인 공동체를 설립하고자 한다. 아주 빨리 다른 사람들이 그들에게 합류했다.

그들은 성 어거스틴 수도회의 회칙을 받아들여 사용했다. 공동체의 회원수가 급격히 증가했다. 나중에 이 공동체도 하나의 수도원으로 인정받게 된다. 루이스부리크는 이 수도원을 떠난 적이 거의 없이 그의 삶의 대부분을 묵상과 저작 활동에 할애한다. 네덜란드 디벤터(Deventer)에 위치한 이 공동체는 영성 신학에 관심 있는 수많은 사람들을 끌어들였다. 그 중에는 도미니크 수도회의 타울러(John Tauler)와 공동생활 형제회의 창설자 그루트(Gerard Groot) 등이 있었다. 루이스부리크는 1381년 12월 2일 그루넨달에서 생을 마감한다.

루이스부리크는 많은 작품을 저술한 작가였다. 그의 작품은 모두 프란더스어로 쓰여 있다. 프란더스어는 지금도 중세시대와 같이 사용되고 있고 발음이 약간 차이가 있는데 네덜란드어에 가깝고 약 500만의 인구가 사용하고 있는 언어이다. 루이스부리크의 저서들은 위엄과 명망을 가지고 있어 당시 사람들이나 후대 사람들에게 상당한 영향력을 행사했다. 비교적 유명한 작품들로는 ≪영적 혼인의 장식≫(Adornment of the Spiritual), ≪영적인 혼인≫

(The Spiritual Espousals), ≪찬란한 돌≫(The Sparkling Stone), ≪지고 지상의 진리≫(The Book of Supreme Truth) 등이 있다. 이런 여러 작품들 가운데 우리는 루이스부리크의 영적 생명에 대한 통찰을 엿볼 수 있다.

다섯 가지 전형적인 병적 증세

루이스부리크는 삶의 최고의 경지를 여행으로 보았다. 어떤 사람들은 이미 자기의 생명 여정에 들어섰다. 그러나 어떤 사람들은 생명의 주인의 부르심을 거절하고 자신의 발걸음을 완전히 반대 방향으로 돌리고 있다. 훌륭한 내과 의사와 같이 루이스부리크는 발걸음을 반대 방향으로 향하고 있는 사람들의 병적 증세를 통찰하였다. 그리고 다섯 부류의 전형적인 환자로 진단하여 소개하고 있다.

첫 번째 부류는 '근시안적으로 눈앞의 이익만 보는 형'이다. 단지 이생의 필요와 현세의 이익만을 위해 사는 사람들이다. 이들의 마음은 정함이 없어 정처 없이 떠돌아 다닌다. 바람 부는 대로 돛을 달듯 늘 기회주의적 태도를 취한다. 하나님의 은혜를 영접하는 일에는 항상 장애가 있어 실행하기 어렵다고 생각한다. 한결같은 마음이 부족하기 때문이다.

근시안적으로 눈앞의 이익만 보는 형에 버금가는 두 번째 부류는 '우유부단형'이다. 그들은 죄악 가운데 살면서도 여전히 하나님의 구원의 은혜를 받아들이는 것을 겁낸다. 동시에 하나님의 심판을 받아들이는 것도 두려워한다. 이들은 여러 좋은 일들을 함으로써 자신의 죄를 덮고자 한다. 경건한 사람을 존경하며 그들에게 기도를 요청하여 도움을 구한다. 하지만 그들은 마음먹고 죄악을 떠나지는 못하기 때문에 여전히 하나님의 은혜를 받지는 못한다.

세 번째 부류는 '이교형' 과 '무신앙형' 이다. 이들이 어떤 식으로든 열심히 살아도 결코 거룩함에 이를 수 없다. 하나님의 함께 하심을 누릴 수 없다. 이들은 믿음이 결여되어 있기 때문이다.

네 번째 부류는 '공공연히 불신하는 형' 이다. 이들은 모든 영적 생활을 가면(假面) 삼아 물질적인 이익을 추구하는 일에 모든 삶을 아낌없이 소비한다. 성령님의 인도를 믿지 않기 때문에 성령님을 거역하는 일은 거의 일어나지 않는다.

하나님과 가장 멀리 떨어진 다섯 번째 부류는 '위선자형' 이다. 이들은 좋은 일을 많이 하지만 하나님의 영광을 위한 것은 아니다. 개인적인 영적 명성을 위한 것이다. 이 명성이 가져다 주는 영광에 자신이 도취되어 살아간다. 사람들은 이들이 좋은 남자나 좋은 여자라고 잘못 여긴다. 하지만 사실 이들은 거짓된 자들로서 단지 영적 간판을 높이 내건 위선자들에 불과하다.

영성 성장의 세 단계

루이스부리크는 성숙한 삶에 대한 분석과 같이 전통적인 분류법을 사용한다. 그것은 영적 성장의 3단계로 즉 '죄 씻음', '영의 비추임', '하나님과 하나 됨' 이다. 그는 이것을 약간 수정하여 새롭게 이름을 붙였는데 바로 '충성스런 종', '나만의 단짝 친구', '숨겨진 하나님의 자녀' 가 그것이다.

루이스부리크의 분석을 근거로 보면 영적 생명은 신앙이 올바로 섰을 때 시작된다. 죄악된 삶에서 돌이켜 하나님을 향하는 삶은 사람이 자신의 자유의지(自由意志)를 사용하여 하나님을 향해 가는 길에서 나타난다. 그리고 이런 전환은 은혜로 말미암아 속히 이루어진 것이다. 이 생명의 전환은 회개(悔改)를 가져온다. 죄 고백과 뉘우침을 통해 양심이 깨끗함을 덧입게 된다. 죄를 역겨워하고 미워하는 마음이 생긴다. 은혜와 의지를 통해 하나님께 돌이키게 된다. 양심은 깨끗함을 덧입게 되고 영적인 눈은 뜨이게 된다. 이렇게 사람이 진정으로 하나님의 '충성스런 종'이 되는 것이다. 이런 변화의 결과는 다른 사람을 섬기는 사람이 되게 한다. 선한 일을 행할 수 있는 능력 있는 삶이 되게 한다.

루이스부리크는 이런 '충성스런 종'을 '좋은 사람' '열정적인 사람'으로 불렀다. 이런 사람은 매사에 신중하게 하나님께 순종하고 교회의 가르침을 따른다. 그리고 자기에게 맡겨진 모든 임무를 완성한다. 왜냐하면 하나님께서 모두 이같이 명령하셨기 때문이다. 그런데 이 충성스런 종이 여전히 못 느끼는 것이 한 가지 있다. 하나님을 이처럼 섬기는 것이 모두 내면의 사랑에서 기인한다는 사실이다. 이 사람은 여전히 '밖에 있는 사람'이다. '내면적 생명'을 얻을 수 없다. '안에 있는 사람'을 통해서 삶 가운데 있는 잘못을 사색하거나 발견할 수 없다. 이런 사람이 보기에 '내면적 생명'으로 삶을 사는 사람들은 게으르고 피동적인 사람으로 비친다.

루이스부리크가 보기에 복음서 가운데 나오는 마르다가 바로 전형적인 '충성스런 종'이다. 비교해 볼 때 예수님께서 이 좋은 편을 택하였다고 말씀하신 동생 마리아가 바로 전형적인 '나만의 단짝 친구'이다.

　　온전한 삶은 끊임없이 나아지는 삶이다. 부단히 전진하며 결코 멈춰서지 않는 삶이다. 두 번째 단계에서는 내면적 수양이 덧붙여지기 시작한다. 첫 번째 단계에서는 외적인 섬김과 아름다운 덕 그리고 선한 일을 하는 삶에 무게 중심이 실려 있었다면 두 번째 단계는 여기에 내적 삶이 첨가된다. 이때는 기존의 이미지에 대한 상상들도 모두 깨끗함을 덧입게 된다. 왜냐하면 이미지는 우리의 물질 세계에 대한 부러움의 상징이기 때문이다. 두 번째 단계에서는 물질 세계에 대한 모든 부러움이 사라지게 된다. 우리의 영혼은 비로소 이렇게 하나님을 위한 준비를 마치게 되는 것이다.

　　만약 사람이 그 어떤 영적인 노력이든 기울이고자 한다면 그는 반드시 현실 세계에 대한 모든 부러움을 내려놓아야 한다. 그럼으로써 내면에 있는 생명이 자유를 얻도록 해야 한다. 그럴 때 이 사람은 '나만의 생명' '내적인 우정'을 보상받게 된다. 이것은 극히 가치 있는 결과이다. 수많은 좋은 일들이 하나님 친구를 맞이하게 된다. 왜냐하면 그들이 하나님을 기쁘시게 하기 때문이다. 그런데 아직도 그들은 자아중심적인 굴레에서 완전히 벗어나지는 못했다. 설령 그들이 자기와 하나님이 이미 하나가 되었다고 느낄지라도 아직도 하나님과 자기 사이에 어느 정도의 구별과 다름이 있음을 느끼게 된다. 소위 말하는 진정한 '하나님의 자녀'란 사랑의 불꽃 가운데서 완전히 타버린 사람을 의미한다.

　　나만의 단짝 친구가 무엇인지를 이해하기 시작할 때 이 사람은 바로 세 번째 단계에 진입한 것이다. 하나님과 하나 되는 세 번째 단계에서 자아는 사랑 안에서 안기게 되고 하나님과 하나 되는 관계 속으로 녹아들게 된다. 루이스부리크는 이 심오한 하나 됨을 다음과 같이 해석하고 있다.

> 모든 능력이 우리를 저버리고 열려 있는 모든 생각과 기도가 소용이 없을 때, 이 세 가지가 연합된 사랑에 안기게 되면 모든 것이 하나님께 속하게 됩니다. 그분 또한 우리의 모든 것이 되십니다. 우리가 이런 연합을 경험할 때 우리는 하나님과 한 몸이 되고 한 생명이 되며 하나의 행복이 됩니다.(Book iii, 머리말)

루이스부리크는 하나님과 하나 되는 관점을 상당히 뜨겁게 받아들이고 있다. 영혼이 이를 배웠다면 바로 사랑의 때이다. 이 사랑은 극도로 뜨거운 강렬한 폭풍이 되어 영혼을 휘젓는다. 이 사랑은 영혼과 하나님 사이에 마치 하늘의 번개와 같이 뜨겁고 격렬하다. 이 모든 사랑의 폭풍은 이성을 초월하는 것이 아니며 그것은 여전히 중요한 의의를 지니고 있다. 어떤 때는 이 사람이 자기가 하나님과 하나가 되었다고 느낄 수도 있고 또 어떤 때는 자기가 하나님과 하나가 되지 않았다고 느낄 수도 있다. 하나님과의 사이에 일종의 '내적인 접촉'이 우리를 이 하나 됨 가운데로 녹아들도록 초청하고 있음을 루이스부리크는 인정하는 것 같다. 이에 상응하여 우리는 다만 편안하고 자유롭게 하나님의 행복이 우리 안에 가득하도록 해야 한다. 하지만 하나님과의 사이에 여전히 일종의 '흘러 넘치는 접촉'이 존재한다. 이 접촉은 우리가 자유자재로 탐색하도록 내버려 두고 우리의 자유를 활용하도록 가르쳐 준다. 이 유출되는 접촉은 영혼의 능력을 열어 줌으로써 우리가 하나님의 불가사의하고 측량할 수 없는 감미로움을 느끼게 한다. 그래서 맛보면 맛볼수록 다시금 맛보고 싶어진다.

　루이스부리크의 분석과 관점에서 볼 때 자기가 비록 '숨겨진 하나님의 자녀'에는 약간 못 미치지만 결코 '충성스런 종'이 아니라 하나님의 '단짝 친구'라는 사실을 분명히 인식할 때 그는 바로 하나님과 하나 되는 경지에 이른 것이다.

　루이스부리크는 한 폭의 인간 생명의 산수화와 우리의 영적 지형도를 조심스럽게 그려냈다. 이 같은 그림은 교육적 효과를 지니고 있어서 우리가 우리의 영적 위치를 찾을 수 있는 여지를 남겨 준다. 뿐만 아니라 우리가 힘차게 나아가야 할 또 다른 영혼의 코스를 제시해 준다. 그리스도인이라면 누구나 원래 하나님 안에 있는 것이 마땅하다. 하지만 다른 많은 서방 영성신학 작가처럼 루이스부리크 또한 이 같은 영역에 최종 경지가 있다고 주장한다. 그 경지는 바로 '하나님과 하나 됨'에 이르는 것이다.

12. 몸은 세상에, 마음은 그리스도께
성 토마스 아 켐피스(St. Thomas á Kempis, 1380-1471)

≪그리스도를 본받아≫(The Imitation of Christ), 이 책은 아주 유명하여 누구나 다 아는 영성에 관한 대작이다. 많은 사람들이 널리 즐겨 읽는 이 책은 15세기의 수많은 영성 관련 서적 중에서 으뜸을 차지한다. 뿐만 아니라 전체 기독교 역사로 말한다 해도 으뜸으로 꼽힌다. 게다가 여러 가지 번역본이 있다. 이 대작은 기독교 승려 토마스 아 켐피스(Thomas á Kempis, 1380-1471)가 저술한 것이다.

세속 가운데의 영성 훈련

토마스 아 켐피스는 독일의 켐프텐(Kempten)에서 태어났다. 이곳은 라인지역의 뒤셀도르프(Dusseldorf)와 인접해 있다. 그는 1399년, 아주 젊은 나이에 네덜란드의 즈월레(Zwolle) 부근에 있는 성 아그네스산 수도원(Saint Agnes)에 들어간다. 그리고 거기서 70년에 가까운 세월 동안 거주하게 된다.

아 켐피스는 1413년부터 성직자의 삶을 시작하여 성경 초서(抄書), 개인적 집필 활동, 후진 양성 등의 일에 종사한다. 1425년에 수도원의 부원장직을 맡게 된다. 그는 ≪그리스도를 본받아≫ 외에도 많은 설교문과 영성 작품들을 집필했다. 그리고 몇 권의 전기(傳記) 작품이 있는데 성 리드빈(Saint Lydwine of Schiedman, 1380-1433)과 그루테(Gerard Groote, 1340-1384) 등을 소개하고 있다. 성 리드빈은 한평생 병으로 인한 고통 가운데 살면서 하나님을 체험한 네덜란드 여인이었다. 그루테는 공동생활 형제회(Brethren of Common life)의 창시자이다. 아 켐피스는 92세의 고령에 세상을 떠난다. 성 아그네스 산 수도원의 원사(院史)를 막 완성한 지 얼마 지나지 않은 때였다.

아 켐피스는 '신영성'(New Devotion)운동의 거장이다. 이것은 중세기 후반에 한동안 유행했던 종교운동이다. 이 영성 운동은 공동생활 형제회의 승려들이 주가 되어 시작되었다. 하지만 급속도로 평신도 운동으로 변하였다. 이 운동에 참여하는 단체가 우후죽순처럼 생겨났다. 단지 네덜란드에서만 수많은 그리스도인들을 끌어들인 것이 아니라 나중에는 남유럽에까지 확산되었다. 이 운동을 격발한 배후에는 기본 관념이 깔려 있었다. 그것은 바로 세상 속으로 들어가는 것 자체가 하나의 영성 훈련이라는 관념이다. 일찍이 어떤 사람들은 세상 속에서의 생활은 사람이 영적인 심오한 도리를 거절하게 만들고 진정으로 경건한 그리스도인이 될 수 없도록 한다고 여겼다.

신영성 운동에 참여하는 사람들은 더 이상 세속과 격리되는 것을 원치 않는다. 동시에 과거 교회의 전임 사역자 방식을 거절한다. 사람이 단지 수도원이나 수도회 같은 환경 속에서만 세속을 벗어나 온 마음을 집중하여 전혀 중단됨이 없이 신앙생활을 할 수 있다는 생각에 반대한다. 신영성 운동은 세상에서 일하며 세상에서 울고 웃고 세상에서 생활하는 평범한 사람들을 위한 것이다. 다른 의미에서의 '전천후' 그리스도인 모델을 제시코자 시도한다. 세상에 사는 평범한 사람들의 삶도 얼마든지 일종의 영성 훈련이 될 수 있다.

이런 참신한 관념 뒤에는 얼마나 큰 잠재력이 숨겨져 있는가? 신영성 운동이 빠른 속도로 발전하고 확산된 것은 신영성 운동이 주장하는 영성 훈련이 주로 그리스도의 삶과 그분이 우리를 위해 고난 받으신 큰 사랑을 묵상함으로 개인의 내적 생명을 배양하는 것 때문이다. 그리고 이런 훈련을 통해서 인간 세상의 무겁고 번거로운 생활의 스트레스 가운데 살면서도 여전히 '그리스도를 배워 닮는' 경지에 이를 수 있다.

진짜 나의 모습을 새롭게 알게 되다

≪그리스도를 본받아≫, 이 책은 그리스도인의 '자습수첩' 격에 해당하는 책이다. 다루고 있는 주제는 신학과 교의가 아닌 실제적인 실천과 생활이다. 아 켐피스가 보기에 그리스도를 배워 본받기 위해서는 예수님의 삶을 묵상하는 것이다. 그가 정의하는 묵상은 자기의 온몸이 그리스도의 삶을 본받고 따르도록 하는 생활 양식이다. 결코 정신적인 명상 활동이 아니다. 그리스도는 인간의 모델이다. 자각하여 자신을 알고 겸손과 순종 모든 면에서 모범이 되신다.

여러분이 만약 죄악된 행위를 내어 버리고자 한다면 아름다운 덕을 배양해야 합니다. 모범적인 삶을 사신 그리스도를 전심으로 사랑하고 그분의 삶에 대한 열정을 흠모해야 합니다. 하나님 아버지께서 그리스도를 이 세상에 보내신 것은 바로 이 덕 중의 덕을 위해 세우신 하나의 모델입니다. (v.3)

그리스도인은 반드시 자기를 알아야 한다. 이것은 영성 성장의 전제 조건이라고 아 켐피스는 보았다. 사람이 자기와 하나님, 자기와 다른 사람과의 관계를 새롭게 개선코자 한다면 반드시 먼저 자기 자신과의 관계가 새롭게 개선되어야 한다. 이 때문에 사람은 반드시 지혜로운 방법으로 자아를 새롭게 확립해야 한다. 이것은 영성 성숙에 있어 결코 없어서는 안 될 아주 중요한 일이다. 아 켐피스가 말하는 '자아'는 큰 집단과 상대적인 작은 개체를 가리키는 것이 아니다. 큰 나 안의 작은 나도 아니다. 그가 중요하게 보는 것은 하나님과 교제할 수 있는 '진짜 나'다. 여기서의 '나'는 끊임없이 하나님의 음성에 귀를 기울이고 또한 하나님께 내 마음의 소리를 토로하는 과정 중에 점차적으로 형성된다.

오직 인성의 완벽한 모델이신 그리스도만이 사람이 자기가 죄인인 것을 깨닫게 하신다. 죄인의 모습은 인생과 인격의 진정한 목표에 다가서면 다가설수록 멀어지게 된다. 자신의 부패와 연약함 그리고 육체의 유혹을 물리칠 수 없는 무능력 때문이다. 인생의 목표는 겸손과 하나님을 사랑하는 것과 하나님을 섬기는 것이다. 예수님이 보여 준 모범은 사람이 그렇게 하지 못함을 스스로 부끄럽게 여기게 한다. 동시에 이런 자각은 또한 사람을 분발시켜 그리스도를 본받도록 이끈다. 그리스도의 모습을 본받아 살고자 뜻을 두게 하는 것이다.

그런데 그리스도께서 그의 일생 중에 나타내 보여 주신 여러 아름다운 덕 가운데 가장 첫 번째가 바로 다른 사람을 위해 세우신 겸손의 본이다. 하나님 앞에서 자기를 낮추는 그런 겸손은 자기 고행, 자아 포기, 그리고 세상을 가볍게 보는 것이 포함된다. 아 켐피스는 매우 강도 높은 단어를 사용하여 자기를 부인하는 삶의 태도를 묘사하고 있다. 예를 들면 '자기를 내팽개치고', '온몸을 발가벗고' 등이 그것이다. 그리스도를 본받는다는 것은 외부에 있는 그 어떤 것에 마음을 빼앗기거나 그것들을 사랑하지 않는 것을 의미한다. 모든 일과 모든 것의 굴레에서 벗어나는 것을 의미한다. 모든 육체의 정과 욕심을 물리치는 것이다.

> 이를 위해 전심전력을 쏟아야 합니다. 간절히 기도해야 합니다. 일심으로 소망해야 합니다. 오로지 일체의 사심과 사욕을 제거하여 깨끗하게 해주시도록 구해야 합니다. 우리는 혈혈단신(孑孑單身)이 되어 온몸이 벌거벗은 예수님을 따라야 합니다. 옛 자아를 죽이고 영생을 얻어야 합니다. (Ⅲ.37)

세상의 지식과 학문을 내팽개쳐야 한다

사람이 이런 극도의 겸손과 자기 절제의 상태에 다다르면 마음속은 아무 욕심이 없어진다. 오로지 하나님만 경외하고 사랑하며 하나님께 순종하기만을 구하게 된다. 그러면 학문을 추구하고자 하는 그 어떤 욕망도 자연적으로 내어버리게 된다. 왜냐하면 세상의 초등학문은 사람을 진리에서 멀어지도록 하기 때문이다.

머리 가득 학식이 뛰어나고 재능이 출중하여 삼위일체 하나님을 고상하고 장황하게 논할 수 있다 합시다. 이러한들 만약 겸손이 결여되어 있다면 삼위일체 하나님을 화나게 하는 일인데 이 또한 무슨 유익이 있겠습니까? 사람을 거룩하고 정의롭게 하는 것은 실로 학문이 아닙니다. 하나님께서 보실 때 기뻐하시는 것은 사람이 가지고 있는 아름답고 선한 삶입니다. 덕행으로 가득 찬 삶입니다. 회개가 무슨 의미인지 정확히 정의 내릴 수 있기보다는 차라리 실제로 스스로 깊이 뉘우치는 것이 낫습니다. 만약 성경 전체를 자기 손바닥 들여다보듯 잘 알고 또 모든 철학자의 학설을 전부 속속들이 알고 있다 한들 삶 가운데 하나님의 은혜와 큰 사랑이 없다면 이것이 우리에게 무슨 유익이 있겠습니까? 헛되고 헛됩니다. 오직 하나님을 모시고 전심(全心)으로 그분을 섬기는 것 외에 범사가 다 헛됩니다.(I.1)

여기서 지식과 학문이 비참하게 평가절하(平價切下)되고 있다. 아 켐피스가 보기에 그 어떤 융통성 없고 공허한 신학과 철학은 그 어떤 가치도 없을 뿐더러 아무 짝에도 쓸모없다. 먹다 남긴 음식물 찌꺼기와 같이 영성에 아무런 유익을 가져다 주지 못한다. 오직 하나님에게서 참 지식과 실제적인 깨달음이 온다. 에누리 없이 그리스도를 본받고 그리스도를 의지하고 그분께 순종해야 한다. 복음의 진리를 따라야 한다. 그런 연후에 진리의 학문을 얻을 수 있게 되는 것이다. 이 진리가 사람을 일깨워 주고 마음의 의지를 북돋워 준다. 게다가 위로를 내려준다. 사람이 그리스도의 말씀을 갈망하여 그것으로 기쁨을 삼고자 한다면 반드시 마음과 힘을 다해 온몸으로 그리스도를 본받아야 한다.

참된 지식과 실제적인 깨달음의 근원은 바로 그리스도이시다. 오직 그분만이 우리의 영혼을 업그레이드시킬 수 있다. 그리고 영혼이 자아를 초월하여 직접 하나님과 만나 어울릴 수 있도록 인도하신다. 그러므로 마음을 쏟아 그리스도를 본받고 힘을 다해 자기를 낮추는 가장 높은 단계는 자기의 의지를 완전히 하나님의 뜻에 순복시키는 것이다.

≪그리스도를 본받아≫, 이 책은 논할 내용이 아직도 많다. 하지만 종합적으로 보면 아 켐피스의 가장 큰 공헌은 바로 그리스도인의 삶이 마땅히 그리스도와 닮은 '붕어빵'이 되어야 한다는 것을 우리가 이해하도록 도운 것이다. 왜냐하면 우리는 하나님의 형상을 따라 지음 받았기 때문이다. 만일 우리가 그분의 형상을 따라 지음 받았다면 우리의 삶이 진실로 그분의 형상을 나타내 보여야 한다. 완전히 그분을 닮은 붕어빵이 되어야 한다. 이것은 마땅히 모든 그리스도인의 갈망이다. 하나님께 전임 사역자로 부름 받아 섬기는 목회자들에게만 국한된 것이 아니다.

13. 빛나는 모성애로 차고 넘치는 거룩한 사랑
줄리안(Julian of Norwich, 1342-1416)

우리는 부족함이 없는 정보화 시대에 살고 있다. 좀더 정확히 말하면 넘쳐나는 정보 홍수의 시대에 살고 있다. 과학 기술이 나날이 새로워지고 발전하여 우리에게 주는 혜택에 편승하여 우리도 또한 신속히 이런 정보들을 얻을 수 있다. 그런데 아이러니컬한 것은 이처럼 정보의 과잉 공급 시대에 살면서도 우리는 여전히 총명과 지혜에 대한 갈망을 억누를 수 없다는 것이다. 온 집안에 가득한 정보로도 총명과 지혜의 귀중함을 결코 대신할 수 없다는 것이다.

여기서 신기한 것은 사람들에게 거의 알려져 있지 않은 14세기의 영국 여인이 놀랍게도 이러한 우리의 요구를 만족시켜 주고 있다는 사실이다. 그녀는 우리가 총명과 지혜를 찾아 얻고자 하는 길을 정비해 바로잡아 주고 있다. 그녀가 바로 노위치의 줄리안(Julian of Norwich)이다.

하나님의 '하늘의 계시'를 받은 줄리안

그녀가 자신의 저서 중에서 드러낸 약간의 것과 부르심 받고 은거의 생활을 하며 평생토록 기도와 묵상에 힘썼다는 것 외에 우리는 줄리안의 생애에 대해 아는 바가 적다. 대략 1342년에 출생하여 1416년 이후에 세상을 떠난 것으로 추정하고 있다. 우리는 그녀의 진짜 이름조차 모른다. 아마 그녀가 교회 역사 인물 중에서 유독 이 이름을 골라 선택한 것은 성 줄리안에게 깊이 매료되어 있었음이 분명하다.

그녀 자신의 묘사를 근거해 볼 때 1373년 5월 13일, 대략 30세 때의 어느 날 밤에 줄리안은 중병을 앓고 있었는데 그때 16가지 극적인 계시를 받게 된다. 이런 계시는 그녀에게 하나님의 사랑을 일일이 나타내 보여 주었다. 그녀는 그것을 '하늘의 계시'라고 불렀다. 그녀는 곧바로 이를 기록하여 얇은 작은 책자로 만들었다. 20년 후에 그녀는 그 16가지 계시를 확충하여 보다 상세한 책을 만들었다. 사실 일생을 마칠 때까지 그녀의 기도 묵상 그리고 영적인 가르침들은 모두 그때 받은 계시를 통해 받은 비전에 기반을 두고 있다. 오늘날까지 전해 내려오는 작품은 ≪계시의 책≫(Book of Showings) 혹은 ≪거룩한 사랑의 계시≫(Revelations of Divine Love)로 불린다.

우리는 아는 게 또 있다. 1394년에 그녀가 이미 여자 수도자였다는 사실이다. 아마 노위치의 성 줄리안 예배당에서 은거했을 것이다. 한 사람의 수도자로서 그녀는 전심으로 조용히 기도하고 묵상하기 위해 세속을 떠나야 했다. 그녀는 심지어 예배당의 담장 사이에서 장막 휘장을 통해 제단을 보았고 성찬을 받들었다.

세속을 떠났지만 여전히 수많은 사람들이 줄리안의 사회에 대한 관심과 사랑이 결코 줄어들지 않았다고 증거한다. 같은 시기의 영국 신비주의자 켐페(Margery Kempe, 1373년 출생, 1438년 이후 사망)는 줄리안을 방문한 적이 있다. 그녀에게 영성신학의 문제를 배우고자 해서였다. 듣기로 그녀는 줄리안과 함께 '거룩한 유희'를 누린 적이 있다고 한다.

줄리안은 여러 해를 살았지만 세상을 떠난 정확한 연도는 알 길이 없다. 1416년에 노위치의 한 주민이 유서를 남겼는데 줄리안을 그의 상속자로 삼는다는 것이었다. 이를 기초로 우리가 짐작할 수 있는 것은 줄리안이 적어도 1416년까지는 생존해 있었다는 사실이다. 그때는 줄리안이 벌써 74세가 되던 때다. 그녀 생애의 자세한 내막을 서술할 사람은 아무도 없다. 하지만 이 사실이 그녀의 작품에서 내뿜는 독특한 매력과 가치를 흠집내지는 못한다.

우리의 어머니-예수님

그녀의 저작 ≪계시의 책≫에서 우리는 그녀의 영성관을 이해할 수 있다. 뿐만 아니라 그 안에 넘쳐흐르는 신학적 통찰을 알 수 있다. 여기서 그녀의 영성관 중에서 몇 가지 중요한 주제를 살펴보고자 한다. 줄리안이 삼위일체 신론의 성부, 성자, 성령을 언급할 때 그녀는 삼위의 하나님을 각각 제조자(製造者), 유지자(維持者), 보호자(保護者)로 비유한다. 다음은 그녀의 삼위일체 신론에 관한 설명이다.

이로써 제가 이해하게 되었습니다. 하나님은 당신께서 우리의 아버지가 되신 것을 기뻐하십니다. 하나님은 당신께서 우리의 어머니가 되신 것을 기뻐하십니다. 하나님은 당신께서 우리의 진정한 좋은 배우자가 되신 것을 기뻐하십니다. 그리고 우리의 영혼은 그분의 사랑을 독차지하는 아내입니다.(줄리안, ≪계시의 책≫, Edmund Colledge and James Walsh 공역, New York: Paulist Press, 1978년, 제52장, 279쪽)

여기서 그녀가 언급하는 하나님은 모성화(母性化) 내지는 여성화된 이미지의 하나님이다. 줄리안은 바로 하나님의 모성에 관한 주제를 발휘한 것으로 오늘날까지 유명하다. 그런데 줄리안이 이 주제의 원작자는 아니다. 일찍이 구약시대, 예를 들면 이사야 66장 13절: "어미가 자식을 위로함같이 내가 너희를 위로할 것인즉", 신약의 마태복음 23장 37절: "예루살렘아 예루살렘아 선지자들을 죽이고 네게 파송된 자들을 돌로 치는 자여 암탉이 그 새끼를 날개 아래 모음같이 내가 네 자녀를 모으려 한 일이 몇 번이냐……", 이 같은 주제는 초기 교부들의 저작들 가운데서도 군데군데 볼 수 있다.

알렉산드리아의 클레멘트(Clement of Alexandria, 대략 150-215, 아테네의 그리스도인 철학자)를 예로 들면 그는 일찍이 '하나님 사랑의 젖가슴'을 쓴 적이 있다. 이런 선현(先賢) 선구자(先驅者)들의 인도함 아래 줄리안은 하나님의 모성에 관련된 주제를 더 심도 있게 발현하고 있는 것이다. 그녀는 부모의 상징적 이미지를 활용하여 삼위일체 하나님 사이의 상호관계를 해석하고 있다. 줄리안의 삼위일체 하나님에 대한 이해 가운데 아버지의 역할은 능력과 인자를 의미한다. 어머니의 역할은 지혜와 관심 어린 사랑의 보살핌을 의미한다. 그녀는 하나님의 모성(母性)이 하나님의 부성(父性)을 보충한다고 제시한다.

줄리안은 더 나아가 모성의 주제를 예수 그리스도에게 응용한다. 다음은 그녀가 묘사하는 예수님과 우리의 관계이다.

> 그러나 우리의 진정한 어머니인 예수님께서는 할 수만 있는 대로 우리를 축복하십니다. 우리에게 기쁨을 주실 뿐만 아니라 영원한 생명 또한 주십니다. 그러므로 그분께서는 사랑으로 우리를 그분의 품 안에 안으십니다……. 보통의 어머니들은 자기의 젖으로 자식을 키우는 것을 최고로까지 여깁니다. 그런데 우리의 고귀하신 어머니 예수님께서는 당신 자신으로 우리를 키우실 수 있습니다. 그분은 또한 실제로 그렇게 했습니다. 가장 겸손함으로 가장 온유함으로 그리고 복된 성례(聖禮)를 통해서 말입니다. 아, 이것은 우리의 진실된 생명의 가장 귀중한 음식입니다.(≪계시의 책≫, 제60장, 298쪽)

하나님의 무한대(無限大) 사랑

줄리안의 영성관의 또 다른 하나의 주제는 하나님의 모든 창조물에 대한 무궁무진(無窮無盡)한 사랑이다. 우리 사람의 눈은 물질에 대해 습관적으로 호감 혹은 반감을 갖는다. 아주 쉽게 귀한 것 천한 것을 구별하여 등급을 매긴다. 하지만 하나님의 눈에는 모든 창조물들이 비교할 수 없는 가치를 지니고 있다.

이 가운데 하나님은 제게 아주 작은 물건을 나타내 보여 주셨습니다. 개암나무 열매보다 작은 것입니다. 바로 저의 손바닥 중간에 놓여 있었습니다. 제 눈으로 보기에 그것은 공처럼 둥근 작은 물체에 불과한 것이었습니다. 저는 이해력과 사고의 눈으로 이것이 도대체 무엇일까 하고 계속 보았습니다. 이 작은 물체 안에 저는 세 가지의 특징을 볼 수 있었습니다. 첫째는 하나님께서 이것을 창조하셨다는 것입니다. 둘째는 하나님께서 이것을 귀하게 여기고 소중히 아끼신다는 것입니다. 셋째는 하나님께서 이것을 유지하고 보수하신다는 것입니다. 그런데 제가 그 가운데서 깨달은 것이 무엇입니까? 하나님은 창조자시요 보호자십니다. 하나님은 아끼고 사랑하시는 자이십니다.(≪계시의 책≫, 제5장, 183쪽)

줄리안의 영성관 가운데 인간 각자의 존재는 모두 깊이와 길이를 비교할 수 없는 의미가 있다. 확실히 그렇다. 창조 자체에 바로 존재의 궁극적 의미가 존재한다.

≪계시의 책≫은 성경을 다루고 있는 책이다. 성경화된 영성관이 가득한 책이다. 왜냐하면 요한과 바울의 저작들을 줄리안이 기록한 계시 중에서 아주 보편적으로 군데군데 볼 수 있기 때문이다. 그러므로 우리는 그녀의 영성관이 성경에 근거를 두고 성경 위에 세워졌다고 말할 수 있다. 줄리안의 '하나님의 사랑'에 관한 가르침은 요한의 작품 중의 세 군데 말씀에서 그 정수(精髓)를 엿볼 수 있다. 그 말씀은 각각 요한복음 3장 16~17절, 요한복음 12장 31~32절, 요한일서 4장 16~17절이다. 이 같은 성경 말씀 가운데 우리는 줄리안의 그리스도의 사랑에 대한 비전을 이해

할 수 있다. 그녀가 알고 있는 그리스도는 바로 모든 피조물을 새롭게 하실 수 있는 주님이시다. 그리고 지금 그리스도의 사랑이 온 세상에 흘러넘치고 있다.

줄리안이 묘사하고 있는 비전 가운데 그리스도의 고난 받으시고 자기를 버리신 사랑은 그녀가 이해한 구속의 큰 은혜 가운데 가득하다. 바울은 일찍이 확실히 말한 바 있다.

"예수 그리스도와 그의 십자가에 못 박히신 것 외에는 아무것도 알지 아니하기로 작정하였음이라" (고린도전서 2장 2절).

그리고 또한 이 관점에서 종합적인 신앙의 오묘함을 대해야 한다. 즉 그리스도의 창조 사역, 구속의 공로, 그리고 말세의 때에 만물이 모두 변화될 신비이다. 줄리안도 마찬가지이다.

정보의 시대에 살면서 우리는 마치 지식의 바다에서 표류하는 것 같다. 언제 지식의 바닷물에 삼킴을 당할지 모르기 때문에 항상 경계해야 한다. 줄리안의 가르침은 우리에게 분별의 지혜를 준다. 세차게 이는 파도 가운데 썩은 나무와 뗏목을 분간해 낼 수 있는 지혜를 갖도록 상기시켜 준다. 줄리안은 우리에게 하나님께서 마땅히 어떻게 사랑받고 우리는 마땅히 어떻게 그분이 창조하신 모든 것을 누릴 수 있는지를 나타내 보여 준다. 그리고 창조의 사역 가운데 있는 개인의 삶을 누리게 된다. 왜인가?

하나님께서는 당신의 사랑으로 우리를 덮으십니다. 당신의 사랑으로 우리를 끌어 안으십니다. 그처럼 온유한 사랑으로 완전히 우

리를 에워 감싸십니다. 영원히 우리를 떠나지 않으십니다.(≪계시의 책≫, 제5장, 183쪽)

14. 한 조각 이름 없는 구름
영성 훈련(The Cloud of Unknowing, 14세기)

> 설령 한여름의 구름 한 점 없이 쾌청한 대낮이라도 여러분은 이 어두움이나 구름 같은 것이 여러분의 눈앞에 있다는 것을 상상할 수 있습니다. 마찬가지로 엄동설한의 가장 짙은 어두움의 밤중이라도 여러분은 또한 밝은 대낮의 빛을 상상할 수 있습니다.

오늘날의 교회는 지적인 면을 중시한다. 주일 설교나 주중의 성경공부 혹은 참석하도록 일 년 내내 늘 광고하는 장년 주일학교 모두 하나의 가정을 전제로 한다. 그것은 우리의 대부분의 신앙이 모두 성경 진리를 아는 것 위에 세워진다는 것이다. 게다가 성경에 부합되는 진리는 마땅히 충실해야 한다는 가르침을 받는다. 우리는 대개 지속적으로 끊임없이 성경을 읽고 깊이 있게 연구하는 것이 모든 그리스도인을 '자라서 성숙하게' 할 수 있는 최고의 지도 원칙이라고 확신한다. 심지어 많은 사람들이 그리스도인 능력의 원천 대부분이 원래 성경 지식의 축적에 기인한다고 인정한다.

성경과 신학의 지식을 대량으로 소유하고 있는 사람, 그리고 시의적절하게 성경과 신학에 관련된 이야기를 소상히 생각해 낼 수 있는 사람은 통상 교회 안에서 영적인 존경을 받고 사람들의 부러움의 대상이 된다. 많은 그리스도인들이 성경 전문가에게로 몰려든다. 부러움으로 에워싼다. 전문가들이 가지고 있는 성경 지식을 더 많이 얻고자 할 뿐만 아니라 동시에 자기도 하루빨리 그런 전문가와 같은 경지에 이르기를 바란다. 지식을 이같이 중시하는 분위기는 교회를 알게 모르게 또 다른 하나의 교육센터가 되게 했다. 우리 사회에 익숙한 교육 시스템과 거의 다를 바 없다. 심지어 많은 경우에 몇몇 교회의 지도자들은 교회를 인도하는 방식이 한 학교를 운영하는 것과 매우 흡사하기까지 하다.

전반적으로 교회는 모두 지적인 면의 중요성을 상당히 중시한다. 그런데 엄격히 말하자면 교회 차원이나 개인 차원에서 우리는 모두 이처럼 지적 측면을 중시하는 것이 우리에게 가져다주는 득실을 가늠하는 것이 드물다. 만약 우리가 지적인 가르침의 투자 수익률을 자세히 계산해 보면 지적인 차원을 '지나치게 강조' 함으로 야기되는 부작용을 소홀히 할 수 없을 것이다. 그것은 바로 오른손은 살쪘는데 왼손은 오히려 빼빼해져 전체적인 영성에 영향을 미친다는 것이다.

무지(無知)의 구름

≪무지의 구름≫(The Cloud of Unknowing)은 지금껏 14세기 영국의 영성 서적 중에서 유명한 작품으로 인정받아 왔다. 저자는

익명(匿名)이다. 사람들은 저자의 확실한 신분에 대해 많은 추측을 한다. 성직을 맡고 있던 한 신부가 영적 생활의 방향을 찾고 있던 한 신자의 요구를 받고 썼다고 일반적으로 여겨진다.

이 책의 제목이 이렇게 붙여진 것은 저자가 강조하는 중심 사상을 나타내 보여 준다. 책 전체에서 묘사하고 있다.

> "일종의 이름 모를 구름……여러분이 어떤 식으로 노력하든 여전히 한 조각의 구름이 여러분과 하나님 사이에 드리워져 있습니다. 여러분을 방해합니다. 여러분이 이성적 이해의 빛 가운데서도 분명히 그분을 이해하지 못하도록 합니다. 여러분이 모든 사랑을 기울여도 여전히 그분과 함께 달콤한 사랑을 나눌 수 없습니다."
> (3장)

이 구름은 몰아낼 수 없다. 하지만 사람을 골치 아프게 하는 이런 사실도 우리의 영적 삶에 대한 추구를 가로막지는 못한다. 그럼에도 불구하고 우리는 여전히 하나님과 사랑의 연합에 다다를 수 있다.

하나님과의 친밀한 교통을 나누는 경로는 확실히 알 수 없지만 어둡고 베일에 가려진 것 같은 길을 반드시 통과해야 한다.

> "하나님을 가장 경건하게 아는 길은 바로 이 알 수 없는 길을 통해서입니다." (70장)

그래서 저자는 우리에게 도전한다. 생각의 세계를 벗어나야 한다. 상상의 세계를 벗어나야 한다. 감각의 세계를 벗어나야 한다. 감각을 통해서 길들여진 오랫동안의 익숙함에서 벗어나야 한다. 이런 것들은 정신과 물질이 서로 뒤섞여 엉키게 하는 지경에 이르도록 한다. 우리는 다만 자신을 아무것도 모르는 무지몽매(無知蒙昧)한 상태로 만들어야 한다. 바로 이 '눈이 감긴' 상황은 오히려 우리를 하나님께 이르도록 한다. 이를 볼 때 우리가 하나님을 발견할 수 있는 것은 결코 하나님에 대한 지식과 정보의 축적을 통해서가 아니다. 지나치게 지식적인 측면을 강조하다 보면 반대로 우리가 하나님을 아는 것을 가로막게 되기 때문이다.

사랑의 격려가 의지를 견고케 한다

그러면 어떻게 하는 것이 우리가 이 무지의 구름을 뛰어넘고 통과하여 하나님을 가까이할 수 있는 길일까? 저자는 의지를 통해서 이것이 가능하다고 가르친다. 그런데 이 의지는 사랑으로 인해서 격려받고 견고해진다. 저자는 이런 의지로 인해서 생겨나는 행동을 '허심탄회한 의향(意向)', '순간적인 격려(激勵)', '열망의 예리한 단창(短槍)'이라고 지칭한다. 현실 가운데 이런 의지의 행위는 영혼이 기도할 때 완성된다. 기도 중에 영혼이 심혈을 쏟는 지속적이고 끊임없는 노력의 결과이다. 이렇게 기도하는 것을 통해 바로 이 무지의 구름의 방해를 물리치게 된다. 저자는 다음과 같이 묘사하고 있다.

가슴 가득 겸손한 사랑을 떠받들어 하나님께 여러분의 마음을 높이 들어 올리십시오. 그분의 각종 은혜를 보지 마십시오. 오직 하나님으로 여러분의 목표를 삼으십시오. 하나님 자신 외에 그 어떤 것도 여러분의 이성과 의지에 영향을 미치지 못하게 하십시오. 할 수 있는 모든 수단을 다 동원하여 하나님께서 일찍이 창조한 모든 피조물을 망각하십시오. 모든 피조물의 활동을 망각하십시오. 생각하든 생각지 않든 머릿속의 생각과 마음속의 바라는 것들이 그것들에게 미혹돼 끌려가지 않을 때까지 말입니다.(제3장)

저자는 다음과 같이 이 '무지의 구름'을 정의하고 있다.

제가 이 영성 훈련을 가리켜 '어두움' 혹은 '구름' 이라고 지칭할 때는 행여나 이것이 바로 외부의 공기 중에 정함 없이 표류하는 구름이나 안개라고 생각지 마십시오. 혹은 깊은 밤 방안에 홀로 앉아 있는데 촛불이 다 타고 난 후 밀려와 몸을 뒤덮는 어두움도 아닙니다. 이 같은 어두움이나 구름은 여러분의 민감한 마음의 생각으로 분명히 상상하여 얻을 수 있습니다. 설령 한여름의 구름 한 점 없이 쾌청한 대낮이라도 여러분은 이 어두움이나 구름 같은 것이 여러분의 눈앞에 있다는 것을 상상할 수 있습니다. 마찬가지로 엄동설한의 가장 짙은 어두움의 밤중이라도 여러분은 또한 밝은 대낮의 빛을 상상할 수 있습니다. 이 같은 허황된 가상들을 머리 밖으로 내어 던지십시오. 이런 것들은 모두 제가 말하는 의미가 아닙니다. 제가 '어두움'을 말할 때의 의미는 지식상의 공백을 말합니다. 마치 여러분이 아무것도 아는 것이 없는 것과 같이 말입니다. 심지어는 무엇을 어두움이라 하는지조차 잊습니다. 여러분의 영적인 눈이 그 어떤 것을 본 것도 아닙니다.

이 때문에 제가 말씀드립니다. 여러분과 하나님 사이를 가로막고 있는 것은 결코 '공중의 구름'이 아닙니다. 그것은 바로 '무지의 구름'입니다.(제4장)

명백히 알 수 있는 것처럼, 저자는 우리가 반드시 자기를 얽어 매고 있는 것에서 벗어나야 한다고 주장한다. 자기가 모든 피조물로부터, 우주만물의 사랑과 미움 그리고 일체의 집착으로부터 완전히 해방되어야 한다고 말한다. 우리는 최선의 노력을 다해 모든 잡념과 번민을 내어버려야 한다. 이런 것들이 우리에게 미치는 영향을 제약해야 한다. 누구든지 하나님과 친밀히 교제하고 연합하고자 하는 사람에 대해 말하자면 이런 노력이 비록 극도로 어렵지만 반드시 꼭 필요한 것이다. 오직 은혜와 기적적인 사랑을 통해서 우리는 비로소 하나님과 친밀히 교통하는 온전한 경지를 완전히 체험할 수 있다.

"아무도 자신의 지식을 통해서 완전히 하나님을 이해할 수 없습니다. 왜냐하면 하나님은 피조물이 아니기 때문입니다. 하지만 오직 사랑을 통해 우리 각자는 서로 다른 방식으로 하나님을 붙들 수 있습니다."(제70장)

우리가 직접 하나님과 대면하여 문제를 처리할 때 이성적 사유는 확실히 우리가 중요한 역할을 감당토록 하고 우리에게 기쁨을 준다. 그런데 우리 하나님은 자연을 초월하고 탁월하셔서 우주만물 위에 계시는 분이다.

그러므로 만약 우리가 우리의 작은 머리로 하나님을 이해하고자 한다면 큰 장애물에 막혀 나아가지 못하는 느낌을 받게 된다. "푸른 하늘에 다다를 수 없다." 왜냐하면 초연하신 하나님은 이름 모를 그 어두운 구름 뒤에 숨어 계시기 때문이다. 오로지 의지를 통해서 진심 어린 사랑을 간직함으로 돌파를 시도할 수 있다.

이름 모를 구름을 통과하다

'무지의 구름' 이 제시한 충고와 가르침에 대해 우리는 한층 더 정확히 볼 필요가 있다. 우리의 교회는 지적인 면과 지식을 그처럼 강조한다. 모임에 모임을 거듭하여 일주일이 멀다 하고 '진리 탐구' 의 신앙을 실천하고 있다. 이렇게 하는 것은 확실히 신자들이 더 깊이 하나님을 알게 한다. 그러나 이것이 반드시 신자들이 더 친밀히 하나님을 가까이하도록 하는 것은 아니다.

우리는 반드시 알아야 한다. 풍부한 성경 지식을 소유하고 있는 사람과 하나님에 대해 조금밖에 모르는 사람을 비교했을 때 전자가 후자보다 반드시 더 영적이고 더 예수님을 닮았다고는 할 수 없다. 진정한 '영적임' 이란 지식의 축적과 인식의 능력에 있지 않다. 바리새인의 예만 들어도 알 수 있다. 그들은 구약에 정통했다. 예언 중에서 메시아와 관련된 예언을 알고 있었다. 그러나 진짜 메시아가 오셨을 때 그들은 전혀 느끼지 못했다. 메시아를 영접하지도 않았다. 그들의 성경에 대한 지식이 오히려 예수 그리스도를 아는 데 걸림돌이 되었다.

우리는 바리새인을 거울 삼아야 한다. 자신이 가지고 있는 지식에 가려져서는 안 된다. 우리의 영적 생명의 성장, 우리와 하나님과의 관계가 단지 이런 지식을 의지한다고 생각해서는 안 된다. 차라리 지식이 우리의 날개가 되게 해야 한다. 우리는 잠시 그 구름에 가려져 있다. 우리가 생명의 화력을 집중하는 것을 기다리고 있다. 주 예수님께서 우리를 위해 던져 주신 열정적인 목표를 정조준해야 한다. 그리고 목표물을 명중하도록 간절히 바라며 온 신경을 써서 예리한 단창을 던져야 한다. 우리는 능히 '그 이름 모를 구름'을 통과할 수 있다. 우리의 생명의 주님과 서로 깊고 친밀한 만남을 가질 수 있을 것이다.

15. 사랑은 가까운 곳에
캐서린(Catherine of Genoa, 1475-1510)

> 사랑은 영혼의 기원(起源)이며 중간역(中間驛)이자 영혼의 귀착점(歸着 點)입니다. 당신은 사랑 없이 살 수 없습니다. 이 세상이든 다른 어떤 곳이든 사랑은 바로 당신의 생명이기 때문입니다.(Spiritual Dialogue III,3 in: The Spiritual Doctrine of Saint Catherine of Genoa, 261.)

 이것은 제노아의 캐서린(Catherine of Genoa)의 하나님과 영혼의 관계에 대한 강론(講論)이다. 또한 그녀의 영성에 대한 가르침의 주요 골격이다. '사랑'은 본래부터 캐서린 사상의 주 선율이었다. 그녀가 자기 영혼의 탐색 여정 때 그 같은 경험이 있었기 때문이다. 그래서 캐서린이 이해하는 영혼의 하나님을 향해 내딛는 여정은 바로 자기 사랑이 순전한 사랑으로 탈바꿈하는 과정이다.

 캐서린은 이탈리아 귀족의 딸이었다. 그녀는 16세 때 원하지 않는 결혼을 하게 된다. 주님을 믿지 않고 타고난 성격이 포악한 남편 아도르노(Giuliano Adorno)에게 시집을 간 것이다. 아도르노는 나중에 캐서린으로 인해 주님을 영접하게 된다. 10년간의 만족스럽지 못한 결혼생활 후에 그녀는 몇 가지 심오한 신앙 역정을 경험하게 된다. 이런 경험으로써 그녀는 한 병원에 들어가 제노아의 가난한 사람들을 섬기게 된다. 그녀는 그곳에서 봉사하며 여생을 보내게 된다. 나중에 그녀의 남편도 몇 가지 체험을 하고 프랜시스회 회원이 된다. 생을 마감하기 얼마 전에 캐서린은 엄청난 시험과 환난에 직면하게 된다. 그중 몇 가지 원인은 아마 그녀의 개인적인 심리 문제에 기인한 것으로 보인다.

캐서린은 아무런 저서도 집필하지 않았다. 현재 우리가 가지고 있는 캐서린에 관한 기록은 대부분 그녀의 영적 스승이었던 마라보토(Cattaneo Marabotto)와 그녀의 영적 아들인 베르나차(Ettore Vernazza)가 기록해 놓은 잡기(雜記)를 통해서다. 베르나차는 오라토리(Oratory) 교구의 거룩한 사랑 대예배당의 창립자다. 그녀에 관련된 책으로는 ≪제노아 캐서린의 삶과 가르침≫(The Life and Doctrine of Saint Catherine of Genoa), ≪영성 대담록≫(The Spiritual Dialogue), ≪세죄론≫(The Treatise on Purgatory) 등이 있다. 1510년 9월에 캐서린은 여러 가지 합병증으로 인해 젊은 나이에 세상을 떠난다.

영혼의 잉태 – 사랑은 영혼의 기원

캐서린의 영성 사상이 주로 관심 갖는 것은 영혼이 철저하게 정화(淨化) 되는 과정에서 어떻게 변화되는가, 올바로 돌이키는 것은 어떻게 발생하는가이다. 영혼 정화의 내막을 이해하기 위해 캐서린은 우리를 태초의 창조 시점으로 인도한다.

하나님께서 인간을 창조하시기 이전에 사랑은 순전하고 꾸밈없이 소박했습니다. 그 어떤 '자기 마음'의 더럽힘을 받지 않았습니다. 또한 그 어떤 예속(隸屬)과 통제도 필요없었습니다. 창조 때 하나님께서는 홀로 자기의 순전하고 흠이 없는 사랑에 감동되셨습니다. 이 외에 그 어떤 원인으로도 그분을 감동케 할 수 없습니다. 사랑 가운데 하나님께서는 인간 창조를 완성하셨습니다. 다른 동기가 없습니다. 달리 사랑하는 바가 없습니다.(≪영성 대담록≫, 제21권, 생활편, 제78편)

이로써 우리가 지음 받은 동기와 이유가 오로지 사랑을 위해서라는 것을 알게 된다. 완전히 단순한 사랑을 위해서이다. 다시 말하면 우리가 지음 받았을 때 조금도 자기 마음의 더럽힘이 없었다는 것이다. 이 사랑은 바로 하나님 자신이시다. 하나님께서는 우리의 진정한 기원이시다. 우리와 우리가 태어날 때 받은 사랑, 원래 우리 본성의 기본 배합은 하나님께서 정하신 것이다. 하나님의 특수한 시멘트 콘크리트는 우리에게 천부적으로 다른 기질을 부여한 것이다. 이 천부적으로 서로 다른 기질은 끊임없이 그것이 지음 받았을 때의 특성을 나타내 보여 준다. 그러므로 길 잃은 영혼은 하나님의 사랑으로 돌아오지 않고서는 결코 만족을 얻을 길이 없다.

사실 우리가 주변 사람을 돌아볼 때 만족하며 사는 사람이든 불만족스럽게 사는 사람이든 간에 한 가지 분명히 말할 수 있다: 인간의 일생 동안 유일하게 구하는 것은 바로 사랑이다. 진실되고 순수한 사랑이다. 이를 보면 영혼의 여정 목표는 일찍이 영혼이 잉태될 때 이미 정해 놓았음을 알 수 있다. 우리는 사랑으로 생겨나게 되었고 사랑 가운데 성장한다. 마음은 사랑의 품 안으로 되돌아가야 한다. 캐서린에게 있어서 인간 심령의 진정한 모체는 순전한 사랑이다. 우리는 하나님의 순전하고 흠 없는 사랑 가운데 지음 받아 숨쉬고 형체를 갖추었기 때문이다.

혼돈 초기에, 열린 영혼이 자기의 진정한 귀착점을 탐구하기 시작할 때는 바로 영혼 여정의 닻을 올릴 때이다. 여정 중에 몸은 영혼의 반려자가 됨을 그녀는 인정한다. 또한 여정 중에 몸과 영혼 사이에 다툼이 있다는 것을 인식한다. 이러므로 제삼자가 그들 사이에 중재자 역할을 해줄 것을 기대한다. 그들을 도와 부닥치는 각각의 문제를 해결해 줄 것을 기대한다. 영혼과 몸 사이에 기거하는 중재자가 바로 '자기 사랑'이다. 얼마 지나지 않아 이 자기 사랑은 변절하여 영혼의 대표적인 적(敵)이 된다.

어떤 허황된 정객(政客)들과 같이 '자기 사랑'은 중재자의 깃발을 치켜들고 한 손으로는 하늘을 가리고 자기의 목적을 완성한다. 영혼은 놀랍게도 전혀 눈치채지 못하고 감쪽같이 속게 된다. 그리고 몸과 자기 사랑이 서로 어울려 못된 짓을 하도록 내버려 둔다. 끊임없는 자기 사랑의 속임수를 만나고 기만의 수법으로 갉아먹힌 결과 영혼은 하나님께 속한 일에 점점 활발했던 원래 본능적 반응을 잃게 된다.

그 중에서 가장 대표적인 속임수는 자기의 계획과 계산으로 하나님의 뜻을 대신하는 것이다. 이 수법이 몸에 쌓이고 익혀져서 시간이 지나면 고치기 힘든 버릇이 된다. 영혼이 속아넘어간다. 매우 자연스럽게 도망쳐 숨어버려서 원래 있어야 할 반응마저 할 수 없는 지경이 되게 한다. 결코 멈출 수 없이 자기의 목표를 좇는다. 다른 가치가 존재한다는 사실은 전혀 거들떠보지도 않는다. 이렇게 자기를 만족시킴으로 따라오는 자기 파멸과 훼손도 전혀 개의치 않는다. 이를 볼 때 자기의 계산으로 하나님의 뜻을 대신하므로 야기되는 가장 치명적인 상처가 바로 우리 자신의 몸에 있다는 것이다. 그런데 오직 우리를 이 상처에서 벗어나게 하여 구해 낼 수 있는 것도 바로 우리 자신이다. 오직 우리 자신이 이런 수법을 더 이상 활용하지 않고자 결단하는 것만이 우리를 구속(救贖)의 길로 들어서게 한다.

영혼의 다시 빚음─사랑은 영혼의 중간역

영혼은 오직 막다른 골목에 이르렀을 때만 비로소 하나님께 돌이키게 된다. 자기의 쾌락을 좇아 기진맥진(氣盡脈盡) 달려온 삶이 모두 수포로 돌아갔다는 것을 영혼은 진정으로 경험하게 된다. 실제로 사망의 음침한 골짜기를 걸었다. 자기의 연약함과 무능함을 마음이 쓰리도록 철저히 깨달을 때 비로소 영혼은 하나님께 돌이키게 된다. 캐서린은 우리가 삶의 관문에서 이런 치명적인 연약함과 무력함에 직면하는 것도 하나님께서 허락하신 것이라고 말한다. 말하자면 영혼은 하나님의 은혜로 인해 억지로 막다른 골목으로 들어선 것이다. 도망칠 곳이 없다. 오직 하나님의 신비하고 능력 많으신 팔 밑으로 들어가야 한다.

하나님께 되돌아가는 것은 또한 동시에 얼굴을 돌려 자기의 선함과 악함을 보지 않는 것을 의미한다. 그것은 신앙의 전환이다. 뿐만 아니라 일련의 내적 혁명을 유발한다. 각각의 모든 일에 대해 철저하게 다시 정비를 하는 것이다. 원래 영혼과 몸과 자기 사랑 사이에 존재했던 동반자 관계는 반드시 포기해야 한다. 그리고 서로간의 관계 시스템을 새롭게 정립해야 한다. 캐서린에게 있어서 소위 말하는 영혼의 다시 빚음이란 영혼이 몸과의 동반자 관계를 단절하도록 바라고 자신을 고결한 인격자라고 여기며 스스로 도취되어 정결한 마음으로 기도하며 영적인 일을 추구하는 것이 아니다. 반대로 캐서린이 말하는 영혼의 다시 빚음이란 영혼과 몸이 함께하는 다시 빚음이다. "우리 둘이 함께 깨부수고 너와 내가 다시금 새롭게 조화를 이루는 것이다. 다시금 새롭게 섞이고 다시 새롭게 시작하는 것이다." 이는 몸과 영혼이 함께 완벽한 결합을 이루고자 함이다.

제노아의 캐서린은 '불'의 이미지를 사용하여 하나님의 영혼에 대한 정화를 묘사한다. 그녀는 우리에게 황금 원석이 어떻게 정화되어 24K의 순금이 되는가 아주 자세히 생각할 것을 주문한다. 하나님에게서 오는 시련의 불, 그 목적은 심판이 아니라 우리를 사랑하심으로 우리의 영혼을 정화하시기 위함이다. 영혼이 불 같은 시련을 겪고 나면 황금 원석과 같이 갈수록 순수해진다. 모든 찌꺼기가 연단되어 완전히 정화된다. 하나님에게서 온 불은 우리의 영혼을 단련한다. 자기 사랑이 유발했던 부패한 생각과 악한 행위를 없애 준다.

영혼의 탈바꿈 - 사랑은 영혼의 귀착점

영혼 여정의 마지막 단계에서 정결하고 완전한 사랑이 영혼의 주요한 의지와 귀착이 되는 것을 볼 때 각종 유혹들이 또다시 큰 입을 벌리고 삼키려고 달려든다. 영혼이 최종 목표를 향해 내딛는 발걸음을 막는다. 자아의 다시 빛음 또한 하나의 유혹이 된다. 캐서린은 우리가 어떻게 이렇게 가볍게 하나님을 불의에 빠뜨려 하나님이 허리 굽혀 우리를 위해 고생케 하시도록 하는지 민감하게 알아차린다. 그녀는 또한 우리가 확실히 성실하게 온전함을 추구하고 있지만 이 온전함은 바로 우리가 포기하고자 했던 자아가 유발한 것임을 감지한다.

이와 같이 캐서린은 항상 예민하게 특별한 영적 현상들을 알아차렸다. 그녀는 하나님의 사랑에 대한 이 같은 증명이 한 가지 결과를 야기하는 것을 두려워했다. 그것은 바로 단순한 믿음 없이 하나님과 동행하는 것이다. 캐서린에게 있어서 순수한 사랑은 마땅히 '허심탄회' 해야 한다. 그 어떤 일도 하나님과 우리 사이에 가로놓여 있어서는 절대 안 된다. 그녀의 마음속에서 영적 여정의 목표는 하나님 안에서 우리의 가장 진실되고 가장 깊은 자아를 발견하는 것이다. 거짓 자아가 갑자기 물러갈 때 영혼은 진실된 자아가 마침내 하나님과 하나 된 것으로 인해 몹시 기뻐하며 축하하게 된다.

자기 사랑이 순전한 사랑이 되기까지

제노아의 캐서린을 통해서 우리는 영적 여정의 오묘함을 엿보게 된다. 그리고 이 여정의 매 단계 단계의 기본 원소가 바로 사랑이었다는 사실을 발견하게 된다. 사랑은 영혼의 기원이며 중간역이자 영혼의 귀착점이다.

순수한 사랑은 현실 속에서 소유되거나 독차지되지 않는 일입니다. 그 어떤 일도 순수한 사랑을 불만족스럽게 할 수 없습니다. 그렇기 때문에 순수한 사랑은 진리 외에 그 어떤 것도 소중하지 않습니다. 또한 아무것도 소중하게 할 수 없습니다. 본질적 차원에서 본다면 순수한 사랑은 인류에 대한 박애라고 할 수 있습니다. 그 어떤 것도 순수한 사랑을 독점할 수 없습니다.(≪제노아 캐서린의 삶과 가르침≫, 제23권, 제5편)

여기서 우리는 캐서린의 극히 중요한 통찰을 발견한다. 그녀가 보기에 우리의 영적 생명의 진짜 적(敵)은 놀랍게도 우리의 마음이라는 것이다. 우리가 생각하기에 스스로 거룩하고 온전하며 게다가 하나님 자신을 소유할 수 있다고 여길 때 바로 적이 생긴 것이다. 순수한 사랑이 분명히 할 수 있는 유일한 태도는 자아를 포기하는 것과 옛 자아를 굴복시키는 것이다. 순수한 사랑에 이르는 다른 길은 없다. 오로지 독차지하지 않고 끊임없이 자기를 가다듬고 부단히 자기를 비우는 것이다. 그런데 이렇게 단련한 결과 뜻밖에도 새로운 국면으로 접어들게 된다. 그것은 우리가 순수한 사랑을 소유한 것이 아니라 순수한 사랑에 의해 소유된다는 사실이다. 캐서린은 매우 설득력 있는 한 가지 이미지를 제시한다. 즉 '우리의 방 열쇠를 내놓으라'는 것이다.

사랑이 매사를 돌보고 관리하는 그의 권한을 집행하기 시작할 때, 그는 다시는 영원히 이 일을 포기하지 않습니다. '그러면 나는? 나는 무엇을 해야 합니까?' 캐서린은 말합니다. "온 힘을 다해 방 열쇠를 사랑에게 내어주어야 합니다. 이것이 내가 반드시 해야 할 일의 전부입니다."(≪제노아 캐서린의 삶과 가르침≫, 제31권, 제105편)

자기의 삶을 다스리고 관리하는 것을 습관화한 사람들 심지어 자기의 영적 성장에 대한 계획을 짜는 사람들로 말한다면 우리는 캐서린의 가르침에 대해 크게 놀라지 않을 수 없다. 그 열쇠는 우리 삶의 관리권을 상징한다. 우리의 방 열쇠를 내어드린다는 의미는 우리의 삶을 돌보고 관리하는 권리를 내어드린다는 뜻이다. 그러므로 우리가 회개하고 돌이킨다는 것은 관리권의 이전(移轉)도 포함되어야 한다고 말할 수 있다. 관리권을 내어 놓는 것이 포함되어야 한다. 그래서 캐서린은 우리에게 우리 삶의 권한을 사랑에게 내어주라고 호소한다. 하나님에게서 온 순수하고 완전한 사랑에게 말이다. 이는 우리가 좋아하는 것이나 싫어하는 것 혹은 원하는 바를 한 켠에 내려놓는 것을 의미한다. 그리고 우리가 보며 애지중지(愛之重之)하는 가구나 장식품들이 우리의 내적 삶의 문턱에서 떠나도록 하는 것을 의미한다. 순전한 사랑이 우리의 '새 집주인'이 될 때 우리는 무엇보다 변화에 대한 몇 가지 준비 작업을 해야 한다. 우리의 '마음의 방'을 새롭게 페인트칠해야 하고 새롭게 단장해야 한다.

사실 우리의 마음으로 말할 것 같으면 방 열쇠를 반납하는 것이 우리가 상상할 수 없는 그렇게 심각한 변환은 아니다. 반드시 있어야 할 변환이다. 이것은 일종의 본능의 직감으로써 생명의 관리권을 '원주인에게 돌려주는' 것이다.

우리가 하나님께 돌이킴 없이 진정한 자아를 찾도록 찾아다니는 것은 헛수고일 뿐이라는 사실을 우리는 결국 깨닫게 될 것이다. 자기 사랑에 점유(占有)되지 않고 이와 반대로 지음 받았을 때의 본래 모습으로 돌아갈 때 순전한 사랑에 의해 소유된다. "사랑 찾아 사람들 속을 수없이 헤맸지만 문득 고개 돌려보니 진짜 사랑은 가까이에 있었네."

16. 만약 하나님이 두 얼굴을 가지고 계신다면

마틴 루터(Martin Luther, 1483-1546)

만약 하나님이 두 얼굴을 가지고 계시다면 한 얼굴은 창세기에 쓰여 있는 영광과 권능으로 가득한 찬란한 얼굴입니다. 한 얼굴은 십자가 상에 그려져 있는 연약함과 고통으로 눈물을 머금고 계시는 얼굴입니다.

그리스도인에게 있어서 하나님께 속한 지식을 추구하는 것이 삶과 인생의 중심이 되어야 한다. 그러면 어떻게 추구해야 하는가? 평범한 인간이 어떻게 고상하신 하나님을 알 수 있는가? 하나님은 도대체 어떤 방식을 통해 사람이 당신을 알게 하는가?

어떤 사람들은 기사(奇事)와 이적(異蹟)을 통해서라고 생각한다. 기적 가운데 하나님은 초자연적으로 당신의 능력을 나타내 보이시고 사람이 그것을 봄으로써 하나님을 믿어 순종케 된다고 생각한다. 어떤 사람은 성경을 통해서라고 생각한다. 성경은 대부분 그리스도인이 하나님께 속한 지식을 섭취하는 중요한 원천이다. 성경은 하나님께서 이 세상에서 행하신 수많은 일들을 기록하고 있기 때문이다. 성경을 읽고 연구만 한다면 여러분은 마치 하나님을 알 수 있는 신용카드 하나를 발견한 것과 같다. 그 신용카드를 긁으면 하나님께 속한 수많은 지식을 확실히 얻을 수 있다. 그래서 성경 읽기는 그리스도인의 생활 가운데 매우 중요한 위치를 차지한다. 그런데 어떤 사람들은 또한 생각하기를 그리스도인이라면 매일 새벽에 경건의 시간을 갖고 기도를 하는 중에 하나님을 알아가야 한다고 여긴다. 우리가 경건하게 성경을 읽을 때 거의 하나님은 매우 직접적이고 인격적인 방법으로 자신을 계시한다. 하나님과 만남의 시간을 갖는 사람이 자기에게 맞는 방식으로 하나님을 알도록 하신다. 우리가 시간을 들여 하나님 앞에서 경건의 시간을 갖고 기도하기를 원하기만 한다면 하나님께서는 우리가 당신을 알 수 있도록 하신다.

그렇다. 이런 모든 것들이 다 하나님을 아는 방식이다. 그런데 독일의 위대한 종교개혁자 마틴 루터는 그렇다고 여기지 않는다. 루터는 '십자가의 영성관'을 제시했다. 십자가를 통하는 것이 하나님을 확실히 아는 방법이라고 생각했다. 하나님은 십자가를 통해서 당신의 본성과 하신 일들을 알 수 있도록 하셨다.

십자가의 영성관

우리는 이 독특한 영성관에 관한 안목을 갖게 된 그 역사의 무대로 되돌아가 보자. 그때는 1518년 4월 어거스틴 수도회가 하이델베르그에서 갖게 된 전통적인 공개토론회 석상에서다. 루터는 진행자로 요청받게 된다. 그는 비단 이 수도회의 회원일 뿐 아니라 많은 지지자들이 있었다. 바로 그 하이델베르그 토론회 도중에 루터는 이 십자가의 영성관을 제시하게 된다. 일반적으로 '십자가의 신학'이라 불린다. 당시 스콜라 학파가 높이 내건 '영광의 신학'과 균형을 이루게 된다. 루터는 말한다.

> 무릇 억지로 추측한 것을 가지고 보이는 하나님의 창조 사역으로 삼는 자는 신학자라 불릴 자격이 없습니다. 오직 보이는 하나님의 '등'을 볼 수 있는 것, 즉 고난과 십자가 가운데서 하나님을 아는 자라야 비로소 신학자라 불릴 자격이 있습니다.(마틴 루터, ≪하이델베르그 변호서≫ 루터 사역, 31, Harold Griman 편집, Philadelphia : Fortress Press, 1957)

영광의 신학과 십자가의 신학은 두 가지 하나님을 아는 경로를 대표한다. 루터는 그 차이점을 지적한다. '영광의 신학'은 창조 사역 가운데 나타난 하나님의 능력과 지혜를 보도록 돕는다. 우리가 하나님을 알도록 돕는 것은 분명하지만 구원을 알도록 하지는 못한다. 영광의 신학 가운데 우리가 보는 바는 하나님의 영광, 권능, 찬란, 승리의 얼굴이다. 오히려 예수 그리스도를 하나님께 속한 여러 지식의 울타리 밖으로 내버렸다.

그런데 '십자가의 신학'에서 하나님은 십자가를 통해서 그리고 십자가상의 그리스도를 통해서 분명히 나타내 보인다. 루터로 말하자면 십자가는 그리스도인 삶의 중심이다. 고난 받으신 그리스도께서 온통 우리 마음을 차지할 때 우리의 지식과 우리의 사상은 비로소 다듬어 빚어지게 된다. 우리는 고난 받으신 그리스도를 의지해서 하나님을 알게 된다.

영성은 이성에만 의지할 수 없다

그런데 십자가상의 그리스도가 또 어떻게 사람이 하나님을 알도록 인도하는가? 문제에 대답하기 전에 우리는 먼저 이해해야 한다. 루터는 이성과 추리가 그리스도인의 삶 가운데 수행하는 역할에 대해 분명한 한계를 두고 있다는 사실이다. 그는 그리스도인의 영성은 이성에만 의지해서는 안 된다고 생각한다. 그것은 "나로 말미암지 않고는 아버지께로 올 자가 없느니라"(요한복음 14장 6절)고 성경에서 말씀하고 있기 때문이다. 사람은 오직 그리스도를 통해서만 하나님을 알게 된다. 이성을 통해서는 불가능하다. 죄인의 이성은 스스로 의롭다고 칭할 수 있지만 하나님의 표준으로는 의롭다고 칭할 수 없다.

출애굽기 33장 21-23절은 문제 해답의 배경이다. 본문 말씀에서 모세도 하나님의 얼굴을 보지 못했다고 언급한다. 그는 겨우 반석 틈에서 하나님의 영광의 일부분을 잠깐 본다. 하나님께서 지나가실 때 겨우 하나님의 '등'을 본다. 하지만 하나님의 '얼굴'은 보지 못한다. 모세가 하나님을 볼 수 있도록 허락 받은 것은 단지 간접적으로 본 것이다. 하나님은 '은밀하신 하나님'이기 때문이다. 그분은 기쁨으로 자신을 인간에게 내보여 알도록 하신다. 하지만 그분께서는 은밀히 계시며 직접 볼 수 없는 하나님이시다. 인간은 오직 하나님의 '등'을 볼 수 있다. 그런데 '그리스도께서 십자가에 못 박히신' 것이 바로 '하나님의 등'의 일종의 표현 방식이다.

마치 하나님께서 간접적으로 자신을 계시하셔서 모세로 보게 하신 것처럼 십자가 또한 간접적 계시요 은밀한 계시다. 하지만 또한 진실된 계시다. 인간의 이성은 이렇게 말할 것이다.

"불가능하지! 하나님이 어떻게 그 같은 방법으로 사람들이 그분을 알도록 해?"

인간의 이성은 하나님이 권능과 영광 중에서 당신 자신을 계시할 것을 기대한다. 하지만 십자가는 다음 사실을 우리에게 말해 주고 있다. 하나님은 십자가의 모욕과 연약함 가운데 당신 자신을 계시하시는 것을 선택했다고. 이것은 우리의 이성을 엄청난 문제에 직면케 만든다. 루터는 다음과 같이 말했다.

> 그리스도를 알지 못하는 것은 바로 고난 중에 은밀히 계시는 하나님을 모르는 것입니다. 이것은 매우 분명합니다. 그러므로 사람이 자기 성취를 고난 받는 것보다 더 좋아하고, 영광을 십자가보다 더 좋아하고, 연약함보다 능력을 더 좋아하고, 미련함보다 지혜를 더 좋아하고……이런 것들이 바울이 말한 바로 그 '십자가의 원수' 입니다. 그들은 십자가를 미워하고 업적과 그 업적이 가져다 주는 영광을 좋아하기 때문입니다.(≪하이델베르그 변호서≫, 제52절)

그러므로 '십자가의 영성관'의 중심 초점은 '인간의 천성적인 성향'과 다르다. 이 세상의 가치관이 중시하는 것을 십자가는 오히려 가볍게 본다. 세상이 멸시하는 것, 예를 들면 연약함, 어리석음, 그리고 비천함 등은 반대로 십자가가 중시하는 바이다. 십자가상의 연약함, 고통, 그리고 무능한 모습은 바로 하나님께서 특별히 선택하신 표지이다. 그분의 하시는 일을 나타내셔서 우리가 그분을 알게 하신다.

십자가의 진정한 의미를 만나고

그러면 루터의 십자가의 영성관이 오늘날 우리 신자들에게 계시해 주는 것은 무엇인가?

첫째, 이성이 우리의 삶 가운데 자주 중요한 역할을 수행하는 것은 사실이다. 하지만 루터의 십자가의 영성관은 분명 우리의 이성에 도전장을 던져주고 있다. 하나님은 당신 자신을 스스로 나타내 보이는 하나님이시라는 사실에 더 주의를 기울여야 함을 일깨워 준다. 우리 스스로 상상 가운데 만들어낸 것을 가지고 그것이 하나님이라고 여겨서는 안 된다는 것이다. 다시 말하면 구원을 얻은 측면에서 본다면 그리스도인의 삶 가운데 십자가의 역할을 하나님의 다른 사역보다 중시해야 한다는 것이다. 하나님께서는 십자가상에서 겸손한 방식으로 당신 자신을 계시해 주셨다. 뿐만 아니라 우리가 겸손한 방식으로 그분께 반응하도록 부르신다. 루터의 충고로 본다면 진정한 영적 생명은 몇 가지 영적인 교리를 꼭 붙드는 것이 아니다. 그리고 그것이 믿음을 지켜주는 황금 방탄조끼라고 여기는 것이 아니다. 진정한 영적 생명은 스스로 그럴 것이라고 여기는 이성과 믿음을 내려놓는 것이다. 그리고 십자가의 부르심에 진실되게 헌신하는 것이다.

둘째, 우리는 이제까지 개인적인 체험은 다른 사람이 결코 말살할 수 없는 일이라고 표방하여 왔다. 하지만 루터의 십자가 영성관은 우리 개인의 신앙 체험에 도전장을 던져 준다. 우리의 경험이 모두가 자기의 피눈물 나는 삶의 진솔한 역사이다. 하지만 그것이 반드시 진리를 체험하는 필수 코스는 아니다. 하나님에 대한 우리의 경험은 새로운 해석이 가미되어야 하기 때문이다. 사람의 잘못된 경험에 이끌려 신앙이 엉망이 되는 것보다 차라리 하나님의 약속을 굳게 붙드는 것이 낫다. 하나님께서는 우리와 함께하신다고 약속하셨다. 그런데 삶이 가장 암울하여 마치 캄캄한 인생의 터널을 지나고 있는 것처럼 느껴질 때 우리의 영혼은 하나님의 함께하심을 결코 감지하지 못한다. 그때 우리는 경험이 믿을 것이 못됨을 알게 된다. 하나님께서 거기에 계시지 않는구나 경험하고 있을 바로 그때에 믿음은 하나님을 보게 해준다. 믿음은 현실의 겉모습을 초월한다. 믿음은 잘못 가르침 받은 경험을 초월한다. 그리고 두려움 없이 기쁨으로 선포한다.

"하나님은 진짜 함께하십니다. 하나님께서는 당신의 약속대로 우리와 함께하십니다."

셋째, 어떤 사람들은 이렇게 생각한다.

"그리스도인이 된다는 것은 마치 천국낙원의 이민 허가증을 받은 것과 같다. 일단 그리스도인이 되기만 하면 이 땅에서의 삶은 힘든 일 없이 가볍게 지나가고 다가오는 저 세상에서는 근심 걱정 없이 마음 편히 살 수 있다!"

루터의 십자가 영성관은 우리의 이런 한쪽으로 기울어진 생각을 교정해 준다. 예수 그리스도 우리 주님께서 우리를 부르시고 그분을 따르도록 하는 데는 그분의 고난을 나누어 누리도록 하는 것도 포함된다(마가복음 8장 31-38절). 마치 우리를 부르사 그분의 부활의 영광을 함께 나누어 누리도록 한 것과 마찬가지로. 우리는 이런 '고난 받는 여정의 모델'을 우리의 삶 가운데 집어넣어야 한다. 이 땅에서 나그네의 삶을 살고 있는 이 단계에서 우리는 인내하여 참고 세상의 것을 거절하는 것이 필요하다. 그리고 죽음의 고통을 경험하고 나서 비로소 영생에 들어가게 된다. 결코 단번에 천국에 오를 수 있는 길은 없다. 고난의 낙인(烙印)이야말로 그리스도인의 영적인 삶의 상징표다.

그러므로 십자가를 지지 않는 사람은 그리스도인이라고 할 수 없다. 삶이 그의 주님이신 예수 그리스도를 닮지 않았기 때문이다. 이 말은 일단 그리스도인이 되면 일부러 고난 받을 기회를 찾아 육체의 고통을 쌓는 공로를 만들어야 한다는 뜻이 아니다. 그리스도와 함께 고난 받고자 일부러 무모하게 기도(企圖)하는 것을 말하는 것도 아니다. 고난 받는 이 일에는 하나님이 우리와 그리스도의 삶의 동일성을 확인하도록 해야 한다. 자기 스스로 무모하고 의도적으로 그리스도의 고난의 삶에 참여하는 것이 아니다.

하나님을 알아가는 길을 확실히 걸으며

마지막으로, 일의 능률과 효율을 소중히 여기는 현대인 그리고 자기 성취를 추구하는 것에 의의를 두는 신앙의 목소리에 대해 루터의 영성관은 우리에게 따끔한 충고를 주고 있다. 루터는 그리스도인 삶의 모든 완성은 모두 하나님께서 하신다고 매우 강조한다. 모든 신자들은 그저 명(命)을 받들어 일하면 된다. 해야 할 일을 하면 되는 것이다. 무엇을 이루는 것이 아니다. 그리스도께서 십자가상에서 이루신 구원에 대해 우리가 덧붙일 수 있는 것은 하나도 없다. 덧붙인다 한들 또한 아무 유익도 가져오지 못한다. 하나님께서 우리를 구속하시기 위해 예수 그리스도를 통해서 이루신 가장 아름다운 공로를 우리는 그냥 잠자코 받아들이면 된다.

　　루터의 신앙에 대한 성찰은 마치 한밤중에 울리는 큰 종소리같이 15세기의 수많은 천주교인들을 영적인 잠에서 깨어나게 했다. 그리고 전 세계적인 종교개혁의 바람을 일으켰다. 그리스도의 구원의 은혜를 적극적으로 받아들이지만 구원의 진짜 의미를 소홀히 하기를 잘하는 우리에게 십자가의 영성관은 우리가 십자가의 진의를 더 진지하게 대하도록 강권한다. 우리 자신의 하나님에 대한 지식과 견해를 검토해 보도록 도전을 준다. 그것이 진짜로 하나님께서 계시해 주신 진리인지 혹은 그저 자기의 억측에 불과한 생각인지 그렇지 않은지 말이다. 오직 십자가를 철저히 체험한 사람만이 하나님을 알아가는 확실한 길을 걷고 있다고 장담할 수 있다.

17. 진리는 평범하고 사소한 일 가운데
성 이그나티우스(St. Ignatius of Loyola, 1491-1556)

'영성 훈련'에서 가장 중요한 것은 수련자가 다음의 사실을 깨닫게 하는 것입니다. 인간의 가장 평범한 생활 가운데 매일 어깨를 맞대고 사는 인간 관계 가운데 순간적으로 '마치 하나님께서 바로 여러분의 곁에 임해 계신 것처럼 경험하는 것입니다. 여러분의 마음속 가운데 임하신 것을 경험하는 것입니다.' 그럴 때 매일이 풍성한 하루가 될 것입니다.

우리의 교회는 세 가지 절기를 특별히 경축하고 관심을 갖는다. 그것은 바로 성탄절, 부활절, 그리고 고난절이다. 아마 이 세 가지 절기가 그리스도의 복음의 참뜻을 비교적 생생하게 전달할 수 있기 때문일 것이다. 그런데 우리의 신앙 안에는 거의 '한 가지만 선택하고 그것을 중시하는' 경향이 있다. 이런 절기들의 신학적 의미를 전반적으로 깊이 들여다 보는 사람들이 비교적 드물다. 이 같은 절기가 신학적으로 서로 보완 관계에 있는 것을 소훌히 한다. 그렇다. 교회 가운데 우리는 늘 '십자가의 구원'을 '성육신' 보다 강조한다. 우리는 기독교 은혜의 샘물에 깊이 몸을 담그고 산다. "기쁜 날 기쁜 날 주 나의 죄 다 씻은 날……"을 일생토록 늘 부르며 만족하며 산다. 우리는 거의 주의를 기울일 필요를 느끼지 않는다. 존귀하신 하나님께서 왜 그토록 심혈을 기울여 '성육신' 하셔서 평범한 인간들 사이에 거하셨는지. 이처럼 '편식' 적인 신학관의 영향으로 우리는 보편적으로 발육이 전반적이지 않은 영성관을 갖게 되었다.

로욜라의 이그나티우스(Ignatius of Loyola, 1491-1556)는 이러한 영적인 편식증을 앓고 있는 우리에게 '양약' (良藥)이 된다. 이그나티우스는 원래 그리스도의 삶이 성육신의 삶이었다는 것을 발견했다. 성육신의 삶은 바로 인간 생명의 가치를 나타내 준다. 그는 그리스도 성육신의 과정을 깊이 관찰한 후 본래 하나님께서 역사의 모든 부분에 서 계시며 역사 속의 모든 사건에 개입하셨다는 사실을 말해 준다. 더 자세히 성육신의 신학적 가치를 논하기 전에 우리는 먼저 양약을 처방해 준 로욜라의 이그나티우스에 대해 알아보자.

예수회의 창시자

이그나티우스는 명문 귀족 출신으로, 본래 기사(騎士)였다. 스페인 바스크(Basque) 성에서 살았다. 그는 1521년에 팜플로나(Pamplona)에서 프랑스의 침략에 맞서 싸우다 스페인 쪽에서 발사한 포탄에 부상을 입는다. 어쩔 수 없이 군인의 삶을 접어야 했다. 치료 기간에 신앙서적을 읽는 중 그의 삶은 큰 변화를 경험하

게 된다. 그때부터 그는 비싼 무사의 갑옷을 벗어 몬트세랄
(Montserral) 성모당(聖母堂)에 내걸고 만레사(Manresa)로 물러나 은거
하게 된다. 그리고 바로 거기서 일련의 영적 경험을 하게 된다. 그
리고 그것들을 기록했는데 이것이 나중에 30여 종의 언어로 번역
된 ≪영성 훈련≫(Spiritual Exercises)이다.

예수회를 창단했던 여섯 명의 젊은 남자들 중에 이그나티우
스, 프랜시스 사울레, 신학자 레니스 등이 포함된다. 이 단체는 이
그나티우스가 1528-1535년 파리에서 성직자 준비 시에 조직했다.
처음에는 '예수님의 동반자'라고 명명했다. 그러나 교황에게 청
원 후에 새로운 교파 조직으로 인정받게 되었고 1539년에 자립했
다.

개인 영성 훈련 지도

≪영성 훈련≫은 영성 훈련의 원칙과 강령에 관한 책이다.
이 책은 또한 개인의 영적인 안내서이다. 이그나티우스가 몸소
체험한 것을 기록한 책으로서 그가 직접 집필했다. 이 책은 다른
사람이 진솔하게 하나님을 경험할 수 있도록 가르쳐 주는 안내서
이다. 상당히 조직적으로 구성되어 있지만 상당히 탄력성이 있어
서 융통성 있게 변화적으로 수련경험을 안내해 주고 있다. 이 책
의 '완정본'의 지침대로 완벽하게 한 번 수련을 하기 위해서는
약 30일의 시간이 걸린다. 하지만 개인의 상황에 맞게 매일의 생
활 가운데, 심지어는 가정을 떠나지 않고, 일터를 떠나지 않고도
이 책을 활용할 수 있다. 만약 이렇게 한다면 중단되지 않고 지속
적으로 약 6개월에서 1년에 걸쳐 수련을 할 수 있다.

이그나티우스가 기획해 낸 ≪영성 훈련≫은 대략 네 단계 혹은 4주로 나눌 수 있다. 실제로 수련을 함에 있어서의 '주'(週)는 변할 수 없는 문자적 의미의 7일이 아니다. 수련자의 필요에 따라 1주일이 며칠인지 정해진다. 소위 말하는 '주'는 주로 수련 과정에서 '단계'로 사용되기 때문이다.

이 과정은 진리와 말씀을 갈망하는 사람의 하나님의 사랑과 창조에 대해 경건한 반성으로부터 시작된다. 그리고 개인의 장래에 가능한 생활의 방향과 삶의 목표를 탐색하고자 하는 마음의 소원에서 시작된다. 이 같은 반성은 수련자가 자연적으로 발견하여 깨닫도록 돕는다. 즉 "바로 죄가 나를 가로막아 하나님의 사랑에 응답할 수 없게 했다"는 사실이다. 그리고 나서 비로소 정식적으로 첫 주의 수련에 들어가게 된다. 일단 하나님의 사랑과 하나님의 용서를 알게 되면 자유로이 하나님의 부르심에 응답할 수 있다. 그리고 둘째 '주'의 수련에 들어가게 된다. 이 단계에서 묵상의 중점은 주로 예수 그리스도의 생애와 전도 사역 그리고 그분의 우리에 대한 부르심에 두게 된다. 이어지는 세 번째 단계의 묵상을 통해 피할 수 없이 우리가 전심으로 예수 그리스도의 십자가에 눈을 고정하도록 인도한다. 넷째 주 그러니까 네 번째 단계에서 수련자는 부활하신 주님의 기쁨을 나누게 된다. 묵상하면서 수련자는 하나님의 사랑을 얻을 수 있는 두 통로를 알게 된다. 첫 번째 통로에선 기도 중에 하나님은 모든 것 가운데 계신다는 것을 발견한다. 다른 통로에서는 고개를 돌려 편안한 수련장을 떠나 평범한 생활 속으로 돌아와야 한다.

성육신의 영성관

이런 배경 자료를 살펴보았으니 우리는 다시 이그나티우스의 성육신의 영성관으로 돌아가 보자. 로욜라의 이그나티우스가 중요하게 깨달은 한 가지 사실은 바로 "하나님은 모든 사물 가운데 계시다"는 것이다. 이 같은 깨달음이 영향을 미쳤다. 영(靈) 안의 묵상과 외적인 행위는 결코 아득히 멀리 동떨어진 일이 아니라는 것이다. 묵상과 행위는 서로 죽이 잘 맞는 절친한 교우관계라는 것이다. 이그나티우스의 가르침 가운데 우리는 발견할 수 있다. 성령님을 강조함으로써 더 넓은 활동 공간이 필요하다는 사실이다. 그는 우리가 기도할 때 이상한 생각과 환상에서 벗어나도록 돕고자 시도한다. 우리 마음이 오로지 성령님께 감동되도록 돕고 있다. 그는 우리가 성령께서 우리에게 하나님의 뜻을 나타내 보이시도록 간절히 구할 것을 주문한다. 평범한 일상 가운데 심지어는 사소한 것들 가운데 우리가 무엇이 감사해야 될 일인지 알도록 주문한다. 하나님께서 어디에서 우리와 연합하기를 바라시는지 우리에게 나타내 보여 주시기를 바라는 것이다. 다가오는 앞날을 바라볼 때 그는 우리가 성령님께 내일 생활에 필요한 가장 중요한 인도함을 얻을 수 있도록 간절히 구하라고 한다.

날이 지날수록 하나님을 발견하는 이 과정은 이그나티우스나 수많은 신자들에게 신선하고 활기찬 삶을 가져다 주었다. 그들이 자아도취(自我陶醉)와 장황하고 절도 없는 기도에 빠지는 것을 피할 수 있도록 도와준다. 하나님께서 바로 우리의 매일의 평범한 삶 가운데 계시다는 것을 '감지할 것'을 강조한다. 이외에 수련자는 또한 부름 받아 한 경지에 들어가야 한다. 이그나티우스는 이 경지를 '자아 희생', '자기를 가볍게 보는' 경지라고 불렀다. 실은 그의 묘사는 더 생동적이다. 그는 수련자가 '자기 중심'의 모습에서 떠나서 '대의를 위해 자신을 희생'하는 경지에 들어가야 한다고 한다. 하나님과 사람에 대해 후하고 시원시원한 태도를 가질 수 있도록 해야 한다는 것이다.

이그나티우스의 가르침 가운데 '자아 희생'은 수련자의 기도와 행위에 있어서 하나의 시험이다. 사람마다 모두 '자아 성취'를 이루려다 부패할 수 있기 때문이다. 사람이 평상시의 일과 쉼 가운데 진실로 자아 희생을 할 수만 있다면 그는 말씀에서 멀지 않고 하나님과 거의 하나 되었다고 할 수 있다. 그러므로 우리는 '영성 훈련'의 목표 중 일부분은 바로 일상의 번거롭고 사소한 생활이 '변하여' 영적인 체험이 되도록 하는 데 있다고 말할 수 있다.

> '영성 훈련'에서 가장 중요한 것은 수련자가 다음 사실을 깨닫게 하는 것입니다. 인간의 가장 평범한 생활 가운데 매일 어깨를 맞대고 사는 인간 관계 가운데 순간적으로 '마치 하나님께서 바로 여러분의 곁에 임해 계신 것처럼 경험하는 것입니다. 여러분의 마음속 가운데 임하신 것을 경험하는 것입니다.' 그럴 때 매일이 풍성한 하루가 될 것입니다.

진리는 평범하고 사소한 일 가운데

우리는 자주 습관적이고 문제의식 없이 기도를 '신성화'한다. 기도를 생활 밖의 특수한 활동으로 간주한다. 이그나티우스는 이런 것이 하나님의 마음을 실제로 만족시키지 못한다고 말한다. 그것은 우리가 알게 모르게 기교적으로 수련하고 조직의 틀 안에서 하나님을 가까이하게 만든다. 뿐만 아니라 우리가 아주 자연스럽게 기도를 평범한 생활 밖으로 분리해 내는 것이다. 그런데 진정으로 '성육신'의 의미를 깨달아 알고 있는 사람은 절대로 평범하고 사소한 일상적인 일을 기도 밖으로 내몰지 않는다. 그리스도인의 기도는 마땅히 신분과 처한 상황의 각각의 모든 변수를 포함해야 한다. 그런데 실제로 우리는 늘 올바르지 않은 영성관을 가지고 있다. 자주 일상생활의 사소한 일이 영성을 추구하는 데 부담과 스트레스가 되어 우리를 얽어맨다고 생각한다.

　　이그나티우스의 성육신에 대한 체험은 바로 우리를 얽어매임에서 깨어나도록 도와준다. 그리고 하나님께서 바로 이 얽어매임 가운데 계시다는 것을 발견케 해준다. 지극히 높으신 하나님께서 바로 전술 전략을 잘 세워서 우리의 생활 가운데 사람을 골치 아프고 짜증나게 하고 얽매이게 하는 일 가운데 변신하셔서 참여하신다는 것이다. 그러므로 우리는 중요한 두 가지 사실을 서로 명심해야겠다.

　　첫째, 기도가 단지 일종의 '영적 기술을 단련'하는 것으로 변하지 않도록 경계해야 한다. 이런 기도는 생활에 도움과 유익을 주지 못한다.

　　둘째, 가장 아름답고 훌륭한 기도의 날개는 타성에 젖은 기도와 묵상 밖에서 나타난다는 사실을 중시해야 한다.

　　우리에게는 어느샌가 정신없이 바쁘고 분주한 것이 우리 삶의 표준 모델이 되어버렸다. 바쁜 것이 우리의 일이다. 바쁜 것이 우리의 인사말이다. 바쁜 것이 우리의 핑곗거리다…… 우리는 이그나티우스의 '성육신의 영성관'을 반드시 배워야 한다. 성육신의 메시지를 통해서 우리의 삶을 주의 깊게 들여다봐야 한다. 우리가 바쁜 생활 가운데 무엇을 내놓거나 혹은 무엇을 덧붙여서는 안 된다. 우리는 단지 각도를 바꾸어 보면 된다. 우리는 단지 우리의 영적 생활이 일상생활 안으로 녹아들도록 해야 한다. 이렇게 함으로써 우리는 비로소 평범하고 사소한 일상 가운데 조심스럽게 하나님의 임재를 찾을 수 있게 된다. 그리고 하나님께서 바로 지금 그 가운데서 일하고 계심을 경험할 수 있게 된다.

18. 당신은 빈곤과 풍족 중 어느 곳에 판돈을 걸 건가요?
성 테레사(St. Teresa of Avila, 1515-1582)

여러분, 삶의 의의에 관해 만약 판돈을 걸 수 있는 도박판이 벌어져 한쪽에는 빈곤, 다른 한쪽에는 풍족이 있다면 당신은 어느 쪽에 판돈을 걸 건가요?

삶 가운데 자기를 올바로 알지 못하는 것보다 더 큰 문제는 없다. 당연히 우리는 자기 자신을 어느 정도는 알고 있다. 그러나 대체적으로 말하면 아는 것이 부족하다. 철저하게 우리의 본 모습을 인식하는 것은 아니다. 이외에도 자아 인식이 이처럼 짐작하기 어려운 것은 우리가 항상 밖으로 물어보기 때문이다. 우리는 할 수만 있는 대로 주변 사람들에게서 인정과 동질 의식을 찾는다. 대부분의 우리로 말한다면 우리는 모두 외부 사람의 눈에 비친 자기의 모습을 보며 자기를 알고자 힘쓴다.

자아를 아는 영적인 삶

일찍이 광야 수도사들 가운데 '자기를 아는 것'도 한 가지 중요한 영성의 주제였다. 한 광야 수도사에게 전해 내려오는 삼형제에 관한 이야기가 있다.

그 삼형제는 모두 그리스도의 마음에 합한 생활을 하고자 소망했다. 큰형은 평화의 사자(使者)가 되고자 하는 방향을 잡고 노력했다. 둘째는 병든 자를 치료하는 데 헌신했다. 셋째는 광야의 수도사가 되기로 결정했다. 그런데 큰형은 대중 속에서 평화의 사자로 산다는 것이 쉬운 일이 아님을 발견한다. 둘째도 병든 자를 치료한다는 것이 쉬운 사명이 아님을 발견한다. 이 두 형제는 자신들이 선택한 일을 모두 끝까지 마칠 수가 없었다. 그들은 이처럼 아름답고 선한 이상(理想)이 왜 끝내 실현되지 않는지 알고 싶었다. 그래서 그들은 광야로 셋째를 찾아갔다. 그런데 수도자인 셋째가 한 가지 실제적인 비유를 들어 설명한다.

그는 사발에다 물을 약간 따랐다. 그리고 나서 사발 물 안에서 무엇을 봤는지 두 형에게 물었다. "아무것도 안보여!"라고 형들이 대답했다. 사발 안의 물이 여전히 움직이고 있었기 때문이다. 조금 후에 셋째가 똑같은 물음을 던졌다. 이때 그들이 대답했다.

"내 얼굴이 보여!"

이때 셋째가 밝히 말하기 시작했다.

"오직 형님이 거기에 있을 따름입니다. 그리고 시간을 들여 분명히 보십시오. 그러면 비로소 진짜 자기를 확실히 보게 될 것입니다. 자기에 대해서도 이와 같거늘 하물며 형들이 어떻게 다른 사람의 삶을 변화시키고자 한단 말입니까?"

삶의 문제가 이처럼 거대한데 어디서 도움을 찾을 수 있을까? 진실된 자아 문제에 대면하여 아빌라의 테레사(Teresa of Avila)는 우리에게 매우 큰 도움을 제공해 준다. 테레사는 16세기의 유태계 수녀로서 어떤 때는 '예수님에게 속한 테레사'라고 불리기도 한다. 그녀가 보기에 영적 생명의 성장 측면에서 말한다면 '자아 인식'은 기본적이고 반드시 필요한 것이다. 그녀의 섬세한 묘사와 해석을 통해서 볼 때 그녀가 개인적으로 깊은 자아 인식을 경험했음을 알 수 있다. 이를 통해 테레사는 우리가 하나님을 더 알도록 도와준다. 많은 저작을 통해 테레사는 우리에게 그녀가 하나님과 교통하며 성장했던 그녀 개인의 내면 세계를 상세하게 기술하고 있다. 우리가 테레사의 영적 세계에 깊이 들어가기 전에 먼저 그녀의 생애를 대략적으로 살펴보기로 하자.

하나님을 향해 내딛는 심령 여정

테레사(Teresa de Cepeds Ahumada)는 1515년 3월 28일 스페인의 아빌라에서 태어났다. 부모는 경건했고 대가족이었다. 테레사가 14세 되던 해인 1529년에 불행히도 어머니가 세상을 뜨고 만다. 2년 후에 아버지는 그녀를 천주교 수녀가 운영하는 기숙사학교로 보내 교육받게 한다.

약 1년 후 그녀는 심한 병에 걸려 부득이 학업을 중단해야 했다. 요양하며 건강을 회복하던 기간에 테레사는 그녀 일생의 장래에 대해 깊은 생각을 하게 된다. 1539년 그녀는 온몸이 굳어 뻣뻣해지는 병에 걸렸다. 이 병은 자주 그녀의 의식을 흐리게 하고 스스로 자기를 통제할 수 없는 상태가 되게 했다. 그리고 약간의 중풍마비 증상을 가져왔다. 1년 동안의 요양을 한 후 그녀는 아빌라의 카멜리트 수녀원(Carmelite convent of the Incarnation)에 들어가기로 결정한다. 그때도 그녀는 국부적인 마비증상이 있었다. 1542년이 되어서야 병세가 호전되어 증상이 간헐적으로 나타났다. 1554년이 되어서야 그녀는 비로소 완쾌되었다.

1555년 테레사는 자신이 '내면의 소리에 매료되어 확실한 비전을 보고 하나님의 계시를 경험하고자' 한다는 사실을 알게 되었다. 그녀는 이 경험을 그녀 개인의 하나님께 돌아오는 마지막 체험으로 보았다. 이 경험은 그녀가 '하나님과 세상 사이의 충돌'에 몸을 두고 있는 사실을 깊이 깨닫게 한다. 세상에 대한 미련을 거절하는 것을 통해서 그리고 하나님께 대한 뜨거운 헌신과 온전한 섬김으로 테레사는 이 충돌이 가져다 주는 억눌림에서 벗어날 수 있었다. 그녀는 다음과 같이 기록하고 있다.

> …… 제가 기도를 시작한 지 벌써 28년이 되었습니다. 그 중에 18년 이상 저는 하나님과의 교통을 경험했습니다. 그리고 세상과의 교제에서 오는 전쟁과 충돌을 경험했습니다.(The Collected Works, 1, chap 8, no.3)

그녀는 세상을 거절하고 재물을 포기하며 자신을 온전하고 순수하게 하나님께 드림에서 오는 감미로움을 체험한다. 그리고 이 경험을 기초로 카멜리트 수도회의 개혁을 모색하기 시작한다. 더 소박한 원래의 수도생활로 돌이키고자 했다. 1558년 그녀는 카멜리트 수도회의 흐트러지고 해이한 수도 분위기를 바로잡는 일에 착수한다. 1562년에 그는 마침내 엄격한 규정과 온전한 검소함을 요구하는 첫 번째 개혁적인 카멜리트 여수도회를 창립하게 된다.

1567년에 테레사는 카멜리트 수도회의 한 젊은 신부, 십자가의 요한(John of the Cross)을 알게 된다. 십자가의 요한의 협조 아래 그리고 다른 연륜 있는 지도자의 격려 아래 비록 수많은 반대의 목소리와 적대적인 분위기에도 불구하고 그녀는 더 많이 개혁적인 여수도회와 남수도회를 건립하게 된다. 건강이 극도로 약해진 몸을 이끌고 테레사는 각지를 돌며 수도회를 건립한다. 그러다 마침내 기력이 소진되어 1582년 10월 4일 세상을 떠나게 된다.

테레사는 두 가지 큰 업적으로 인해 후대에 영예를 누리게 된다. 카멜리트 개혁수도원을 건립한 일 외에 다른 하나가 바로 그녀의 신앙 저술이다. 그중 대부분이 이미 서방교회의 영성 고전서적으로 자리매김하고 있다. 다른 수도자들의 기도생활을 돕고 그들의 질문에 답하기 위해 테레사는 ≪완전의 길≫(The Way of Perfection)을 집필한다. 이 책에서 그녀는 하나님과 교통하는 법, 회고의 기도, 그리고 기도 중의 성장에 관해서 논한다. ≪수도원 설립에 관한 책≫(Book of Foundations)에서는 이야기에 능한 자신의 은사를 보여 준다. 그녀는 수도회를 건립한 과정을 상세히 묘사한다. 그리고 수도회 건립에 참여했던 몇몇 사람들의 삶을 묘사하고 있다. 테레사는 또한 ≪삶≫(Life)을 저술했다. 이 책은 상당히 자서전적인 색채로 기술되어 있다. 우리는 하나님께서 어떻게 그녀의 삶 가운데 임하시게 됐는지 짐작할 수 있다. 그리고 그녀가 왜 카멜리트 수도회를 개혁하는 일에 뛰어들게 되었는지 엿볼 수 있다. 당시의 냉혹하고 살벌했던 종교재판소에 맞서, 그리고 스페인의 이단이 판을 치는 영적인 분위기 가운데서도 테레사는 세계적으로 유명한 고전 서적 ≪영혼의 성채≫(The Interior Castle)를 집필한다. 개인의 영적인 경험을 토대로 그녀는 일곱 개의 겹겹이 쌓여 있는 거대한 집을 통과한다. 처음의 세 칸의 거대한 집을 묘사하며 그녀는 우리를 영적 생명의 서곡으로 인도하여 들인다. 나머지 네 개의 집에서의 영적 경험은 수도자와 하나님 사이의 영적 결혼식의 신비한 연합의 여정을 대표한다.

세 가지 차원의 영적 경험

이제 우리 함께 테레사의 영적 경험을 들여다보자. 그녀의 영적 경험은 그녀의 세 가지 중요한 경험을 기초로 세 가지 차원으로 나눌 수 있다. 그것은 바로 자아 진입, 자아 인식, 자아 포기이다. 제일 먼저는 '자아 진입'이다. 테레사는 ≪영혼의 성채≫에서 말하고 있다.

      진리는 바로 우리 마음속에 존재하는 보물입니다.(v.1.2)

이처럼 심도 있는 자아 인식은 그리스도인들에게 있어서는 상당히 곤란한 요구이다. 테레사는 그리스도인의 목표는 마땅히 '하나님께서 원하시는 것을 원하고 하나님께서 구하시는 것을 구하는 것'이어야 한다고 주장한다. 모든 기도의 목표는 하나님의 뜻과 서로 일치하는 것이어야 한다.

그리스도인 생활의 기본적인 도리는 도덕군자인 양 점잔을 빼는 태도가 아니다. 정신적이며 영적인 것만을 구하는 생활도 아니다. 기도 중의 특별한 경험을 구하는 것도 아니다. 그리스도인은 마땅히 간절히 하나님의 뜻을 발견코자 노력해야 한다. 끊임없이 찾는 중에 진실된 자아를 발견케 되고 하나님과의 관계를 찾는 중에 자아에 대한 긍정을 경험하게 된다. 인생 중의 다른 그 어떤 기초, 예를 들면 가정 배경 학력 등도 모두 진정한 만족과 도움을 줄 수 없다. 심지어 깊이 헌신하고 섬기며 절제하는 생활도 아마 성장에 장애가 될 수도 있고 하나님과 연합하는 삶에서 더 깊은 통찰을 갖는 것을 방해할 수 있다. 테레사는 그녀의 저서 ≪영적 간증≫(Spiritual Testimonies, no.14)에서 하나님에게서 들려오는 다음의 말씀을 들었다고 적고 있다.

"내가 너에게 소유 되기를 구하지 말고 네가 나에게 소유 되기를 구하거라."

두 번째 단계의 영적 경험은 '자아 인식' 이다. 테레사에게 있어서 이것은 영적 삶의 각 단계마다 반드시 맞이하게 되는 문제다. 개인적 경험을 통해 깨달은 것을 근거로 그녀는 두 가지를 주장하고 있다. 첫 번째는 자기 자신의 본질상의 빈궁을 인식해야 한다는 것이다. 이것은 기본적으로 자기의 결점과 은사에 대해 절대적으로 정직해야 한다는 것을 의미한다. 이것은 또한 우리의 아름답고 선함이 모두 하나님에게서 왔다는 것을 아는 것이다. 하나님께서 조금도 아낌없이 베풀어 주신 상급이고 영원히 변하지 않는 인정이다. 이 방면의 경험상 그녀는 자기의 하나님에 대한 소홀함을 볼 수 있었고 자신이 완전히 깨어지지 않았다는 것을 보았다. 또한 자신의 죄를 인식하게 되었다. 테레사는 자기의 삶을 결코 스스로 관여할 수 없다는 것을 자각했다. 개인의 내적인 통찰, 차고 넘치는 정력, 그리고 하나님께 대한 비전을 내려놓았다. 그녀의 깨어진 자신으로는 그 어떤 역할도 발휘할 수 없었다. 그녀가 노력하려고 하면 할수록 지치고 힘이 없는 자신을 인정할 수밖에 없었다. 그녀는 자기 생명의 본질적인 빈궁을 확실히 알게 되었다.

그렇지만 우리의 주의력을 전적으로 자기의 빈곤과 죄성(罪性)에만 집중시키는 것을 피해야 할 것을 테레사도 주의시킨다. 이렇게 자기의 죄성과 빈궁을 강조하다 보면 일종의 거짓된 겸손을 가져오게 된다. 이 겸손은 자기의 연약함에 가려져 있는 겸손으로 심지어 영적인 생명이 자연스레 흘러나오는 것처럼 보인다. 그 '거짓된 겸손'에 짓눌려 움직일 수 없게 된다.

> 만약 우리가 계속 현실 속의 자기의 비참함을 주목한다면 생명의 시냇물이 두려움 연약함 소심함의 수렁을 통과하여 흐를 수 없습니다.(The Collected Works, 2, The First Dwelling Places, chap.2, no.10)

이 거짓된 겸손은 사실상 영적 생명의 성장을 파괴하고 생명이 성장코자 하는 것을 억제한다. 테레사는 이런 겸손은 마귀의 가장 치사한 시험의 하나라고 지적한다.

테레사는 만약 자기의 빈궁하고 비참한 상황에 대해 두려움이 생기는 것이 느껴진다면 이것은 일종의 주의를 상기시키는 신호라고 경고한다. 우리가 너무나 자신을 모르고 있다는 신호라는 것이다. 진실로 철저한 자아 인식은 우리를 편협한 집착에서 해방시켜 준다. 우리가 가지고 있는 선함이 모두 하나님에게서 왔기 때문이다. 그 아무리 작은 선함도 우리 자신의 것이 아니다.

자아 인식의 빈궁과 풍족

테레사의 자아 인식에 관한 또 다른 주장은 자기를 아는 사람은 자기가 지나치게 부유하다고 생각해야 한다는 것이다. 그녀의 삶의 핵심에 그녀를 지지하고 격려하는 실체가 있다. 그것은 바로 그녀의 진짜 자아이다. 그녀는 하나님께서 그녀의 마음 가운데 계시다는 것을 안다. 그녀는 반드시 그녀가 체험한 하나님을 믿는 법을 배워야 한다. 그녀는 우리의 삶이 모두 하나님 앞에 밝히 드러나 있고 그분의 은혜 아래 있다는 것을 서서히 믿게 된다. 우리의 삶이 다 하나님의 인자하신 넓은 바다 가운데 떠다닌다. 우리는 하나님께 그 어떤 칭찬도 요구할 수 없다. 모두가 다 그분의 은혜이기 때문이다. 우리는 다만 감사의 마음을 품고 하루하루의 삶을 살아가는 것이다. 테레사는 일단 자신이 누구인지 분명히 알게 되자 두려움이 사라졌다. 그녀는 온 마음으로 하나님 앞에서 살 수 있게 되었다.

테레사의 충고는 모두 예수 그리스도께 초점이 맞추어져 있다. 뿐만 아니라 예수 그리스도의 사랑의 비추임으로 우리의 진실된 자기를 알게 된다. 오직 처음부터 우리의 눈을 하나님께만 집중할 때 우리는 비로소 자신의 빈궁을 인정하게 된다. 하지만 이것이 우리 삶이 간직해 온 최후 판결이 될 수는 없다. 우리 삶의 최후의 판결은 하나님께 있어야 한다. 우리를 지속적으로 사랑하시고 우리를 부르시고 그분과 연합하도록 하신 하나님께 있어야 한다. 이런 겸손은 우리를 자아부정의 심연에서 떠오르게 한다. 그리고 삶을 신바람 나고 활기차게 한다. 하나님의 신실하심으로 그리고 그분이 우리에게 주시는 비전과 힘으로 인해 우리는 다이내믹하게 일하며 정열적으로 주님을 섬길 수 있다. 우리 자신에게 무슨 고성능 강력 배터리가 있어서 그런 힘이 나오는 것이 결코 아니다.

> 그래서 제가 말씀드립니다. 자녀 여러분, 우리 눈을 그리스도께 고정해야 합니다. 우리의 선하신 주님 말입니다. 그리고 그분의 성도들을 주목해야 합니다. 이렇게 함으로써 우리는 비로소 진정한 겸손을 배울 수 있습니다……. 진정한 자아 인식은 사람을 자기 스스로 천하다고 여기게도, 혹은 두려워 소심하게도 하지 않습니다.(The Collected Works, 2, The First Dwelling Places, chap.2, no.11)

역대 성도들이 행한 바와 마찬가지로 테레사도 하나님의 권세 아래 '자아를 포기' 한다. 다른 점은 그녀가 20년 동안이나 갈등하며 비로소 완전히 자아를 내려놓을 수 있었다는 것이다. 이같은 전환을 체험한 지 얼마 되지 않아 테레사는 바로 개혁파 카멜리트 수도회를 창립하는 일에 온 힘을 쏟게 된다. 그래서 그녀는 하나님께 자아를 항복하는 것에 관한 내용을 카멜리트 수도회의 개혁의 일과 늘 함께 언급하고 있는 것이다. 《영적 간증》에서 테레사는 하나님께서 그녀에게 하셨던 말씀을 털어놓고 있다.

"네가 할 수 있는 능력의 범위 내에서 너 자신을 나에게 내려놓아라. 다른 어떤 일이 방해치 않도록 하라. 네게 내려주는 아름다움과 선함을 기뻐하고 축하해라. 그것은 아주 크고 아름답기 때문이다."

이 말씀을 들었을 때 그녀가 어떻게 "그 수도회를 돕고자 극도로 갈망했는지"(no.10) 그녀는 또한 하나님께 항복하고 자기를 내려놓는다는 것은 소극적이고 피동적으로 복종하는 것이 아니라 적극적이고 주동적으로 하나님과 동역하는 것이라는 것을 강조한다.

> 자기의 빈곤과 궁핍을 알고 하나님께 투항한다는 것은 우리가 이루고자 하는 노력을 게을리함을 의미하지 않습니다. 제가 일에 종사함에 있어 지나치게 걱정하며 일에 몰두하지 않는다는 의미입니다. 노력하되 걱정하지 않습니다. 하나님께서 일의 주인이시기 때문입니다.(no.1)

오늘날 그리스도인들이 직면한 문제는 테레사가 직면한 그것과 같다. 그것은 인류의 영원한 문제로서 자기를 올바로 아는 것이 부족하다는 것이요 자기에 대해 잘못된 인식을 지니고 있다는 것이다. 우리는 늘 우리의 문제가 여기에 있지 않다고 생각한다. 그런데 테레사는 바로 이것이 우리의 문제요 우리 생명이 성장하는 데 걸림돌이라고 가르쳐 준다. 만일 우리가 충성되게 주님을 따르고자 한다면 테레사는 우리에게 도전한다. 우리는 반드시 올바로 자기를 알아야 한다. 비뚤어진 자아관을 가지고 있는 자기를 올바로 알아야 한다.

만일 우리가 자아 탐색의 여정에 참여하길 원한다면 우리는 우리의 내적 생명의 소리에 더 주의 깊게 귀기울여야 한다. 특히 우리에게 낯선 부분에 귀를 기울여야 한다. 그러면 잘못된 자아가 떠오르기 시작할 것이다. 우리가 더 할 수 있는 대로 온 힘을 다해 하나님께 시선을 고정하게 될 때 우리도 또한 할 수 있는 대로 온 힘을 쏟아 자기를 연출할 수 있게 된다. 테레사의 자아 인식은 그녀가 자기의 본질상의 빈궁을 올바로 볼 수 있도록 했다. 뿐만 아니라 하나님의 은혜와 불쌍히 여기심 가운데 자기의 풍부를 보고 하나님께서 내려주시는 궁함이 없는 가치를 누릴 수 있게 했다.

올바른 자아 인식이 없이는 영적 생명의 성장도 없다. 심지어 올바른 자아 인식이 없이는 우리의 영적 생명이 성장코자 하는 노력마저 억누를 가능성이 있다. 자아인식을 통해서 우리는 더 많이 하나님을 알 수 있게 된다. 우리는 오직 하나님과 교통하는 가운데 비로소 진실로 자기의 빈곤과 풍부를 알게 되기 때문이다.

19. 어두운 밤에 떠나는 영혼의 여정
십자가의 성 요한(St. John of the Cross, 1542-1591)

대부분의 아이들 심지어 어른도 마찬가지입니다. 모두 '밤'을 무서워합니다. 왜냐하면 밤은 어둡기 때문입니다. 밤에는 사람이 보지만 볼 수 없습니다.

밤은 또한 미지와 불확실성을 동반한다. 사람이 자기의 발걸음이 올바르게 향하고 있는지 알 수 없게 한다. 어디서 갑자기 이상한 것이 불쑥 뛰쳐나올지도 모른다는 걱정에 휩싸이게 한다. 그럼에도 불구하고 우리는 그래도 밤은 또한 인간의 심오한 경험을 풍부하게 담고 있다고 반드시 인정해야 한다. 많은 작가, 사상가, 그리고 예술가들이 모두 '종이와 연필을 머리맡에 두고 잠든다.' 잠자고 있는 한밤중에 영감이 불현듯 찾아올 때 놓치지 않고 바로 기록하기 위해서다. 그들은 밤중이 지혜와 창조력이 절정에 달하는 시간이라는 것을 알고 있다. 밤은 또한 문제를 해결하고 생명의 성장을 촉진해 주는 최상의 시간이다.

이 외에도 밤은 또한 영적 경험을 탐색하는 절호의 기회다. 우리도 잘 알다시피 예수님도 밤 시간을 이용해 자주 기도하셨다 (누가복음 6장 12절). 바울도 밤에 그 유명한 '마게도니아 환상'을 보게 된다 (사도행전 16장 9절). 그가 로마로 가는 도중에 또한 언급하고 있다. "하나님의 사자가 어젯밤에 그의 곁에 서서" 말했다고 한다. 그 사자는 바울이 "반드시 가이사 앞에 서야 한다"고 말한다 (사도행전 27장 23, 24절).

이 같은 원인을 기초로 할 때 우리는 밤이 능력을 상징하고 있다고 믿는다. 십자가의 요한도 동일한 견해를 가지고 있다. 밤은 정말로 그가 남다른 영성관을 갖도록 하는 소재이다. 그는 다음과 같이 적고 있다.

칠흑같이 어두운 한밤중에
저는 사랑의 열망에 절박하게 불타오릅니다.
- 아, 절대 순전한 은혜여! -
집 밖은 어두워 아무것도 보이지 않습니다.
하지만 집 안은 여전히 고요하고 적막합니다.

한밤중은 안전하고 차분합니다.
은밀한 중에 비밀의 사다리를 타고 오릅니다.
- 아, 절대 순전한 은혜여! -
한밤중에 저는 은밀함을 얻습니다.
집 안은 여전히 고요하고 적막합니다.

오, 인도해 주는 밤이여!
오, 그 얼마나 귀엽고 사랑스런 밤인지,
그 사랑스러움이 새벽빛보다 더하네!
오, 밤이여
사랑에 빠진 자가 그분의 사랑하시는 것과 하나가 되었습니다.
사랑에 빠진 자 안에 그분의 사랑하시는 바를 바꾸어놓았습니다.

열정으로 차고 넘치는 나의 가슴
오직 그분만을 위해 남겨 놓은 가슴
그분은 누워 편히 쉬고 있습니다.
저는 그분을 가볍게 어루만지고 있습니다.
삼나무 숲속에서 다가오는 향긋한 바람이 한 번 스쳐 지나갑니다.

종탑에서 불어오는 바람
그분의 머리칼을 흩습니다.
제 목을 다치게 합니다.
그분의 온유한 손은
저의 모든 오감과 지각을 잠시 잊도록 합니다.

저는 포기했습니다.
자기 자신을 잊었습니다.
저의 얼굴, 제가 사랑하는 분을 의지해서 말입니다.
주위는 매우 고요합니다.
저는 저에게서 나왔습니다.

사랑에 빠진 것들을 모두 던져 버립니다.
백합화 속에 파묻혀 모든 것을 잊습니다.

(The Collected Works of St. John of the Cross, Washington, DC : ICS Publications, 1979, pp. 711-712)

이 독특하고 예사롭지 않은 시는 우리가 작가에게 호기심을 갖도록 부추긴다. 십자가의 요한(John of the Cross)은 1542년 6월 24일 스페인 폰티베로스(Fontiveros)에서 태어났다. 21세 때에 메디나 델 캠프(Medina del Camp)에 있는 카멜리트 수도원에 가입한다. 그리고 살라망카 카멜리트 대학(Carmelite College in Salamanca)에서 성직자의 길을 준비한다. 그리고 1567년에 정식적으로 신부가 된다. 같은 해 연장자 아빌라의 테레사를 알게 된다. 테레사의 격려 아래 십자가의 요한도 개혁파 카멜리트 수도회를 창립하는 일에 참여하게 된다. 1569년에 첫 번째 '카멜리트 맨발수도회'를 설립하게 된다. 신발을 신지 않고 맨발로 다니는 데서 붙여진 이름이다.

카멜리트 수도회 가운데 엄격하고 가혹한 수도생활을 다시 일으켜 세우고자 시도했기 때문에 많은 저항과 갈등을 야기했다. 이로 인해 십자가의 요한의 일생은 불안과 동요로 가득 차게 된다. 1576년과 1577-1578년 사이에 두 번에 걸쳐 당시 카멜리트 주류파의 수도사들에게 납치된 적이 있다. 감금 기간 중에 십자가의 요한은 그의 일생 중 최고의 작품인 유명한 ≪영혼의 노래≫(Spiritual Canticle)를 스페인어로 집필하게 된다. 이 책은 구약 성경 중의 아가를 해석한 것이다.

그는 톨레도(Toledo)의 감금된 곳을 탈출하여 안달루시아

(Andalusia)로 간다. 십자가의 요한은 거기서 영적 인도자의 신분으로 여생을 보내게 된다. 요한과 그의 지도를 받는 학생들, 특별히 카멜리트의 수녀들과 그의 시를 나누게 된다. 그들은 요한에게 그 시들의 의미를 해석해 줄 것을 요구한다. 시 중에 묘사된 신비한 영적인 경험들을 해석해 줄 것을 바란다. 이 시들에 대한 해석은 나중에 모두 합쳐 책으로 편찬된다. 이 책들은 바로 그의 또 다른 네 권의 책이다. ≪갈멜의 산길≫(The Ascent of Mount Carmel), ≪영혼의 어둔 밤≫(The Dark Night of the Soul), ≪영혼의 노래≫(시집과 같은 이름), ≪사랑의 산 불꽃≫(The Living Flame of Love). 십자가의 요한은 대략 1580년대 중반에 저작을 그만둔다. 그리고 1591년 12월 14일 49세를 일기로 생을 마감한다.

십자가의 요한의 어두운 밤의 영혼 여정

십자가의 요한의 작품을 연구하다 보면 반드시 다루게 되는 문제가 있다. 왜 그가 영적 생명의 초점을 '어두운 밤'에 두었을까 하는 것이다. 원래 '어두운 밤'은 단지 하나의 형용사에 불과하다. 그는 인간이 하나님의 은혜로 인해 온전케 되기 전의 광경을 설명할 때 이를 사용한다. ≪갈멜의 산길≫의 시작 부분에서 그는 우리에게 말하고 있다. 왜 그리스도인의 영적 삶의 여정을 가리켜 '어두운 밤'이라고 했는지.

왜 우리와 하나님이 연합되는 영혼의 여정을 가리켜 '어두운 밤'이고 부를까요? 세 가지 이유가 있습니다. 첫째는 '세상과 분리'하기 위해서입니다. 하나님과 연합하고자 하는 사람은 모두 세상에 대한 미련과 사랑을 말끔히 벗겨야 합니다. 자기 자신이 좋아하는 것과 싫어하는 것을 부정하고 박탈하는 것은 마치 '어두운 밤'이 사람의 오감과 지각을 부정하고 박탈하는 것과 같습니다. 둘째는 하나님과 연합하는 '과정' 혹은 '방법'이 마치 '어두운 밤'과 같습니다. 왜냐하면 하나님과 연합하는 길은 그것이 심령상의 느낌이든 사유추론이든 모두 다 볼 수 없는 믿음의 길이기 때문입니다. 그래서 '어두운 밤'이라 부릅니다. 셋째는 영혼 여정의 목표인 하나님과 관련된 것입니다. 인간의 생명에 대해 말하자면 하나님은 마치 '어두운 밤'과 같습니다. 이 세 가지 어두운 밤이 우리의 영혼을 지나갑니다. 좀더 적절하게 말씀드린다면 우리의 영혼이 그 세 가지 어두운 밤을 지나간다는 것입니다. 하나님과 더불어 거룩한 연합에 도달하기 위해서입니다.

십자가의 요한은 무엇이 '그 세 가지 어두운 밤'인지 해석해 주고 있다. 감각의 어두운 밤, 심령의 어두운 밤, 그리고 하나님의 어두운 밤이 그것이다. 이 세 가지 어두운 밤은 우리에게 영혼이 하나님께 매진할 수 있는 방향을 바르게 잡아준다. 이 과정에서 우리는 익숙한 방법, 꼭 붙들고 의지하는 것을 내려놓아야 한다. 그래서 이것은 치러야 할 대가가 이루 말할 수 없이 큰 과정이다. 하지만 하나님께 우리 자신을 적나라하게 드러내는 이런 과정을 통해 성숙하고 원만한 삶을 가져오게 된다. 마치 여명(黎明)이 밝아오기 전에 반드시 길고 긴 밤을 지나야 하는 것같이 원만한 삶에 이르기 전에 반드시 감각의 어두운 밤을 지나야 한다.

어떻게 영혼이 어두운 밤 속으로 발을 내딛게 되는가? 어떻게 영혼이 흑암의 경험 속으로 발을 내딛게 되는가? 이것은 이성과 지식의 운용 하에 진행되는 행동이다. 그러나 제어할 수 없는 행동이다. 정확히 말한다면 그것은 많은 '절호의 기회를 붙잡는 것'과 '내버려두고 상관하지 않는 것'의 완벽한 조합이다. 요한은 우리가 '감각의 어두운 밤'에 진입할 때 지속적인 인내심과 초지일관(初志一貫)의 자세와 견고하여 흔들림이 없는 믿음을 가져야 한다고 주문한다. 하나님과 할 말이 없고 머릿속에는 아무런 생각이 없고 찾지만 해답을 찾을 수 없는 기간을 만나게 된다. 하지만 반드시 먼저 마음의 준비를 하고 할 수 있는 대로 인내해야 한다. 이 감각의 어두운 밤을 만날 때 요한은 우리에게 '사랑의 경계심'을 지속적으로 지니라고 주문한다. 마치 어두운 밤중의 파수꾼과 같이 경계하며 언제든지 하나님의 가까이 임하심을 감지해야 한다. 이때 하나님과 함께하는 체험이 오랜 기간의 어두운 밤의 고독과 적막을 대신하게 된다. 장기간의 기다림에서 오는 당혹스러움을 대신하게 된다.

요한은 또한 삶의 힘든 때를 언급하고 있다. 삶 자체가 바로 문제를 만나는 것이기 때문이다. 요한은 이것을 '한밤의 시기', '심령의 어두운 밤'이라고 불렀다. 이 단계에서 사람의 죄성과 연약함이 모두 하나로 합쳐진다. 심지어 우리 생명 가운데 있는 오감과 지각을 침식한다. 근심 걱정과 인생의 쓴 뿌리가 온 영혼을 가득 채우게 된다. 삶의 체계 중의 기본 신념과 자아에 대한 가치관이 없어져 버리게 된다. 아무도 그리고 어떤 것도 믿을 가치가 없는 것처럼 느껴진다. 영혼은 엄청난 고독감과 소외감을 경험하게 된다. 이런 감정들이 삶의 초점이 된다. 심지어는 하나님마저 우리에게서 동떨어져 저 멀리에 계신 것 같다. 이때에 기도는 여전히 중요하다는 것을 분명히 알지만 마음뿐이지 힘이 없어 기도할 수 없다.

사람을 절망케 하는 이때에 안중에 하나님이 없는 요정이 마치 기회를 틈타 살며시 신자의 마음속으로 파고들어와 삶의 목표에 대해 제멋대로 수많은 의문을 제기하는 것만 같다. 우리를 회의에 빠뜨린다. 그 어느 누구도 그 어떤 일도 우리 마음속의 가장 깊은 갈망에 대해 그 어떤 약속을 했던가? 혹은 미루어 생각한다. 운명이 왜 이처럼 우리를 농락하여 우리의 기대를 물거품이 되게 하고 우리를 삶과 죽음에 대해 아무것도 모르면서 짧은 인생을 허무하게 보내게 하는가?

세 번째 어두운 밤은 '하나님과 비슷한 어두운 밤' 이다. 그의 의미는 '하나님 자체가 어둡다' 는 뜻이 아니다. 반대로 그가 강조하는 것은 '하나님은 온전한 빛' 이라는 것이다. 그러나 인간의 선천적인 연약함으로 인해서 하나님이 도달하기 어려운 빛이다. 우리에게 있어서 이것은 어두운 밤과 비슷하다. 십자가의 요한의 의미를 근거로 할 때 우리는 '하나님' 과 '인간이 경험한 하나님' 은 다르다는 것을 확실히 구분해야 한다. 다시 말하면 하나님 자신으로 말하자면 하나님은 빛이다. 하지만 우리로 말하자면 하나님은 어두움이다. 하나님으로 말하면 그분 스스로 모든 것이 되시지만 우리로 말하면 그분은 아무것도 아니다. 하나님으로 말하면 그분 스스로는 풍부하시고 완전무결(完全無缺)하시다. 우리에게 있어서는 허상의 알 수 없는 분이다. 흑암과 아무것도 아니고 허상의 알 수 없는 마음은 최고의 지혜이다. 왜 하나님께서는 이처럼 지혜로우시면서 우리에게는 이처럼 큰 고뇌를 가져다 주시는가?

인간이 부여받은 것은 이처럼 무능하여 하나님의 무한한 빛을 대면할 수 없다. 오직 삶의 엄청난 슬픔과 고통 가운데 슬피 울먹일 뿐이다. 모든 연약함과 불완전 그리고 죄책감은 각자의 고통을 가중시킨다. 요한은 해석한다. 이것은 마치 축축한 나무토막을 불 속으로 집어넣는 것과 같다. 나무 속의 수분으로 인해 처음에는 이 나무토막은 보기 흉한 검은 연기를 내뿜는다. 얼마 지난 후 수분이 모두 없어져서 나무는 불에 타기 시작한다. 완전히 불과 하나가 된다. 축축했던 나무는 불꽃이 된다. 이와 마찬가지로 영혼도 고통스런 사랑의 불꽃을 통해 사랑으로 전환된다.

이것이 바로 십자가의 요한이 어두운 밤에 떠나는 영혼 여정에 관한 가르침이다. '어두운 밤'은 하나님께 통하는 중요한 경로가 된다. 이것은 거의 몇몇 소수의 신비주의자들이 만들어 놓은 비밀 통로가 아니다. 이것은 하나님을 가까이하고자 하는 모든 사람들을 위해 마련된 더없이 좋은 길이다. 하나님으로 말하면 그분이 다다를 수 없는 빛이든 혹은 알 수 없는 흑암이든 말이다. 하나님께 가까이 가고자 하는 사람은 누구든지 오감의 어두운 밤, 심령의 어두운 밤, 그리고 하나님의 어두운 밤을 겪게 된다. 이외에도 십자가의 요한은 또한 우리가 이런 어두움을 두려워해서는 안 된다고 가르쳐 주고 있다. 계속해서 굳게 믿고 흔들림 없이 우리의 죄책감과 불완전함과 대면해야 된다고 가르치고 있다. 하나님의 말씀을 굳게 믿는 것 외에 죄 사함을 받고 평안을 얻는 다른 방법이 없다. 바로 그 나무토막같이 처음에는 불에 탈까 두려워했지만 마침내 나무토막과 불꽃이 점점 하나가 되어간다는 사실을 기억해야겠다.

20. 부엌을 기도원 삼지 말란 법 있나요?

로렌스(Lawrence of the Resurrection, 1611-1691)

영적인 생명은 영웅적인 원대한 포부와 매일의 고심참담(苦心慘憺)한 노력을 기울여 계획하고 방법을 강구한다고 되는 것이 아닙니다. 영적 생명의 배양은 나의 옛 자아와 하나님 사이의 장기간의 마라톤 식의 밀고 당기는 시소게임입니다.

대부분의 그리스도인들에게 있어서 "쉬지 말고 기도하라"(데살로니가전서 5장 17절)는 말씀은 아주 귀에 익숙한 말씀이다. 그런데 만약 그 의미를 깊이 살펴보도록 한다면 아마 여러 사람의 의견이 일치하지 않을 것이다. 도대체 바울이 이 말씀을 기록했을 당시 그가 말하고자 했던 진정한 의미가 무엇이었을까? '기도'라는 말은 우리가 다 안다. 그런데 "쉬지 말고 기도하라"는 것은 무슨 뜻일까? 우리는 진짜로 멈추거나 쉬지 않고 기도할 수 있는가? 타락 이후 인간은 반드시 얼굴에 땀이 흘러야 입에 풀칠을 할 수 있게 됐다. 이 의미는 우리는 반드시 많은 시간을 드리고 마음을 쏟아야 생존에 필요한 음식을 얻을 수 있다는 말이다. '반드시 힘들게 일해야' 하는 전제 조건 아래 매순간 맑은 정신으로 하나님께 기도드릴 수 있는 사람은 아무도 없다.

그러면 바울의 권면은 실현 불가능한 유토피아적인 말인가? "쉬지 말고 기도하라", 이 말씀은 또한 로렌스 형제의 신앙에 대한 이해와 체험의 중요한 말씀이기도 하다. 그는 이 특별한 기도로 많은 그리스도인에게 도움을 주었다.

취사(炊事) 수도사 로렌스

허만(Nicolas Herman) 또는 로렌스 형제(Brother Lawrence of the Resurrection)로 불리는 그는 17세기 초(대략 1611년)에 프랑스 로렌(Lorraine)의 헤리메스닐(Herimesnil)에서 태어나 1691년 2월 12일 파리에서 생을 마감한다. 그는 젊은 시절 군인으로 18년 동안이나 복무한다. 그리고 한동안 프랑스 왕실의 재물을 관리하는 일을 돕다가 뜻밖의 사고로 부상을 입어 군대에서 퇴역하게 된다. 그리고 숙부를 따라 신앙생활을 시작한다. 그는 카멜리트 수도회에 가입해서 30년 동안 이름도 없이 빛도 없이 취사 수도사 일을 감당한다. 그의 두 눈이 실명되어 주방 일을 할 수 없게 될 때까지. 의외로 그는 본성이 순수하고 미더워 사람들과 화목하고 즐겁게 지냈다. 그는 고등 교육을 받은 적이 없다. 매일 하는 일이 남보다 훨씬 뛰어나 위대한 업적을 세울 만한 일도 아니다. 그런데 그가 쓴 영성 작품 ≪하나님의 임재 연습≫(The Practice of the Presence of God)은 깊은 영향력을 미쳤다. 350년 동안 개신교인이나 천주교인 모두에게 많은 영감과 깨달음을 가져다 준 책이다.

《하나님의 임재 연습》은 로렌스 형제의 생전의 편지들, 담화 기록들로 그의 사후에 다른 수도사가 발견하여 정리하여 책으로 출간한 것이다. 그래서 각 편의 내용이 따로따로 구성되어 있기 때문에 독립적으로 읽을 수 있다. 이 책은 경건한 수도사가 신앙을 추구하는 사람이나 일반 평신도에게 주는 영성에 관한 가르침을 담고 있다. 내용이 아주 쉬워 읽기 쉽다. 일생 동안 창과 방패 아니면 식칼과 국자를 들고 살았던 이 수도사가 도대체 하나님의 함께하심에 대해 어떤 체험이 있었단 말인가?

하나님밖에 사랑할 것이 없도록 하라

언제든지 하나님의 함께하심을 체험하기 위해서 해야 할 첫 번째 일은 일체를 포기하는 것이다. 하나님 외에는 사랑할 것이 아무것도 없다고 로렌스 형제는 적고 있다.

> 하나님과 함께하는 경지에 들어가기 위해서는 반드시 여러분의 마음을 깨끗하게 청소해야 합니다. 하나님은 여러분의 마음만을 소유하고자 하기 때문입니다. 만약 다른 여러 가지 잡일들이나 잡동사니 것들을 깨끗하게 청소하지 않는다면 하나님은 그 마음을 소유하실 수 없습니다. 여러분의 마음 가운에 거하실 수 없습니다. 여러분의 마음 가운데 그분께서 하고자 하시는 일을 하실 수 없습니다. 여러분의 마음 가운데 하나님께 속하지 않는 것이 없다면 몰라도 말입니다.(The Practice of the Presence of God, trans. John J. Delaney, Garden City, New York: Doubleday Image Books, 1977)

소위 말하는 모든 것을 포기한다는 것과 마음을 깨끗이 청소한다는 것은 잠깐 동안 '속세를 떠나 조용히 수양하는' 것이 아니다. 장기간의 연습이요 언제든지 자기의 마음이 깨어 근신을 유지하는 것이다.

> "우리 마음속에 떠오르는 일체의 생각에 주의하십시오. 우리에게 영향을 끼치는 세속의 활동과 같이 이런 생각들도 우리의 영적인 삶에 영향을 끼칩니다." (p.37)

이런 자기 희생의 경지에 도달하기 위해서는 우리 자신의 잔머리를 의존해서는 안 된다. 심령이 정화되는 과정은 또한 하나님의 은혜의 도움과 온전케 하심을 의존해야 한다. 영적인 생명은 영웅적인 원대한 포부와 매일의 고심참담한 노력을 기울여 계획하고 방법을 강구한다고 되는 것이 아니다. 영적 생명의 배양은 나의 옛 자아와 하나님 사이의 장기간의 마라톤 식의 밀고 당기는 시소게임이다.

전심으로 하나님께만 시선을 고정하라

언제든지 하나님의 함께하심을 체험하기 위한 두 번째 방법은 전심으로 하나님과 함께하심을 소망하며 영혼의 두 눈을 경건하고 집중적으로 하나님께 고정해야 한다. 마치 우리와 같이 한 가지 방법이나 스타일에 근거하여 지속적으로 기도한다는 것은 너무나 어렵다는 것을 느낀다. 그는 상상을 활용하고 사랑을 원동력 삼아 하나님의 함께하심 가운데 몸을 둘 수 있다는 것을 발견했다. 이때 더 지속적이고 끊임없이 기도할 수 있게 된다. 이것이 무슨 뜻인가? 간단히 말해 그는 늘 전능하신 하나님의 안목 가운데 자신을 본다. 뿐만 아니라 그 시선이 바로 지고무상(至高無上)의 사랑이라는 것을 깨닫게 된다. 더 확실히 말하면 그가 무슨 말을 하든 또는 무엇을 하든 그와 하나님 사이의 사랑을 가를 수 없다는 것이다. 다른 한편으로 이렇게 말할 수 있다. 그가 하는 한마디 말이나 하는 각각의 일들이 모두 그와 하나님 사이의 '강력 본드'가 된다는 것이다. 모두 하나님과 사람의 교제의 일부분이 된다.

우리가 부단히 자기를 훈련하고 끊임없이 자기를 하나님과 함께하는 상황에 놓을 때 하나님과 함께하는 것이 일종의 습관으로 변한다. 로렌스 형제는 '시간을 정해 놓고 하는 기도'와 '시간을 정해 놓지 않고 하는 기도' 이 두 가지 사이의 차이를 발견했다. 그는 다음과 같이 말한다.

"종교활동에 참여하여 드리는 기도와 비교해서 말한다면 종교활동 중에 드리는 기도는 영 속에 극도의 갈증을 나타내 주는 반면 일상의 일반적인 활동은 반대로 하나님과 하나 됨을 한층 더 나타내게 됩니다." (p.47)

그는 계속해서 말한다.

우리는 늘 잘못 생각하고 있습니다. 구별하여 거룩하게 드리는 기도 시간이 여타의 시간과 달라야 한다는 생각입니다. 사실 우리는 규칙대로 드리는 기도 중에 반드시 하나님과 하나 되어야 합니다. 마찬가지로 우리는 또한 일에 종사하는 시간에도 반드시 하나님과 하나가 되어야 합니다.(p.49)

하나님께 우리의 마음을 높이 들라

언제든지 하나님의 함께하심을 체험하기 위한 세 번째 방법은 반드시 하나님께 우리의 마음을 높이 들어야 한다는 것이다. '하나님께 우리의 마음을 높이 드는 것' 이 기도의 시작이 되어야 하고 기도의 과정이 되어야 하고 기도의 마침이 되어야 한다. '사랑' 은 우리의 구동력(驅動力)이 되고 우리의 동기가 되어 우리가 하나님과의 연합을 추구하도록 한다. 만약 그렇다면 하나님의 사랑을 위해서 우리는 하나님을 기쁘시게 하는 이런 거동(擧動)들을 우리의 삶과 생활에 개입시켜야 한다.

로렌스 형제에게 있어서 여러분이 종사하고 있는 일이 무엇인가는 중요하지 않다. 평신도 신분으로 직장을 가지고 섬기든 전임사역자로 섬기든 모두 같다. 자신이 하고 있는 일을 바꿀 필요가 없다. 중요한 것은 바로 일상의 일을 '하나님을 위해서' 하는 것이다. 그리고 하나님께서 우리가 하는 일의 의의와 일할 수 있는 힘을 부여해 주실 것을 믿는 것이다. 이럴 때 우리는 하나님께 받은 사명을 감당할 수 있게 된다. 더 영적인 삶을 살기 위해서 현재 다니고 있는 직장이나 하고 있는 일 혹은 부름 받은 소명을 바꿀 필요가 없다. 내가 존재하고 있는 바로 지금 이 시간에 하나님을 체험하면 된다. 바로 지금 우리가 하고 있는 일 가운데 그리고 우리의 현재의 부름 받은 소명 가운데 말이다.

일상 생활 가운데 우리가 바로 하나님의 함께하심 가운데 참여하고 있다는 것을 주의할 때 우리는 우리가 하는 일에 주의하게 된다. 그리고 우리가 하나님을 위해 하는 일을 주의하게 된다. 그러나 우리는 또한 심리적, 정서적으로 한 발짝 물러서는 것을 어느 정도 강조해야 한다.

일을 하고 있든 신앙서적을 읽고 있든 혹은 영적인 글을 쓰고 있는 중이든 혹은 어떤 다른 활동을 하는 중이든 그것이 정식적인 예배 중이든 혹은 작은 소리로 속삭이며 기도하는 중이든 우리는 할 수 있는 대로 잠시 멈추어야 합니다. 살며시 자기의 마음속 깊은 곳으로부터 하나님을 예배할 수 있도록 해야 합니다. 마음 속 깊은 곳으로부터 하나님의 함께하심을 세심히 맛보아야 합니다. 마치 하나님이 한 번 가면 다시 오지 않을 것처럼 말입니다. 여러분은 하나님이 우리의 일거일동(一擧一動) 일하고 쉬는 매 순간마다 존재하신다는 것을 알고 있습니다. 그렇다면 그분은 또한 여러분 영혼의 가장 깊은 곳에도 존재한다는 것입니다. 그렇다면 타성에 젖은 특별한 기도나 예배로부터 자주 자신을 추스려야 하지 않겠습니까. ……오직 마음속 깊은 곳으로부터 그분을 예배하십시오. …… 이렇게 내면적으로 한 발짝 물러서게 되면 점차적으로 우리는 자유롭게 됩니다. 우리가 부정부패(不淨腐敗)로부터 벗어나게 됩니다. 우리가 인간 본성 가운데 자리잡고 있는 자기중심적이고 이기적인 사랑에서 해방됩니다.(p.102)

로렌스 형제는 순간적으로 입 밖으로 내뱉는 '간단한 기도'를 추천한다. 이 기도는 우리에게 큰 도움이 된다. 하나님께서 일상 가운데 언제든지 함께하신다는 사실을 수시로 상기시켜 주는 기도다. 예를 들면 이렇다.

"나의 하나님, 저는 완전히 당신께 속해 있습니다!" "주님, 도와주세요! 당신의 마음을 기쁘게 해드리고 싶습니다."

아주 간단한 한 마디이지만 다른 한편으로 주님께 우리의 마음의 뜻을 나타낸 것이다. 그것이 아직은 사실이 아니지만 장래에 그렇게 되기를 소망하는 것이다. 다른 한편으로는 자기를 상기시킨다.

'이것이 내 삶의 목표다.'
'나는 이 목표를 향해 노력한다.'

무슨 거창한 말이나 포부 같은 것이 필요없다. 그리고 눈코 뜰 새 없이 바쁜 생활과 비교해 볼 때 이 같은 기도가 너무나 보잘것없게 생각된다. 거의 영향을 못 줄 것같이 보인다. 하지만 장기적으로 말하면 이 같은 기도는 오히려 우리의 영적 생명의 성장에 있어서 강력한 효과를 발휘하는 천연 건강식품이다.

오뚝이 정신을 가지고 끝까지 포기하지 마라

언제든지 하나님의 함께하심을 체험하기 위해서 마지막으로 중요한 점은 오뚝이 정신을 가지고 끝까지 포기하지 않는 것이다. 처음에 '하루 종일 하나님을 생각'하고자 할 때 힘들고 어색하게 느껴진다. 하지만 습관이 들기 전까지는 이 관문을 통과해야 한다. 만약 여러분이 '쉬지 않고 기도' 하는 습관을 기르기 원한다면 여러분은 늘 자기를 훈련해야 한다. 초보자에게 있어서는 정신이 산만하여 마음을 항상 하나님께 고정하기 어렵다. 이 것이 우리의 가장 큰 문제다. 쉽게 포기하지 마라. 이 때문에 초조 불안해 해서도 안 된다. 습관을 들일 때까지 계속 노력해야 한다. 가장 좋은 습관을 들일 때까지 말이다. '하나님과 함께하고자 하는 갈망에 조급' 한 나머지 이것이 여러분의 또 다른 근심 걱정거리가 되게 해서는 절대로 안 된다. 로렌스 형제도 어떤 때는 다른 일로 인해 한동안의 깊은 고민에 빠져 전혀 하나님을 생각지 못한다고 말한다.

> 그렇지만 저는 이 같은 중단으로 인해 방해 받지 않습니다. 일단 하나님 앞에 제 자신의 불쌍한 모습이 느껴질 때 저는 즉시 하나님 앞으로 돌아옵니다. 하나님을 잊고 사는 비참한 상황을 체험했기 때문입니다. 저는 이 때문에 더 큰 믿음을 품고 하나님 앞으로 돌아가게 됩니다.(p.45)

언제든지 하나님의 함께하심을 체험하라

바쁜 사회는 그야말로 우리의 영적 생명의 킬러다. 자칫 잘못하면 우리의 영성은 바로 후진하게 된다. 이 영성 수필 ≪하나님의 임재 연습≫은 바로 이런 우리에게 도움을 주고 있다. 로렌스 형제는 생각하기를 그리스도인의 삶은 어떤 상황에 처해 있을지라도 그리스도께서 모두 이해하고 계신다고 여긴다. 그러므로 설령 우리가 '세상에서 고군분투(孤軍奮鬪)하며' 살아간다 할지라도 하나님은 그 가운데서 우리와 만나신다. 집안에 있든 아니면 일하는 중이든 하나님은 당신의 뜻을 우리에게 계시해 주신다.

자주 우리는 매일의 반복되는 일, 그것이 직장 일이 되었든 가사(家事)가 되었든 우리를 하나님과 함께하지 못하도록 방해하는 요소라고 여겨왔다. 그러나 하나님의 마음은 우리 생활의 모든 부분에서 우리와 함께하시고자 한다는 것이다. 단지 경건의 시간이나 기도하는 시간에만 우리와 함께하시는 것이 아니다. 생활 중에 하나님이 몸을 굽혀 임하시지 못할 정도로 덜 성결한 부분은 없다. 각각의 일, 각각의 활동이 모두 충분한 가치를 지니고 있다. 하나님께서 그 가운데에 기꺼이 참여하실 수 있도록 해드려야 한다. 크고 작은 모든 일에 그분의 사랑을 나타내야 한다.

새벽의 꿈결이든, 밤의 쉬는 시간이든, 또는 근무 중이든, 혹은 여가를 즐기고 있든, 우리 하나님께서는 어디든지 계신다. 삶의 매 순간마다 하나님을 체험할 수 있다. 일단 우리가 언제든지 하나님의 함께하심을 체험하는 법을 배우기만 하면 바로 그 즉시 무미건조(無味乾燥)하고 짜증만 나게 하던 가사가 수월해지고 영적으로 변한다. 주방에서 열심히 음식을 요리하고 있을 때 하나님도 함께하시기 때문이다. 그렇다면 주방을 한 번 기도원 삼아 보는 것은 어떻겠는지?

21. 영혼을 더 이상 떠돌이 되게 하지 마라

요한 웨슬리(John Wesley, 1703-1791)

적지 않은 그리스도인들은 아직도 '서로 영적인 삶을 책임지는' 것을 상당히 서구적인 관념이라고 생각한다. 이 같은 신앙문화 속에서 다른 사람에게 우리의 영적인 삶을 책임지도록 부탁하는 것은 상당히 어색하다. 그리스도인의 영성 방면에 사제제(師弟制) 혹은 제자제(弟子制) 같은 모델이 비교적 부족하다. 교회의 목사님들이나 구역장, 셀장들은 항상 우리에게 도전을 주고 충고를 해준다.

"믿음을 가지고 주님과 동행하십시오."

그런데 문제는 "어떻게 동행하는가?"이다. 도대체 어떻게 실제적으로 예수님을 위해 살아야 하는가? 이에 대해 실행 가능한 확실한 방안을 제시해 주는 목회자가 그리 많지 않다. 그렇다면 그리스도인들은 이 타락한 세상에서 어떻게 생존 법칙을 모색할 수 있나. 마치 '적자생존'(適者生存) 이론과 상당히 비슷한 것 같다. 특히 기독교에 대한 적대문화 속에서 살아가는 그리스도인들이 믿음의 제자관계를 세워간다는 것은 쉬운 일이 아니다.

200여 년 전에 웨슬리는 일찍이 이러한 어려움을 관찰했다. 그래서 이를 간파한 그는 강조한다. '영적과 세속의 병거 가운데서' 절뚝거리며 발버둥치는 영혼들을 위해 규율 있고 서로 돕는 조직적인 소그룹이 지원할 수 있는 시스템 구축의 중요성을 강조했다. 이런 소그룹의 결성은 영적 생명의 성장을 촉진하기 위해서 뿐만 아니라 사실상 그 목적은 성장하느냐 하지 않느냐에 있지 않다. 좀더 정확히 말하면 이 같은 소그룹은 사람의 삶을 강화하는 역할을 하는 것이 아니라 하나님의 섭리하시는 일에 참여하기 위함이다. 없어서는 안 될 은혜의 통로다. 소그룹의 사역을 통해 한 사람이 회개한 후 영적 생명이 진짜로 날마다 자라나는가를 우리가 확실히 알 수 있도록 해준다. 흉계 가득한 마귀의 맹렬한 공격이 있는 세상에서 천성을 향해 달려가는 성도들의 발걸음이 더욱 견고한지를 우리가 분명히 볼 수 있게 해준다.

요한 웨슬리(John Wesley)의 재능과 지혜 그리고 당시 메소디스트가 성공했던 점은 비단 그 탁월한 영성관에만 있지 않고 그들이 조직한 소그룹 방식에 있다. 지나치게 조직을 치켜세우는 것은 하나님의 주권에 달려 있는 삶이 발전하는 데 억압을 받게 한다. 그런데 기나긴 교회 역사를 자세히 살펴보면 우리는 효과적인 조직이 영적 사역에 가져다 주는 영향은 해로움보다 이로움이 더 많다는 것을 발견하게 된다. 웨슬리는 다른 개신교 지도자들보다 영적 사역에 있어서 조직과 시스템의 중요성을 더 잘 이해하고 있었다. 그래서 그의 영적인 이상과 조직에 대한 열정은 이중(二重)의 헌신을 가지고 있다. 웨슬리의 '서로 책임을 나누어

지는 제자 시스템'에 대한 견해를 깊이 알아보기 전에 우리는 먼저 그의 생애를 대략적으로 살펴보자.

불 가운데서 건져 낸 부지깽이

18세기 초(1703년) 요한 웨슬리는 새뮤얼 웨슬리(Samuel Wesley)와 수산나(Susanna)의 열아홉 명의 자녀 가운데 한 명으로 태어난다. 아버지는 영국 국교회 목사이자 시인으로 활력 넘치는 신앙과 두려움 모르는 열정을 소유한 사람이었다. 웨슬리는 조숙한 아이로서 타고난 성품이 예민했다. 부모의 신앙과 성격은 그에게 없앨 수 없는 영향을 남겼다. 그중에서 그의 어머니의 영향은 특별했다. 여섯 살 때 그들은 엡워드(Epworth)에 있는 목사관에서 참혹한 화재를 당한다. 혼란 중에 요한은 하마터면 잊혀질 뻔했다가 나중에 극적으로 돕는 손길을 만나 구조된다. 그래서 그는 자기를 가리켜 '불 가운데서 건져 낸 부지깽이'라고 불렀다. 그때의 영향이 대단하여 자기의 일생에 뜻을 굽힐 수 없는 위로부터 받은 사명감을 갖게 된다.

뒤이어 남학생들만을 위해 설립된 런던 차터하우스(Charterhouse) 수도원 학교와 옥스퍼드 크라이스트 처치(Christ Church) 대학에서 공부한다. 1724년에 학사 학위를 받고 1727년에 석사 학위를 취득한다. 1725년 집사로 세움 받게 된다. 1726년에 옥스퍼드 링컨 대학의 조교수로 선출된다. 1727-1729년 사이에 런던을 떠나 엡워드 부근의 루트(Wroot) 교회로 가서 목사 아버지를 보조하게 된다. 1729년 링컨 대학의 요청으로 옥스퍼드로 다시 돌아가 교편을 잡는다. 그러면서 아주 빨리 작은 그리스도인 그룹의 리더가 된다. 이 작은 모임을 처음에 홀리 클럽(Holy Club)이라 불렀다. 거룩한 클럽 혹은 거룩한 모임이란 뜻으로 이 모임은 성결을 기치로 내걸면서도 즐거움을 만끽할 수 있는 모임이었다. 나중에 이 모임의 이름이 '메소디스트'(Methodist, 비꼬는 뉘앙스가 담겨 있다)로 불리게 된다. 그 이유는 그들이 받은 비전을 끝까지 지켜나가고, 진지하게 성경을 읽고 연구하는 태도, 범사에 원리원칙대로 생활하며 온전히 하나님께 헌신된 삶의 태도로 인한 것이다.

1729년에서 1735년 사이에 요한은 정신적 스승 윌리엄 로(William Law, 1686-1761)와 제레미 테일러(Jeremy Taylor, 1613-1667)의 깊은 영향을 받는다. 로는 저명작가로서 '영국의 신비주의자' 로 불린다. 저서로는 ≪거룩한 삶을 위해≫가 있다. 테일러는 신학자요 저명 작가요 유명한 설교가로 '영국 강단의 영광' 이라는 명예를 가지고 있다.

1735년에 웨슬리의 아버지가 세상을 떠난다. 웨슬리는 미국 조지아 주로 건너가 인디언들에게 복음을 전하는 선교 사역을 감당한다. 깊은 좌절을 만나 1738년에는 배를 타고 영국으로 돌아간다. 이 기간에 영국의 모라비안 형제회(Moravian)의 몇몇 회원들과 뵐러(Peter Böhler) 목사를 알게 된다. 모라비안 형제회는 루터회의 경건파 모임과 유사한 단체였다. 뵐러 목사는 웨슬리에게 그리스도의 구원만을 굳게 믿으라고 충고하고 이신칭의(以信稱義)를 강조한다. 웨슬리는 그에게서 큰 깨달음을 얻게 된다.

그 해 5월 24일 웨슬리는 모라비안 형제회의 런던 올더스게이트(Aldersgate)의 집회에 참석하게 된다. 거기서 그는 마틴 루터의 로마서 주석 서문을 누가 낭독하는 것을 듣게 된다. 그리고 '마음 가운데 특별한 뜨거움'을 느끼게 된다. 당시 그는 35세로 영국 국교회 목사를 담임하고 있었고 검소하고 거룩하게 생활하며 열심으로 섬긴 지 이미 12년이 된 때였다. 이런 일련의 일을 겪으면서 그는 구속에 대해 새로운 체험을 한다. 그리고 새로운 열정과 힘을 덧입게 된다. 웨슬리는 모라비안 형제회 독일 본부를 특별히 방문한다. 그는 영국으로 돌아온 후 곧바로 홀리 클럽의 또 다른 회원이던 조지 휫필드(George Whitefield)와 함께 '이신칭의'의 진리를 설파하기 시작한다. 이로써 영국에 부흥의 불꽃을 점화하게 된다.

　1739년 브리스톨(Bristol)에 큰 부흥이 있었고 많은 광부들이 복음을 영접하게 된다. 웨슬리와 휫필드는 거기에 가서 그들을 가르치고 그들을 조직화한다. 바로 그때에 막 믿음을 갖게 된 이들을 각각 메소디스트회 가정 신도회나 혹은 일반 신도회에 편입시켰다. 이때부터 웨슬리의 조직을 구성하는 재능과 은사가 발휘되기 시작한다. 바로 이런 조직 구성을 통해 메소디스트가 일으킨 부흥이 50년간이나 지속된다. 웨슬리는 평균 매년 말을 타고 4천 리를 누비며 사방으로 복음을 전하고 그들을 양육한다. 일생 동안 했던 설교가 약 4만 편이나 된다. 그는 전 영국을 구석구석 누비며 큰 영향을 미친다. 심지어 선교사들을 훈련하여 미국에도 파송한다. 비록 메소디스트들이 주축이 되어 일어난 부흥과 그 영향력이 이처럼 컸지만 웨슬리는 일생을 마칠 때까지 끝까지 영국 교회에 충성했다. 그의 노력은 그가 말한 것과 같다.

　"우리의 목적은 새로운 종파를 만드는 데 있지 않습니다. 이 민족을 올바로 개선하는 데 있습니다. 특히 이 나라의 교회 말입니다. 그리고 성경 속의 거룩함과 성결이 영국 전체에 널리 퍼지도록 해야 합니다."

1791년 웨슬리가 세상을 떠날 때까지 메소디스트들은 내내 영국 국교회와 분리하지 않았다. 지금의 감리교, 나사렛회, 그리고 구세군이 모두 여기에서 분리되어 나온 것이다.

영적 생명의 책임 감당

계속해서 우리의 초점을 요한 웨슬리의 '영적 생명의 책임 감당'의 견해에 맞추어 보자. 웨슬리의 구원에 대한 이해와 그의 조직 구성에 대한 것은 병행되며 서로 모순되지 않는다. 그는 '구원'을 일련의 '과정'으로 본다. 단순한 일순간의 '선언'을 선포하는 것으로 보지 않는다. 이 견해는 당시의 많은 속회들이 있었고 이들 속회가 신앙 방면에 정도는 다르지만 열정이 있었다는 것을 암시한다. 사실 웨슬리는 영국 국교회 종교단체가 쓰고 있던 조직의 틀에 너무나 익숙해 있었다. 그래서 그는 그들의 모임의 형태를 영국 국교회에서 본뜬다. 이 형태를 본받아 웨슬리는 메소디스트 회원을 여러 개의 '가정 신도회'로 나눈다. 매 가정 신도회에는 헌신적으로 섬기며 드려진 수많은 젊은이들이 포함되어 있었다. 그들은 서로 지지하고 서로 가르치고 배우며 함께 일함으로 같이했다. 웨슬리는 다시 이런 가정 신도회의 회원들을 나누어 수많은 '속회'(屬會)로 나누었다.

이런 속회는 성별, 연령 그리고 혼인 여부에 따라 다시 반회(班會)로 구분하였다. 그리고 클럽에서 안전한 장소를 제공해 주고 죄를 고백하고 회개하거나 영혼을 탐구하는 데 활용토록 했다.

매주 한 번씩 모임을 갖는데 기도로 시작하고 기도로 끝낸다. 모임 중에 모든 회원들에게는 자유로이 발언할 수 있는 기회가 주어진다. 각 회원은 이때 아무 거리낌없이 지난주 모임 후의 일주일간의 영적 상황, 저지른 잘못, 직면한 영적 시험 등을 말하게 된다. 그 회원은 가정 신도회보다 훨씬 적다 보니 관계 또한 훨씬 친밀하고 서로간에 높은 헌신과 신뢰가 있었다. 웨슬리 규정 가운데 당시의 속회 서약의 일부분을 발췌했다. 거기에는 이렇게 경고하고 있다.

> 신중하게 생각하라! 당신은 우리가 생각하고 두려워하고 관심 갖는 모든 것을 당신에게 말해 주기를 바라고 있는가? 당신에게 말해 주는 동시에 우리가 더 친해질 수 있기를 바라는가? 그렇다면 우리는 되도록 빨리 당신의 심령을 탐구할 필요가 있다. (David Watson, The Early Methodist Class Meeting: Its Origin and Significance, Nashville: Discipleship Resources, 1980, p.200)

각 심령이 모두 철저히 탐구할 수 있도록 돕기 위해 웨슬리는 몇 가지 질문을 만들었다. 이 질문은 각 개인의 영성의 진행과정을 정확히 묘사할 수 있도록 도와준다.

1. 지난 번 모임 후 당신은 이미 알고 있는 무슨 죄를 범했습니까?
2. 지난 번 모임 후 당신은 무슨 시험을 만났습니까?
3. 당신은 이미 자유함을 덧입었습니까?
4. 당신은 자신의 생각이나 말이나 행동이 죄와 관련되었다고 여

긴 적이 있습니까?

5. 당신은 숨겨야 할 비밀이 조금도 없습니까?(p.200)

속회의 설립

메소디스트 운동이 활발히 발전함에 따라 웨슬리는 조직상의 도전에 직면하게 된다. 이 운동을 지속적으로 파급시키기 위해 '가정 신도회'와 '신도회' 외에 웨슬리는 '속회'를 설립한다. 속회의 설립으로 한편으로는 당시 특수한 재무상의 위기를 해결했을 뿐만 아니라 웨슬리의 '책임을 지는 조직'에 대한 가장 성공적이고 가장 오래도록 유지된 전략이 되었다.

메소디스트회의 속회의 시작은 1742년부터다. 헌금을 효율적인 방법으로 편리하게 거두어 브리스톨 가정 신도회의 진 빚을 갚았다. 그 가정 신도회의 회원은 1,000명이 넘었는데 나중에 12개 속회로 다시 나누고 각각의 속회마다 평신도 리더를 세운다. 이 평신도 리더는 매주 자기의 속회 회원들에게서 1페니(a penny)씩을 거둔다. 이 때문에 속회 회원들은 반드시 매주 한 번씩 모임을 해야 했다. 그렇지 않고는 속회 리더가 일일이 집을 심방해야 했다. 웨슬리가 이렇게 안배한 중요한 이유는 모임에서 단지 그 1페니가 필요해서 뿐만 아니라 매주 모든 회원들의 영적 상황을 알고 돕기 위함이었다. 속회의 리더는 반드시 가정 신도회의 리더와 긴밀한 연락망을 구축하고 있어야 했다. 나중에 속회의 조직은 이 모임에 가입할 수 있는 유일한 경로가 되었다.

모임에 가입할 수 있는 유일한 요구 사항은 "만약 당신이 장래에 임할 분노를 피하고 싶다면"이다. 하나님의 분노를 피하고 싶은 사람은 세 가지 방면으로 나타난다고 웨슬리는 여겼다. 첫째, 이미 알고 있는 모든 죄를 멀리한다. 둘째, 선을 행한다. 셋째, 모든 모임에 참석한다. 예를 들면 기도모임, 성찬집회, 성경공부 모임 그리고 속회 모임. 속회 모임은 기도로 시작하여 찬송가를 부르고 그 다음에 모든 회원들이 돌아가며 지난 한 주간의 자신의 영적 상황을 보고하는 순서로 진행된다.

웨슬리는 속회의 성공에 대해 매우 기뻐하고 위안을 얻는다.

> 여러분은 상상하기 어려울 것입니다. 이 엄숙한 규정과 규칙으로부터 얼마나 많은 유익을 얻는지 말입니다! 오늘날 수많은 사람들이 예전에 보려야 볼 수 없었던 그리스도인의 아름다운 모임을 경험했습니다. 그들은 '다른 사람의 짐을 감당' 하기 시작했습니다. 그리고 자연스럽게 '다른 사람에게 관심을 갖게' 되었습니다. 그들이 하루가 다르게 친밀함이 더해 가고 서로를 알아갈 때 하루가 다르게 더욱더 서로 사랑하게 됩니다. 게다가 '사랑 안에서 참된 것을 하여 범사에 그에게까지 자라납니다. 그는 머리니 곧 그리스도이시기 때문입니다.' (The Works of John Wesley, Vol 8, 3rd edition, Grand Rapids, Michigan: Baker Book House, 1979, p. 254).

웨슬리는 속회를 성경 골로새서 3장 16절의 가르침을 완성하는 가장 이상적인 모델로 보았다.

"그리스도의 말씀이 너희 속에 풍성히 거하여 모든 지혜로 피차 가르치며 권면하고 시와 찬미와 신령한 노래를 부르며 마음에 감사함으로 하나님을 찬양하고."

이 명령을 준수하기 위해서 '속회'와 같은 견고하고 안정적인 지지 시스템이 필요하다. 그럴 때 그리스도인의 영적 성장의 갈망을 유지시켜 줄 수 있기 때문이다.

영혼을 다시는 떠돌이 되게 하지 마라

우리의 교회가 지금 셀 혹은 소그룹화되어 가고 있다. 하지만 교인들이 영적으로 냉담해지고 그리스도에 대한 헌신의 열정이 식어지는 느낌이 든다. 이때 웨슬리의 '서로의 영적 생명에 책임을 지는' 견해와 실천 방법은 우리가 본받을 가치가 있다.

우리가 이 타락한 세상을 살필 때 진정한 예수 그리스도의 제자가 되는 것은 실로 쉬운 일이 아니다. 우리는 응원을 받고 우리의 마음 가운데 믿음의 닻을 올리고 출항 준비를 단단히 한다. 하지만 한 번 세상과 접촉하고 나면 배는 암초에 부딪히고 돛은 찢어지고 만다. 호랑이, 늑대가 가득한 동물원에서 살아남기를 구하고, 마음속의 여린 영적 순을 지탱해 줄 수 있는 지지대가 필요함을 우리는 늘 부끄럽게 인정한다. 그런데 소그룹을 통해 우리는 서로 책임을 감당할 수 있다. 웨슬리 그리고 메소디스트 운동은 우리가 '영적 지지 소그룹'을 잘 활용해야 할 필요성을 가르쳐준다. 뿐만 아니라 서로 도와 하나님과 동역하여 지체의 영적 생명에 대한 책임을 함께 감당해야 할 것을 가르쳐 준다.

22. 삶을 깊이 있게 해주는 세 가지 비법
살레의 성 프랜시스(St. Francis de Sales, 1567-1622)

우리가 몸담고 있는 지금의 시대를 눈을 크게 뜨고 살펴볼 때 '깊이가 없다'는 것 외에 별다른 특징을 찾아볼 수가 없다. 참으로 유감스러운 일이다. 많은 사람들이 여울물 같은 삶에 자족하고 있는 것만 같다. 강바닥의 너비는 몇 리나 되는데 강 깊이는 발목에도 못 미친다. 리처드 포스터(Richard Foster)는 그의 저서 ≪영적 훈련과 성장≫(Celebration of Discipline)에서 가슴 아프게 분석하고 있다.

깊이가 없는 것은 우리 시대의 추세입니다. 먹고 싶을 때 먹고 배를 채우는 식의 교의는 영적 문제의 핵심입니다. 오늘날 시급히 필요한 것은 재주가 뛰어나고 지혜가 많은 사람이 아닙니다. 큰 은사를 가지고 있는 사람도 아닙니다. 바로 깊이가 있는 사람입니다.

완전히 동감한다. 그런데 '깊이'는 우상시해야 하는 미덕이 아니다. 쉽게 손에 넣을 수 있는 액세서리도 아니다. 많은 방송 매체들이 각종 다채로운 프로그램을 동원하여 우리의 주의를 끌고 우리의 환심을 산다. 그런데 우리의 삶을 깊이 있게 해주지는 못한다. 아쉬운 것은 교회도 깊이 있는 삶을 추구하도록 격려해 주지 못한다는 것이다. 과도한 행사와 프로그램은 수많은 그리스도인들을 분주함으로 거의 지치게 한다. 중요한 일과 직면하여, 예를 들면 삶의 방향을 재정비하여 새로 일의 우선순위를 정할 때 시간의 여유를 가지고 조용히 생각하고 묵상하는 아름다운 덕을 높이 사는 사람이 많지 않다.

그런데 살레의 프랜시스(Francis de Sales)의 작품 가운데서 리처드 포스터가 찾는 '깊이 있는 삶'을 찾을 수 있다. 프랜시스의 작품을 종합적으로 살펴보면 그가 격려하고 세우고자 하는 사람이 바로 그런 사람이다. 프랜시스는 우리에게 가르침을 준다. 예수님의 삶은 단지 몇 가지 사실이나 구호만이 아니라 실현 가능한 이상적인 삶의 모델이다. 예수님이 우리 안에 살아 계시도록 그리고 우리의 삶을 통해 예수님이 나타나시도록 프랜시스는 또한 우리를 인도한다.

하나님에 대한 깊은 사랑

프랜시스는 프랑스 살레 성에서 10형제 중 첫째로 태어났다. 파리 클레르몽 예수회 학교를 마친 후 곧바로 이탈리아 파도바 대학에서 법률을 공부한다. 그로부터 얼마 지나지 않아 뼈아픈 영적인 체험을 하게 된다. 그리고 수도사의 대열에 뛰어들기로 선언한다. 1593년 프랜시스는 신부로 세움 받는다. 이듬해 스위스 제노바 지역의 감독으로 임명받는다. 그의 설교는 힘있고 인품이 성결하여 1602년에 제노바의 주교가 된다.

1610년 프랜시스와 그의 영적인 제자 샹탈(Jane de Chantal)은 함께 성모 방문 수녀회를 창립한다. 이 수도원은 하나님의 부르심에 감동은 받았지만 덜 젊고 덜 건강하다거나 혹은 가정에 매여 보통의 엄격한 여수도원에 들어가기 곤란한 부녀자들을 위해 설립된 수도원이었다.

1608-1616년 사이에 살레의 프랜시스는 두 권의 책을 저술하는 데 힘을 쏟았다. ≪하나님의 사랑을 논함≫(Treatise on the Love of God)과 ≪경건의 길≫(The Introduction to the Devout)이다. 이 두 권의 책은 출판되자마자 크게 환영받은 책으로 자주 영성학의 안내 수첩으로 사용된다. ≪경건의 길≫에서 하나님을 더 사랑하고자 갈망하는 필로스는 시종일관 책 전체를 넘나드는 주인공이다. 먼저 그녀는 하나님에 대한 헌신의 진정한 의미를 가르침 받는다. 그것은 "영적인 민감도가 우리를 즉각적이고 완전히 사랑의 요구에 응답하도록 하는 것이다." 이것은 우리가 올바른 일을 해야 하는 것은 기본이고 심지어는 곤란한 일도 기쁨으로 용감하게 하는 것을 의미한다.

그리고 나서 필로스는 다시 어떻게 영 속의 헌신을 의지적인 결단이 되게 할 수 있는지 가르침 받는다. 이 점에 대해 프랜시스는 그녀가 주님의 삶과 죽으심을 묵상하고 어떻게 기도하고 어떻게 최선을 다해 하나님의 은혜에 응답할 것인지 묵상하라고 가르친다. 이 책의 세 번째와 네 번째 부분은 일련의 아름다운 덕에 관한 내용이다. 심리학적 분석과 어떻게 매일의 생활 가운데 함정과 유혹을 피할 수 있는지 언급되어 있다. 마지막 부분은 필로스가 1년에 한 번씩 물러나 성찰하는 기간 중에 얻게 되는 많은 유익이 그녀가 하나님께 헌신하고자 하는 마음을 다시 한번 부흥시켜 주는 내용이다.

≪하나님의 사랑을 논함≫은 하나님의 사랑이 영혼 가운데서 시작하고 성장하고 발전하는 경로를 체계적으로 연구한 책이다. 하나님의 사랑이 어떻게 기도 가운데, 인간관계 가운데, 매일 반복되는 생활 가운데, 성도들의 삶 가운데, 사랑의 성장에 영향을 주는지 논하고 있다. 이 책의 앞 네 권은 영혼이 하나님의 사랑으로 인해 얻게 되는 신비한 삶의 시작과 관리 법칙을 나타내 보여 주고 있다. 이 책의 두 번째 부분(5-9권)은 두 개의 연합이 어떻게 하나님의 사랑이 기대하는 방향으로 매진할 수 있는지 묘사하고 있다. 그리고 신비한 영의 기도의 본질을 묘사하고 있다. 마지막 부분(10-12권)은 다시 처음의 주제로 돌아가 각종 겸손의 미덕에 관한 간단한 실천법을 제시한다.

프랜시스는 또한 '엑스터시'(ecstasy)와 그 '사랑하는 자'와의 관계를 논한다. 하나님의 사랑은 마치 엑스터시의 느낌과 같은데 이것은 보통의 냉랭하고 소외된 수도원에서 보는 것과는 다르다고 프랜시스는 알고 있다. 일반 수도원에서 하나님의 사랑에 대한 체험은 거의 자아 밖에 초연적으로 존재한다. 이웃을 사랑함에 있어 자기를 부인하면 할수록 하나님의 함께하심을 더 많이 체험케 될 것이다. 예수님께서는 삶과 죽음 가운데 영혼의 모델을 완성하셨다. 바로 하나님 안에서 자기를 잃든지 얻든지 신경 쓰지 않으신 것이다. 다른 한 편의 작품 ≪영성대담≫(Spiritual Conference)은 프랜시스 사후에 출판된 책으로 그의 편지와 후대 사람들의 그에 대한 담화의 기록이 포함되어 있다. 프랜시스는 한평생 산(山) 교목지역의 사역과 행정적인 일에 힘을 기울이다 1622년 55세를 일기로 이 땅에서의 생을 마감한다.

깊은 낙관주의 영성관

이제 우리는 프랜시스의 영성관에 초점을 맞추어 보자. 간단히 말해 이 연륜 깊은 살레의 수도사의 영성관은 깊은 낙관주의라고 칭할 수 있다. 이런 낙관주의는 어거스틴 전통 고행주의자들이 들으면 마치 바늘방석에 앉은 것같이 불안하여 안절부절 못할 일이다. 프랜시스는 하나님의 특성 중에서 가장 중요한 것으로 첫 번째를 하나님의 사랑과 동정 그리고 불쌍히 여기심을 든다. 하나님이 바로 사랑이시기 때문이다. 오직 사랑의 하나님이시기 때문에 사랑 안에서 몸을 굽혀 지음 받은 세계에 마음을 쏟고 계신다. 길 잃은 데서 돌이키고 있는 인간들 또한 자연스럽게 하나님께 발걸음을 향할 수 있게 되었다.

그의 두 번째 저서 ≪하나님의 사랑을 논함≫에서 그는 다음과 같이 사랑의 하나님을 묘사하고 있다.

> 영원히 계시는 하나님은 피조물과 친밀한 연합을 의도하고 있습니다. 비록 이 세상이 타락했지만 하나님께서는 여전히 자기를 피조물에게 내미십니다. 사랑의 아들의 희생을 빌려 세상에 구속을 선사하셨습니다. 심지어 그분의 풍성한 은혜 안에 하나님은

각각의 피조물에게 은혜를 베풀어서 개인의 구원을 얻도록 하셨습니다. 하나님의 의도는 모든 사람이 다 그분과 친밀한 관계를 구축하는 것입니다. 이것이 인류가 지음 받은 중요한 원인이기 때문입니다.

프랜시스는 말하고 있다.

> 문 앞에 있는 거룩한 사랑을 보십시오. 그분은 단지 한 번만 문을 두드리신 것이 아닙니다. 그분은 계속해서 두드리고 계십니다. 그분께서는 영혼을 부르시며 말씀하십니다.
> "오라! 깨어 일어나라. 나의 사랑, 어서 오너라!"
> 그분께서는 손을 문 자물쇠 위에 놓고 계십니다. 그분이 열 수 있는지 한번 보십시오……. 간단히 말씀드리겠습니다. 거룩하신 구주께서는 단 한 번도 그분의 자비와 연민을 베푸는 것을 잊으신 적이 없습니다. 그분의 일을 나타내 보이신 것보다 더합니다. 그분의 연민은 그분의 심판보다 큽니다. 그분의 구속은 헤아릴 수 없습니다. 그분의 사랑은 매우 넓고 넓어 측량할 수 없습니다. 사도가 말한 것과 같이 말입니다. 그의 풍성하신 연민은 모든 사람이 구원받기를 바라고 아무도 침륜치 않기를 원하십니다.
>
> 《하나님의 사랑을 논함》, II, 8)

살레의 프랜시스는 인간 안에 일종의 상대적인 충동이 있어서 받은 '하나님의 사랑'에 응답하게 된다고 여긴다. 하나님께서 먼저 은혜로 각 개인을 찾아 다가서시기 때문이다. 이것은 하나님의 은혜의 초청으로 우리를 하나님과 하나 되도록 하기 위함이다. 그러므로 이 같은 하나님의 초청에 응답하는 것은 각 개인의 책임이다.

이 같은 하나님과 인간의 사랑은 일종의 서로 주고받는 관계를 가지고 있다. 이 관계는 지극히 신비스러워 헤아릴 수 없다. 마치 서로 정감이 통하고 심장의 맥박이 통하는 것과 같다. 심장이 호흡하는 것과 같이 하나님의 마음도 반복해서 사랑을 내보내고 또 사랑을 들이마신다. 사람이 거룩하신 하나님의 마음과 서로 하나가 되는 것으로 인해 반복해서 사랑을 내보내고 또 사랑을 흡입한다. 이것은 이상적인 모습이다.

그런데 실제로 하나님과 인간 사이의 관계가 모두 이같이 호흡이 잘 맞고 원활한 것만은 아니다. 타락한 인간에게 있어서 그 사랑의 본질은 이미 상처를 입게 되었기 때문이다. 다시는 인간이 지음 받았을 당시의 본능을 지니고 있지 않다. 이 때문에 범속의 마음과 거룩한 마음 사이에 또 다른 하나의 마음이 필요한 것이다. 사람의 범속한 마음과 하나님의 초연적인 거룩한 마음을 동시에 지니고 있는 마음이다. 이 마음은 인간과 거룩한 사랑이 서로 호흡하며 지낼 수 있도록 도와준다. 이 마음은 바로 십자가 위에서 고난 받고 희생당하신 예수님의 마음이다.

비록 예수님께서 거룩하신 하나님과 평범한 사람 사이의 중보자가 되셨지만 하나님께 응답하는 사람이 감당해야 할 임무가 있다. 바로 자기의 마음과 생각이 십자가의 주님과 서로 같은지를 확인하는 것이다. 그래서 예수님께서 우리 안에 거하시며 우리를 관리해 주시도록 하는 것이다. 이것이 바로 진정한 그리스도인의 삶이다. "삶을 통해 예수님을 나타내 보여라!" 이것이 살레의 프랜시스의 좌우명이었다. 프랜시스와 샹탈의 영적 스승과 제자 간에 서로 주고받은 편지는 모두 이 좌우명을 필두로 시작된다.

살레의 프랜시스의 영성 세계는 사람들의 마음속에 거하시는 예수님은 특정한 모습을 지니고 있다. 그는 가장 좋아하는 말씀 가운데 하나인 마태복음 11장 28-30절에서 영감을 얻는다. 프랜시스와 샹탈은 모두 예수님을 가까이할 수 있고 배울 수 있는 대상으로 본다. 프랜시스의 가르침 중에 예수님은 겸손하고 낮은 마음을 지니고 있다. 정답고 부담 없이 가까이 지낼 수 있다. 바로 이 정답고 친근하며 겸손하고 낮은 마음으로 이 세상에 도전하셨다. 문화에 맞서는 모습을 보여 주셨다. 이 연륜 깊은 프랜시스에게 있어서 '주님의 멍에를 메는 것'은 바로 자아 안에 예수님의 정답고 친근하며 겸손하고 자기를 낮추는 미덕을 기르는 것이다. 이를 볼 때 프랜시스의 전체적인 영성 여정의 설정은 바로 개인의 점차적인 변화 가운데 서서히 예수님의 온유와 겸손의 모습을 소유하는 것이다.

프랜시스의 영성관의 또 하나의 주 선율은 작고 하찮은 사물에 대해 깊은 찬사를 보내는 것이다. 이 같은 사상은 프랜시스의 작품 가운데 깊이 뿌리내려 있다. 그 중에 특별히 세 가지가 많은 아름다운 덕목 중에 빼어나게 돋보인다.

첫째, 온유하며 돈독함(douceur)

두쇠르(douceur), 이것을 번역할 적합한 단어를 찾기가 상당히 어렵다. 이것은 친근하고 온유하고 우아하고 은혜로우며 자비와 온순의 의미를 가지고 있다. 여기서 우리는 '온유하며 돈독함'이라고 부르기로 하자. 온유하며 돈독함은 주 예수님께서 무거운 짐을 지고 있는 사람에게 주시는 가벼운 짐이다. 이 미덕은 사람에게 온화하고 유순함 그리고 은혜 충만한 느낌을 준다. 개인이 지니고 있는 본래의 타고난 성품을 가리키는 것이 아니라 사람의 후천적인 마음씨를 가리킨다. 그래서 프랜시스는 한 사람의 영성은 은혜 넘치는 생활을 통해 표출된다고 보았다. 그것은 바로 하나님 안에 거하는 삶이다. 그는 심지어 단지 성직자들만이 온화하고 유순한 마음을 가져야 되는 것만은 아니라고 여겼다. 모든 사람이 마땅히 온유하고 돈독한 삶을 위해 부름 받았다. 온유하고 돈독한 성품은 복잡다변하고 발을 동동 구르게 하는 분주한 매일의 생활 가운데서 마땅히 나타내 보여져야 한다.

둘째, 겸손하고 공손함으로 자기를 낮춤

프랜시스가 중요시하는 다른 하나의 작은 미덕은 '겸손과 공손함으로 자기를 낮추는' 것이다. 이것은 또한 교회의 고전적인 영성 전통 가운데 이상적인 하나의 아름다운 덕목이 되었다. 겸손과 공손함으로 자기를 낮추는 것은 프랜시스에게 있어서 인간의 실현은 하나님의 도움 없이는 성사되기 어렵다고 인정한다. 이것은 자아에 대한 일종의 깊은 이해다. 그리고 인간의 교만은 오로지 자아 파멸을 초래하는 길이라는 사실을 인식하는 것이다. 겸손함과 공손함으로 자기를 낮추는 것은 자기 스스로 부끄럽다고 느끼는 것이 결코 아니다. 일종의 부정적인 느낌이 아니다. 그것은 자기의 한계를 인정하는 것이요 뿐만 아니라 하나님의 무한한 풍부함을 필요로 하는 것이다.

살레의 프랜시스는 《경건의 길》에서 우리가 마땅히 배양해야 할 '겸손과 공손함으로 자기를 낮추는' 것은 여러 가지 모델과 수준이 있다고 언급하고 있다. 그는 먼저 외적으로 겸손하고 자기를 낮추는 것을 언급한다. 즉 자기의 사회적 신분과 지위 그리고 빛나는 공적과 업적을 세운 것으로 인해 교만하게 느끼는 마음을 거절하는 것이다. 비교적 깊이 있고 내적인 겸손과 공손함이 있다. 그는 이런 내적인 겸손과 공손함은 예민한 경각심이 필요하다고 언급한다. 개인이 소유하고 있는 모든 것이 하나님에게서 왔다. 그리고 우리가 가져서는 안 된다. 그러므로 진정으로 겸손하고 공손한 사람은 자기의 비천함과 평범함을 안다.

프랜시스는 이를 '비천하고 가련하다' 라고 불렀다. 스스로 비천하고 불쌍하다는 자각에서 비롯된 마음 가운데 생겨나는 사랑이 바로 가장 깊은 겸손이요 자기낮춤이다. 고귀한 자아가 깨어지는 인성 가운데 불쌍한 사람은 하나님을 만나게 된다. 바로 자기가 비천하고 불쌍하다고 스스로 느끼고 자기 안이 비어 가난하다고 생각될 때 이 사람은 바로 십자가에서 고난 받은 예수님과 깊은 삶을 함께 누릴 수 있게 된다. 바로 이것을 가리켜 예수님을 본받는다고 부른다. 왜냐하면 예수님도 고난 받고 죽으심 가운데 그분 자신의 비천함과 불쌍함을 껴안았기 때문이다. 이를 볼 때 프랜시스에게 있어서 인간이 찾아야 할 일이 바로 예수님께서 우리 가운데 진짜로 거하시도록 하는 것이다. 우리의 삶을 통해서 예수님을 나타내 보이는 것이다.

셋째, 검약하고 자유로움

삶을 심화시켜 주는 세 번째 덕목은 '검약하고 자유로움'이다. 살레의 프랜시스는 검약하고 자유로움의 견해를 성모 방문 수녀회의 공동생활을 확립하는 데 도입했다. 이 수도원 안에서 부녀자들은 간단한 생활 스타일을 익히도록 요구받았다. 내적인 검약과 자유로움을 배양하도록 격려받았다. 무엇이 검약하고 자유로움인가? 자아의 내적인 삶을 투명하게 하는 것으로 자아보호와 자아의식의 베일을 제거하는 것이다. 성모 방문 수녀회의 회원들은 세상 사람들과 하나님께 모두 검약하고 자유로움의 미덕을 익혀야 했다. 기도를 함에 있어서도 자기에게 시선을 고정하지 않고 눈을 돌려 하나님을 보도록 가르침을 받았다. 프랜시스의 마음에는 간단한 자아가 완벽한 영성의 모델이었다. 왜냐하면 오직 검약하고 자유로움의 미덕 가운데, 삶 가운데 예수님이 나타난다는 사실을 믿었기 때문이다.

온유하고 돈독함, 겸손으로 자기를 낮춤, 그리고 검약하고 자유로움은 수많은 선함 가운데 아주 작은 미덕이다. 하지만 살레의 프랜시스는 이를 대단히 중요하게 보았다. 생활의 사소한 일 가운데서 이런 미덕들을 실현함으로써 우리는 예수님의 마음을 생생히 드러낼 수 있게 된다.

프랜시스는 우리의 주의를 상기시킨다. 우리의 영적 삶의 핵심은 '삶으로 예수님을 드러내는 것'이다. 주 예수님은 우리 삶의 모든 방면에 걸쳐 격려하고자 하신다. 우리의 삶의 중심이 되어야 한다. 얼마나 많이 예수님께서 우리 삶의 변방에 사셔야만 하는가? 게다가 우리는 많은 결정적인 순간에도 그저 그분을 스치고 지나가야만 하는가? 예수님께 속한 사람들이여! 대가를 계산하지 말자. 예수님이 진실로 우리의 삶 가운데 살아 계시는 것을 체험하고자 달려가는 것이 마땅하지 않겠는가?

23. 하나님이 당신을 전적으로 사랑하도록 하라

귀용 부인(Mme. Guyon, 1648-1717)

　　　서방 교회의 여성 신비주의자를 둘러볼 때 귀용 부인처럼 우리의 귀에 익숙한 사람도 없을 것이다. 그의 작품들은 오래도록 인기를 누려 왔다. 사람들에게 비교적 널리 알려지고 상당한 정도로 영향력을 끼쳤다. 그런데 이외에 귀용 부인은 또한 줄곧 논란이 되는 인물이기도 하다. 그녀는 상당히 비난받는 정적주의(靜寂主義, Quietism)자이다. 정적주의자들은 모든 것이 하나님에게서 나왔다는 것을 주장한다. 그들은 '인간의 노력'과 '창조적인 재간'에 대해 회의적인 태도를 가지고 있다. 하나님의 은혜와 돌보심에 대해서도 피동적으로 받아들이는 태도를 취한다. 그럼에도 불구하고 그녀는 심령적, 이성적으로 여전히 충돌이 존재한다.

　　　이런 많은 문제점들을 종합해 볼 때 그 원인은 다음과 같은 몇 가지에서 기인했다고 말할 수 있다. 어머니의 그에 대한 소홀함과 의붓오빠와의 불행했던 혼인, 두 아이를 연이어 잃고 세 번째 아이마저 전염병이던 천연두에 감염되어 외모가 추하게 된 점 등이다. 이 원인으로 심령적으로 좌절감을 유발했다. 이 때문에 늘 거부당하고 배척당하는 '히스테리적' 이 되었다.

사실 성급히 단언하기 전에 우리는 마땅히 여러 방면에서 그녀의 생애를 살펴보고 그녀가 만난 불행했던 일들을 고려해 봐야 한다. 게다가 귀용 부인을 공평 타당하게 평가하려면 우리는 다음 사실을 이해해야 한다. 왜 그녀가 당시의 몇몇 남다른 식견을 가지고 있던 영성의 대가들에게 그토록 깊고 두터운 영향력을 끼쳤는가 하는 것이다. 그녀의 고도의 영적 민감도와 영적인 능력은 사람이나 사건들이 충분히 증명해 주고 있는 것을 그녀의 저작에서 볼 수 있다. 귀용 부인은 도대체 어떤 사람이었을까? 왜 그녀는 그토록 많은 팬들을 끌어들였나? 우리는 먼저 그녀의 생애를 살펴봄으로 그녀에 대해 알아보도록 하자.

환영받음과 거절받음

귀용 부인의 본명은 잔느 마리 드 라모트(Jeanne Marie Bouvier de la Motte Guyon)이다. 프랑스 몽타르지(Montargis)의 귀족 가정에서 태어났다. 여자 수도원에서 교육을 받으며 평생 결혼하지 않고 수녀로 살고자 희망했다. 그런데 1664년 어머니의 강요에 못 이겨 자기보다 22세나 더 많고 병약한 자크 귀용과 결혼한다. 12년 후에 귀용 선생이 죽음으로써 불행했던 결혼 생활에 종지부를 찍게 된다. 과부가 된 귀용 부인은 영성에 더 한층 깊은 성장을 이룬다. 그녀는 스페인의 정적주의자 몰리노스(Miguel de Molinos) 작품의 영향을 깊이 받는다. 뿐만 아니라 프랜시스회의 신부 콤브

(Francois La Combe, 1643-1715) 교사의 영적 지도를 받는다. 그리고 그를 따라 프랑스, 스위스, 이탈리아의 여러 지역을 여행한다. 5년 동안이나 '완전히 자아를 거절하는 데 힘쓰고 기도를 통해 온전히 주님의 손에 자신을 맡기는' 방식의 영성 훈련법을 전파한다. 두 사람은 이단사상을 전파하고 부도덕함을 의심받아 콤브는 1687년 붙들려 평생 감금되었다. 귀용 부인은 1688년 붙잡혔지만 8개월 후에 프랑스 왕 루이 14세 아내의 개입과 도움으로 석방된다. 귀용 부인은 귀족 사회에서 눈에 띄는 인물이었다. 게다가 자주 황후 여자 학교에서 연설하고 설교했다. 그녀가 가장 우러러 받드는 사람은 페늘롱(Francois Fénelon) 주교였다. 1688년부터 그들은 서로 서신을 교환했다. 귀용 부인이 비난을 받고 있을 때 페늘롱은 늘 그녀를 변호하였다.

수많은 비난과 힐책의 목소리에 직면하여 귀용 부인은 신학 조사위원회를 열어 줄 것을 청원하였다. 자신의 사상에 대한 비난을 반박하기 위해서였다. 하지만 이시 회의(Conference of Issy)에서 귀용 부인은 유죄를 선고받고 다시 한번 이단을 주장했다는 이유로 붙들려 감옥에 갇히게 된다. 6년에 걸쳐 벵센느(Vincenne)와 바스티유(Bastille)에서 감옥살이를 하게 된다. 그리고 1703년 석방된다. 그리고 14년의 여생을 사위의 장원에서 보내며 노년을 마감한다. 귀용 부인은 많은 저서를 집필한 작가다. 그 중에서 가장 유명한 작품으로는 ≪간단하고 쉬운 기도법≫(Short and Very Easy Methods of Prayer), ≪영성의 껍질을 돌파하라≫(Spiritual Torments), ≪잔느 귀용 부인≫(Autobiography) 등이 있으며 크고 작은 저작 약 40권이 출간되었다.

자아를 버리는 기도

귀용 부인의 ≪간단하고 쉬운 기도법≫(1685)은 아마 저작 중에서 가장 많이 알려진 작품일 것이다. 이 책은 "자아 부인, 피동적으로 주님의 뜻을 받아들이도록 한다"고 주장한다는 이유로 1699년 로마 가톨릭에 의해 금서 조치 당했다. 하지만 뜻밖에도 기독교계에서 크게 환영받는 책이 되었다. 귀용 부인이 말하고 있는 기도에 관한 가르침을 우리 함께 살펴보자.

귀용 부인은 첫머리에서 분명히 밝히고 있습니다. "무엇이 기도입니까?" 그녀는 말합니다. '기도'는 비단 '자기의 필요'를 위해서 혹은 '하나님의 요구에 이르기' 위해서 뿐만이 아닙니다. 그녀에게 있어서 기도는 일종의 심령의 상태입니다. 기도 중에 심령은 믿음과 사랑 속에서 하나님과 연합하게 됩니다. 이런 심령을 가지고 있는 사람은 누구든지 아무 때든 기도할 수 있습니다. 기도는 심령의 자연스럽고 무의식적인 표출입니다.

계속해서 그녀는 우리에게 세 가지 기도 방법을 가르쳐 주고 있다.

첫째, 어떤 형식화된 기도를 반복해서 하는 것을 귀찮게 여기지 마라.

심지어 그녀는 제안한다. 여러분은 주기도문으로 시작하여 기도를 배울 수 있다. 흔들림 없고 견고한 마음을 가져야 한다. 급하게 다음 구절로 넘어가지 마라. 천천히 반복해서 계속 기도하

라. 반복해서 드리는 기도는 반복하는 것이 바로 기도의 결과인 것이다. 몇 번을 반복하든지 상관없다.

둘째, 하나님의 앞에 서 있는 것같이, 새롭게 관계가 회복된 그분과 함께 있는 것같이 하라.

그분 앞에서 우리는 각기 좋은 것들을 얻게 된다. 하나님의 마음은 우리가 '단지 그분께 가까이하고자 하는 의도' 보다 훨씬 크고 넓다는 사실을 알아야 한다. 하나님의 마음은 그분 자신을 우리에게 주고자 하시기 때문이다. 귀용 부인은 우리가 '누가 하나님 같다' 라든지 혹은 '하나님이 누구 같다' 라고 섣불리 추측하지 말라고 경고한다. 하나님이 그저 우리 마음 가운데 계시도록 하라고 말한다.

셋째, 삼위일체 하나님 가운데 한 분이며 길이요, 진리요, 생명 되시는 우리의 구속주 예수 그리스도를 잊지 마라.

우리는 예수 그리스도를 통해 하나님을 바라보는 법을 배워야 한다. 우리의 노력을 그만두어야 한다. 그럴 때 우리는 믿음으로 예수 그리스도 안에서 힘을 찾을 수 있다.

여러분이 영적인 '가뭄' 을 만났는데 하나님께서는 왜 여러분에게 등을 돌리고 계신지 여러분은 알고 싶다. 이에 대해 그녀는 적고 있다.

하나님이 여러분을 영적인 게으름에서 깨어나도록 하시기 때문입니다. 하나님께서는 여러분이 뜨겁게 하나님을 가까이하고 싶은 마음을 가지라고 하십니다. 여러분은 영혼의 가뭄으로 물 한 모금 마실 수 없는 고통을 경험하게 됩니다.

그녀는 우리에게 말한다.

이것이 하나님께서 우리의 문제를 해결하시는 방법입니다. 이 단계에서 우리는 자아 부정과 남보다 못한 것을 부끄럽게 여기고 자아를 포기하는 중에 인내의 사랑, 그리고 동요함이 없는 굳건한 의지의 사랑으로 하나님께 응답하게 됩니다.

귀용 부인에게 있어서 '자동적인 포기와 거절'은 영적 경험을 심화시키고 영성을 성장시키는 관건이 된다. 자동적인 포기와 거절은 망령된 생각을 끊고 자아를 포기하거나 혹은 온전히 하나님께 드려지는 행동이다. 몸을 하나님께 드린다는 의미는 자기의 의지를 하나님께 맡기는 것이다. 의지를 두 손으로 받들어 하나님께 드리고 하나님이 보호하고 관리토록 하는 것이다. '포기와 거절'은 개인의 마음속에 두고 바라는 것, 욕심이 담긴 생각을 완전히 쓰레기처럼 버려야 한다(마태복음 6장 32, 34절; 잠언 3장 6절, 16장 3절; 시편 37편 5절). 여러분의 과거를 잊어 버려라. 귀용 부인은 이렇게 적고 있다.

한결같은 의지를 가지십시오. 매일매일의 삶 가운데 하나님의 생각을 여러분의 생각으로 삼으십시오. 왜냐하면 여러분의 삶 가운데 여러분과 관련된 모든 일, 여러분의 생각 관념들이 모두 하나님의 뜻의 선언이 될 수 있기 때문입니다.
그녀는 또한 우리에게 경고한다.

고난이 우리의 삶 가운데로 들어올 것입니다. 고난은 우리의 영적 삶의 알맹이를 낱낱이 들추어낼 것입니다. 그리고 우리가 온전히 하나님께 드려졌는지를 확인할 것입니다.

여기서 볼 때 '고난' 과 우리가 이제껏 하나님의 오묘한 뜻으로 생각해 왔던 '시련' 은 서로 떨어질 수 없는 관계일 뿐만 아니라 더욱 고난을 시험으로 보아야 마땅하다. 고난은 우리와 하나님의 진실된 관계를 시험해 볼 수 있는 유일한 방법이다. 고난이 올 때 그 자동적으로 포기했던 사람의 삶 속에 은밀히 숨겨져 있는 극히 작은 욕망도 모두 드러나게 된다. 어떤 때 여러분은 강건한데 그리스도의 십자가를 질 경우가 있다. 어떤 때 여러분은 연약한데 그리스도의 십자가를 져야 할 경우도 있다. 그러므로 어떤 태도로 감당하는가가 십자가의 쓴 고난을 유발하는 것인지 매우 중요하게 된다. 당신은 이미 자아의 노력을 포기하고 하나님께 돌이켰는가? 만약 그렇다면 당신은 확실히 알게 된다. 하나님은 바로 당신 자아의 노력의 포기를 통해서 당신에게 그분 자신을 계시해 주신다는 것이다. 일단 하나님이 우리를 변화시키기 시작하면 그분은 바로 우리 몸에 그분이 하신 일의 자취를 남기신다. 그래서 귀용 부인은 이렇게 적고 있다.

환난 가운데 오로지 계속 그분을 사랑해야 합니다. 지속적으로 그분을 사랑해야 합니다. 그러면 바로 경건한 삶을 이루게 됩니다. 경건함으로 하나님과 동행하는 삶을 이룰 수 있습니다.

영혼 정화의 영성관

귀용 부인에게 있어서 영혼이 노력을 적게 하면 할수록 하나님께서는 더 강력한 일을 하신다. 그녀의 영혼 정화에 대한 견해는 그 어떤 영적인 원칙이나 노력도 지니고 있지 않다. 하나님은 자동적으로 우리의 영혼을 정화하신다. 하나님은 자동적으로 우리를 그분 자신에게로 이끄신다. 우리가 할 수 있는 유일한 일은 "하나님께서 일하시도록 하는 것이다."

하나님께서는 사람을 끄는 미덕을 지니고 계십니다. 갈수록 강하게 영혼을 그분 자신께로 끌어들일 수 있습니다. 끌어들일 때 그분께서는 동시에 영혼을 정화하십니다. 우리가 보는 바와 같이 말입니다. 태양은 서서히 증기를 끌어들입니다. 농후한 증기를 자신에게 끌어들입니다. 그런데 증기는 아무런 노력도 하지 않았습니다. 그저 자기를 태양이 끌어들이도록 내버려 둔 것뿐입니다. 태양의 본체에 가까워지면 가까워질수록 순수하게 연단되고 깨끗해 집니다. 유일하게 다른 점은 영혼은 원해서 하나님께 이끌린 바 된다는 것입니다.(A Method of Prayer, Madame Guyor, translated by Dugald Macfadyer, London, James Clark & Co., 1902, p. 48)

그녀는 계속 적고 있다.

억지와 강압으로가 아니라 자기 자신의 가장 자연스런 습성대로 영혼이 하나님께 가까이 접근하도록 해야 합니다. 이런 자기 반성적인 혹은 방향을 내적으로 향해 구하는 방법보다 더 간단한 방법은 없습니다. 왜냐하면 하나님이 우리 영적 생명의 중심축이 되기 때문입니다. 이 중심축은 사람을 끄는 가장 강력한 미덕을 지니고 있기 때문입니다. 이 중심축은 영적일수록 탁월합니다. 그 영혼을 끌어들이는 매력은 나타나면 날수록 팽배해지고 격렬해집니다. 그 매력이 격렬하면 할수록 그 끌어들이는 힘을 멈추기가 어렵습니다.(위의 책, 48쪽)

귀용 부인에게 있어서 이 영적 생명의 중심축이 강력한 흡인력을 지니고 있다. 지음 받은 인간과 영적 생명의 중심축 사이에 일종의 '새롭게 하나가 되고자 하는 강력한 경향'이 있다. 공중에 던져진 돌멩이는 자연스럽게 지구의 중심으로 떨어진다. 모든 강물은 자연히 바다로 흘러 들어간다. 영적 생명을 소유하고 있는 피조물도 이와 비슷하다. 심지어 지나치거나 못 미치는 것들이 자연히 그들 생명의 중심축으로 향한다. 그 중심축은 바로 하나님이시다. 이를 보면 두 가지 힘이 영혼을 하나님께 가까이 하도록 인도함이 분명하다. 하나님 자신의 흡인력과 영혼의 하나님께 대한 구심력이다. 그러므로 하나님께 지음 받은 우리는 하나님께로부터 온 천연 견인력을 지니고 있다. 자기도 또한 쉽게 하나님께 기운다. 그 어떤 노력과 몸부림도 어쩌면 우리가 돌이켜 우리의 생명 중심축이신 하나님께 향하도록 하는 데 장애물이 될 수 있다.

완전히 조용한 기도

귀용 부인의 견해를 근거로 할 때 기도의 진수는 '조용한 기도'여야 한다. 영혼의 유일한 필요가 무언의 바람이 될 때 그 바람은 바로 '이 때문에 성취된다.' 개인의 기계적인 노력을 버리고 온전히 하나님을 의지해야 한다. 여기다가 '조용한 기도'를 덧붙여야 한다. 그러면 바로 하나님과 함께 거룩한 연합에 이를 수 있다. 지속적인 기도는 조용한 기도를 하나님 앞에 나타내 보이는 것이다. 여러분은 하나님이 여러분을 완전히 소유했다는 것을 발견케 된다. 그리고 여러분도 주님 앞에서 완전한 안식을 경험하게 된다. 자아의 노력이 불안을 가져온다는 것을 기억하라. 선지자의 책망을 기억하라.

"네가 길이 멀어서 피곤할지라도 헛되다 아니함은 네 힘이 소성되었으므로 쇠약하여 가지 아니함이니라"(이사야 57장 10절).

늘 이런 완전한 안식과 조용한 기도를 익히면 서서히 이런 내적인 평안이 여러분의 일상적인 매일의 습관이 된다. 왜냐하면 기도가 하나님의 함께하심이 되기 때문에 귀용 부인이 이처럼 보장하고 있다.

하나님 앞에서 잠잠함은 새로운 의의를 가져다 준다고 귀용 부인은 적고 있다. 여러분이 알고 있다시피 육체의 본성은 이처럼 하나님을 거역한다. 그러므로 우리는 반드시 이 본성이 하나님의 함께하심 가운데 잠잠하도록 해야 한다. 일단 하나님의 본성이 말씀을 통해 계시되면, 일단 우리가 하나님의 말씀을 들으면 우리는 마땅히 하나님이 자유로이 우리 마음속으로 들어오시도록 해드려야 한다. 온 정신을 집중하여 하나님의 말씀에 귀기울여 보라. 그리고 나서 그분이 우리 마음 가운데 들어오시도록 환영하라. 우리도 당연히 영혼이 온전히 하나님께 열리도록 해야 한다. 우리가 그분 앞에서 더 깊은 고백과 회개에 다다를 수 있을 때까지 말이다.

그녀는 적고 있다.

> 외적인 잠잠함은 내적인 잠잠함을 키우는 데 있어 필수적입니다. 그렇습니다. 만약 외적인 잠잠함과 조용함을 좋아하지 않는 장소에서는 내적인 잠잠함에 이를 수 없습니다. 하나님께서 자기의 선지자의 입을 통해 우리에게 말씀하고 계십니다.
> "그러므로 내가 저를 개유하여 거친 들로 데리고 가서 말로 위로하고"(호세아 2장 14절).
> 사람이 어떻게 내적으로 하나님과 친밀히 교통할 수 있습니까? 외적으로 여러 일로 바쁜데 말입니다. 절대 불가능합니다! 하나님의 말씀에 귀기울임으로 자기를 완전히 하나님께 집중하는 것입니다. 자신과 개인의 모든 욕심과 탐심을 잊는 것이 반드시 필요합니다.(66쪽)

그리고 만약 우리가 욕심과 바람이 없는 생활을 영위하고자 하면서 기도 가운데 구하는 것이 있다면 어떻게 할 것인가?

그렇지만 우리는 당연히 기도해야 한다! 수많은 혼잡한 생각과 시험들이 우리를 유혹하고 성가시게 하는 것이 당연하다.

만약 마음의 생각이 이처럼 둥지를 틀도록 내버려 둔다면 그 삶의 모습은 오로지 설상가상일 것이다. 귀용 부인은 우리의 마음의 생각을 돌이켜 멀리하고 한 군데 깊이 빠져 있지 말 것을 충고한다.

하나님이 당신을 전적으로 사랑하도록 하라

결론적으로 말하면 귀용 부인은 교회 내의 동역자들이 주의하도록 호소한다. 오로지 초신자들의 마음에 감동을 받고 진실된 기도 가운데로 인도하여 예수 그리스도의 함께하심을 경험한다면 더 많은 사람들이 계속해서 진정한 제자가 될 것이다. 왜냐하면 그녀에게 있어서 그녀가 가르치는 기도의 삶은 진정한 예수 그리스도의 제자라면 그 어떤 사람에게도 반드시 필요한 것이기 때문이다. 주 예수 그리스도와 한 번도 내적인 경험을 해보지 못한 영적 삶에 관계된 사람은 그 손해가 얼마나 큰가!

보편적으로 말하면 주류파의 귀용 부인에 대한 부정적인 평가가 많다. 하지만 그녀의 영적인 통찰력과 삶의 능력은 여전히 소홀할 수 없다. 여전히 하나님과의 더 깊은 관계를 구하는 사람을 위해서 강력한 인도함을 가져왔다. 그의 가르침이 200년, 300년이 되었지만 여전히 수많은 사람이 뒤따르는 것을 보면 이상하지 않다. 왜냐하면 그녀의 영적인 삶은 독단적이지 않은 특징이 있다. 날로 성장하는 초월성이 있다. 하나님께서 점차적으로 우리의 영혼에 들어와 계시도록 허용하는 것이다. 이 가르침은 과거에 다른 신비주의자들이 사용했다. 그리고 오늘에 이르기까지 줄곧 기독교 전통 가운데 보존되어 남아 있다.

24. 천국 가는 길에 자질구레한 일도 참 많구나!

성 데레사(St. Therese of Lisieux, 1873-1897)

당대의 그리스도인들은 한 젊은 성도를 몹시 사랑한다. 그녀는 '한 송이 작은 백화(白花)'라고 불린다. 세상에서의 그녀의 짧디짧은 삶은 수많은 신학서적에서보다 더 많은 격려를 찾게 한다. 카멜리트 수도회에 들어간 지 10년도 채 못 되어 데레사는 24세의 꽃다운 나이에 생을 마감하게 된다. 그 일생 동안 그 어떤 위대한 저술을 완성한 적이 없다. 그 어떤 영적인 부흥 운동을 제창한 적도 없다. 여러 사람에게 인기 있는 연설가가 된 것도 아니다. 유일한 작품이 그녀의 사후에 출간되었다. 그녀의 간단한 생애 일지였다.

빛나는 생애는 아니었지만 그녀가 세상을 뜬 지 28년 후에 사람들의 그녀에 대한 추도가 그처럼 강렬한 것으로 인해 카멜리트 수도회는 그녀를 성자로 책봉했다. 그녀의 짧은 일생을 통해서 어떻게 그처럼 많은 끌어들이는 힘을 발산할 수 있었을까? 그 메시지 안에 무슨 자력이 숨겨져 있어 사람을 끌어들이고 그처럼 많은 사람들을 하나님과 동행토록 도왔는가? 유성처럼 짧았고 호수 수면같이 잔잔했던 그녀의 삶 중에 어떻게 영성 역사에 이같이 심원한 영향력을 나타낼 수 있었을까?

한 송이 작은 백화

그녀의 원래 이름은 마틴 데레사(Marie Francois Therese Martin, 1873-1897)였다. 프랑스 알랑송(Alencon)에서 태어났고 어릴 적 리지유(Lisieux)로 이사한다. 데레사는 아홉 명의 형제자매 중 막내로 태어났다. 그중 두 오빠와 두 언니는 갓난아이 때 요절한다. 그녀는 네 살 때 어머니를 여의었고 어린 데레사는 아버지와 네 명의 언니와 함께 옹색한 경제형편에서 살았다. 하지만 그래도 나름대로 편안한 환경 속에서 성장했다고 볼 수 있다. 네 명의 언니가 연이어 리지유 카멜리트 수도회에 들어가게 되었기에 데레사도 어릴 때부터 주위 환경의 영향으로 예수님과 카멜리트 여수도회의 생활에 매료되었다. 그녀는 15세에 허락을 받고 수도원에 가입한다. 겉에서 볼 때 데레사가 부름 받은 것은 모험적이고 스릴 넘치는 생활을 피하기 위해서인 것처럼 보인다. 그러나 사실 내면의 부르심은 거룩하고 품격을 갖춘 생활을 하기 위함이었다.

수도원 원장의 명을 받고 순종의 자세로, 하지만 결코 세상에 공개하고자 하는 생각이 없이 데레사는 자서전적 문체로 한 권의 고전 영성 작품 ≪한 영혼의 이야기≫(The Story of a Soul)를 집필했다. 책에 기록된 것을 근거로 할 때 그는 비록 신체상 심령상의 이중 고통을 안고 있었지만 여전히 계속해서 헌신하고 자신을 주님께 드렸다. 그리고 영적인 삶의 정진에 힘썼다. 그녀는 계속해서 '하찮은 방식'으로 간단하고 자질구레한 일 가운데 영적 생명의 성장에 자신의 역할을 추구했다. 24세가 되어 하늘 가는 길을 마칠 때까지.

사랑에는 사랑으로

데레사의 영성관은 하나의 중요한 토대를 가지고 있다. 바로 '사랑에는 사랑으로'이다. 그녀는 '이 세상은 늘 배은망덕하고 늘 냉담하고 관심이 전혀 없지만, 주 예수님의 온 생명을 기울여 주신 연민과 큰 사랑'을 마음에서 깊이 느꼈다. 데레사는 겸손하고 하찮은 방식으로 온 힘을 다해 자기 한 사람의 사랑으로 하나님의 크신 사랑을 갚고자 결심한다. 자기를 위해서만이 아니다. 하나님의 사랑에 대해 싸늘하게 굳은 무관심하고 거들떠보지도 않는 사람들을 위해서다. 1895년 6월 그녀는 조용히 자신을 그리스도의 사랑에 드리고 헌신한다.

> 지금 저는 다른 그 어떤 바람도 없습니다. 유일하게 바라는 것이 있다면 그것은 바로 주님을 사랑하되 미치도록 사랑할 수 있었으면 하는 바람뿐입니다.……기타 제가 바라는 것이 더 무엇이 있겠습니까? 고통도 아닙니다. 죽음도 아닙니다. 비록 이 두 가지가 저를 끌어들이는 힘이 있지만 오직 '주님의 사랑'만이 진정 저를 매료시킵니다.(Autobiography of a Saint, 리지유의 데레사 지음, Ronald Knox 옮김, London: Collins/ Fount Paperbacks, 1987, p.173)

사랑은 구체적인 행동을 필요로 한다. 그녀는 리지유 카멜리트 수도회 마리아(Mother Marie de Gonzague) 원장에게 보낸 편지에서 다음과 같이 적고 있다.

> 자비와 너그러움을 심령 깊은 곳에 가두어 두지 마십시오. 당신께 아무런 유익이 없습니다.……자비와 너그러움은 마음 안에 가지고 있는 일종의 태도가 아닙니다. 자비는 여러 가지 일들을 하는 것을 의미합니다.(위의 책 pp.209, 211)

수도원의 속박된 환경과 데레사 자신의 천성적인 기질의 영향으로 영웅적인 헌신은 그녀에게 일어날 수 없었다. 그래서 그녀는 겸허하고 온화하며 자기를 낮추는 방식으로 그녀의 주님에 대한 사랑을 나타낸다. 그녀가 바로 마리아 원장에게 토로하고 있는 것과 같다.

> 아주 분명히 저에게 있어서 이보다 더 중요한 일은 없습니다. 제가 이처럼 비천하고 부족하지만 최선을 다해 성화를 추구하고 있습니다. 저는 이미 모든 결점을 가지고도 능히 자신을 분수에 맞게 보고 있습니다. 하지만 저는 여전히 사소한 방식을 찾아야 합니다. 저 자신의 방식 말입니다. 이것은 천국에 이르는 지름길이 됩니다.(위의 책 p. 194)

나중에 언니 마리에게 보낸 편지 가운데 데레사는 이 사소한 방식을 확실히 설명하고 있다.

그런데 어떻게 제가 저의 사랑을 나타낼 수 있을까요? 사랑은 행동으로 증명되어야 합니다. 음, 이렇게 말하는 것이 좋을 것 같습니다. 어느 꼬마든지 꽃을 뿌릴 수 있지만 그의 공헌으로 온 황궁이 좋은 향기로 가득하게 됩니다.……이것이 바로 저의 삶이 될 것입니다. 꽃잎을 흩뿌리는 것입니다. 행할 수 있는 그 어떤 사소한 희생의 기회도 결코 놓치지 않을 것입니다. 여기에 작은 미소를 담은 시선을, 저기에는 친절한 한 마디로 끊임없이 작고 사소한 일들을 하는 것입니다. 사랑하기 때문에 이런 일들을 하는 것입니다. 저는 참고 견뎌야 하는 일이라면 모두 참고 견디겠습니다. 누릴 수 있는 모든 것을 또한 누리겠습니다. 영적인 사랑 안에서 말입니다. 그리고 제가 제 생명의 꽃잎을 흩뿌릴 때 저는 기뻐 노래할 것입니다. 기쁨으로 흩뿌릴 때 어찌 염려하며 슬퍼할 수 있겠습니까? 그것이 설령 가시밭에서 꺾어온 꽃잎이라 할지라도 저는 기쁨으로 노래할 것입니다.(위의 책, pp. 187-188)

날개 펼쳐 주님께 날아감

의심할 것도 없이 그녀는 늘 실패할 수 있다. 자주 방해받아 마음이 분산될 수 있다. 그녀는 마침 기도하다가 늘 잠들기 일보 직전까지 갈 수 있다. 하지만 어찌되었든 매번의 마음의 분산이 그 어떤 손해도 가져다 주지 않는다. 오직 그녀에게 다시 한번 하나님께 돌이킬 수 있는 기회를 제공해 줄 뿐이다. 다시 한번 새롭게 시작할 수 있게 해준다. 돌이켜 그녀의 생명의 중심이신 하나님께 향하도록 해준다.

임종을 맞이하기 몇 주 전에 데레사는 마리아 원장에게 쓴 노트에서 부족하기는 하지만 그래도 구체적으로 그녀의 영적인 삶의 경향을 묘사하고 있다. 성경은 오직 우리에게 "이웃을 네 몸처럼 사랑하라"고 가르치고 있지만 예수님의 요구는 이보다 한 차원 다르다고 적고 있다. 예수님은 그의 제자들을 가르치실 적에 그들이 "내가 너를 사랑한 것같이 서로 사랑하라"고 하셨다. 예수님의 사랑은 자기를 희생하는 방식을 통해서 나타났다. 심지어 어느 정도냐 하면 그분이 사랑하는 사람을 위해서 죽으셨다. 그녀는 말한다.

> 완전한 사랑은 다른 사람의 과실을 덮는 것을 의미합니다. 다른 사람의 연약함을 이상하게 생각하지 않는 것입니다. 설령 다른 사람에게서 아주 작은 장점을 발견했다 해도 기쁨으로 격려해야 합니다.(위의 책, p. 209)

이같이 구체적인 방식으로 서로 사랑하는 것은 말과 행동거지가 그리스도인의 표준에 미달되는 사람들에 대해 비판이나 판단을 하지 않는 것을 포함한다. 심지어 그녀는 실제적으로 알고 있다. 인간의 타락으로 인해 몸담고 있는 작은 수도원의 폐쇄된 환경 가운데 자기를 의지해 자기를 부인하는 생활을 유지한다는 것은 그녀가 지닌 원래의 능력을 초월한다는 것을 알고 있다. 그녀는 아주 빨리 배웠다.

> 하나님의 도움을 의지하지 않고 사람에게 다소나마 유익을 가져다 주고자 기대하는 것은 마치 깊은 한밤중에 찬란한 햇빛을 보

고자 기대하는 것만큼이나 어렵습니다.(위의 책, p. 232)

하지만 그녀 또한 이해한다. 예수님은 그분을 뒤따르는 사람들에게만 새 계명을 주신 것이 아니라는 사실이다. 그들이 그분처럼 사람을 사랑했던 것과 같이 사랑하되 그들에게 지킬 수 있는 능력은 주지 않았다. 데레사가 생각해낸 해결 방식은 그녀 자신을 한 켠에 놓고 오로지 사랑받아야 할 사람을 예수님이 사랑하시도록 하는 것이다. 단지 '그녀를 통해서' 예수님이 사랑하도록 하는 것이다.

> 저는 오직 한 가지 사실이 중요하다는 것을 점점 이해하게 되었습니다. 거의 모든 시간을 더 긴밀하게 주님과 연합하는 것입니다. 그리고 그 외의 것들은 구하는 것이 무엇이든지 '구하지 않아도' 모두 제게 더하셨습니다.……매번, 제가 인자를 마음에 품을 때 바로 예수님이 제 안에서 운행하고 계심을 느낄 수 있습니다. 제가 그분과 더 긴밀히 연합하면 할수록 저의 모든 자매들에 대한 눈동자 같은 사랑이 더 커집니다.(위의 책, p.224)

데레사는 거룩함의 비밀이 '밖의 세상'과의 분리에 있지 않고 도리어 '자아'와의 분리에 있다는 것을 알게 되었다. 자아 본성이 사랑하는 것 혹은 사랑하지 않는 것과의 분리이다. 어린이의 꾸밈이 없는 솔직한 마음은 그녀가 문제에 직접 접근하는 핵심이다. 마리 언니에게 보낸 편지에서 말하고 있다.

우리 주님은 위대한 성과를 요구하지 않습니다. 그저 자아 포기와 감사의 마음을 갖는 것을 원하십니다.……그분이 우리에게 하도록 한 일이 이것인지 저것인지 문제되지 않습니다. 그분이 우리에게 원하시는 것은 우리가 그분을 사랑하는 것입니다.(위의 책, pp. 180-181)

그녀가 사용했던 기도법은 간단했다. 영적 생명의 휴식 상태를 유지하는 것이다. 예배 수첩이나 기도책을 사용하지 않았다. 그녀는 이런 것들이 그녀를 골치 아프게 한다고 불만을 토로한다. 마치 어린아이같이 처한 환경이 즐겁든 혹은 즐겁지 않든 그녀는 항상 하나님께 '무릎을 치며 탄복하며 애원' 한다. 그녀는 매일의 연합기도를 중시한다. 연합기도가 하나님을 가까이하는 데 무슨 중요한 의미를 지니고 있기 때문이 아니다. 모든 자매들의 열정적인 경건이 그녀의 냉랭함을 보상해 주기 때문이다. (위의 책, pp. 228-229)

데레사는 거의 완전에 가까운 극기생활을 했다. 기도와 희생은 하나님이 그녀의 손 안에 둔 일종의 '불가사의한 무기' 였다. 시간의 훈도를 겪고 재차 삼차의 연단을 받음으로 기도와 희생은 그녀가 사용할 수 있는 행위와 말보다도 비교적 더 확실히 사람의 심령을 터치한다는 사실을 증명했다.

죽음을 눈앞에 두고 그녀는 특별히 그 거룩함의 담력과 식견을 중시하는 막달라 마리아를 가장 좋아하게 되었다. 막달라 마리아는 주님이 부활하신 새벽에 제일 처음으로 무덤을 들여다 본 여인이었다. 제일 처음으로 부활하신 주님을 보았고 제일 먼저 사람들에게 주님의 부활을 증거한 사람이었다(요한복음 20장 1-18절). 만약 하나님을 사랑하는 사람으로서 용감하고 두려움 없는 정신이 아니었다면 정말로 사람을 놀라게 했을 것이다. 데레사는 임종하기 전 미완성한 마지막 문장에 자기에 대해 쓰고 있다.

믿음과 사랑의 날개로 저는 지금 그분께 날아가고 있습니다…….
(위의 책, pp. 246-247)

작지만 거룩한 사소한 일

데레사는 '작은 한 송이 백화'로 세상에 유명하다. 그 간단하고 행하기 쉬운 영적 생활 방식은 수많은 사람을 매료시켰다. 이처럼 간단하고 쉬운 스타일은 완전히 현대적 정신이다. 하지만 현대의 우리들이 자주 소홀히 하는 것이기도 하다. 그녀의 영적 생활은 영웅적인 행함이나 범속을 초월하여 거룩함에 들어가는 업적 같은 것을 강조하지 않는다. 대신 작고 사소한 일들을 하는 것을 크게 본다. 그 일들은 심지어 세속적이고 번거롭고 사소하며 평범한 일들로 보이는 것들이다. 그렇다. 데레사가 거룩한 길에 오르는 방식은 단조롭고 재미없어 아무도 거들떠보지 않고 저 멀리 홀로 동떨어져 있는 일들이다. 사실 이것들은 또한 바로 현대 생활의 특징이 아닌가? 데레사가 '작고 사소한 일'이라고 부른 이런 일들은 사실상 외적으로 보이는 것처럼 그렇게 간단한 일이 아니다.

간단히 말하면 데레사가 말했던 '작고 사소한 일'을 하고자 한다면 반드시 비천한 일을 하고자 힘써야 한다. 얼토당토않은 비평을 기쁨으로 감수해야 한다. 우리를 괴롭히고 상처 주는 사람을 선하게 대해야 한다. 사람을 피곤하게 하고 짜증나게 하는 사람을 도와주어야 한다. 우리는 아마 이런 행실들이 너무나 하찮고 사소하여 재미없고 또한 그 어떤 칭찬할 만한 가치도 없는 일이라고 생각할 것이다. 그런데 데레사에게 있어서 이런 '작고 사소한 일들'이 '거룩한 일'이라 일컬어지는 것보다 더 예수님을 기쁘시게 해드리는 일이었다.

그녀는 우리에게 '사소한 일'의 가치, 그리고 그런 일들의 '섬김'에 있어서의 의의를 가르쳐 주었다. 우리가 몸으로 사람들이 칭찬하지 않는 '사소한 일'을 힘써 할 때 자기중심적인 인성의 연약한 점을 극복할 수 있도록 또한 도와준다. 우리는 이런 '사소한 일'을 했다고 무슨 표창장을 받는 것도 아니다. 아마 '고맙습니다'라는 소리 한 마디 듣지 못할 수도 있다. 평상시 생활 가운데 무슨 승리를 안겨다 주는 것도 볼 수 없다. 그렇지만 '사소한 일을 하는 것'은 확실히 우리에게 필요하다.

궁극적인 관점에서 본다면 바로 이런 작고 간단하고 보기에 하찮은 일들이 오히려 우리가 내딛는 천국 가는 긴 여정 가운데 중요한 일이다.

25. 정신 똑바로 차리고 그분을 본받아라
샤를 드 푸코(Charles de Foucauld, 1858-1916)

하나님 아버지,

제 자신을 당신 앞에 내려놓습니다.

당신의 뜻대로 내게 행하소서.

어떤 일이든지 제 마음은 감사뿐입니다.

어떤 것이든지 제 마음은 준비되어 있습니다.

당신의 뜻이 내 안에 이루어지길 바랄 뿐입니다.

코로 호흡하는 모든 피조물에게 이루어지길 바랍니다.

이밖에 구할 것이 없습니다.

오 주님,

제 영혼을 당신 손에 공손히 바칩니다.

모든 사랑의 마음 그리고 제 충심을,

제가 당신을 사랑하기 때문입니다.

주님,

자신을 드리기를 몹시 갈망합니다.

제 손을 당신 손에 드립니다.
하나도 남김없이,
끝없는 믿음으로,
당신은 저의 하나님 아버지이시기 때문입니다.

널리 전해 내려오는 이 헌신의 시는 많은 사람들에게 있어서 대개 샤를에 대한 유일한 접촉일 것이다. 이 기도가 복음서의 메시지를 반영하고 있다. 또한 복음서의 핵심을 잘 여며 주고 있기 때문에 수많은 사람들이 여기에서 도전을 받곤 한다.

열다섯 시간 이상 아무것도 보지 않았습니다. 오로지 당신만을 주시했습니다. 나의 주님, 당신께만 말씀드립니다. '사랑합니다.'

이것은 샤를이 나사렛에서 잠시 기거했을 때 썼던 영적 여정의 일기다.

보통 주중에는 무릎 꿇은 상태로 움직이지 않고 제단 위의 십자가만을 응시하며 줄곧 일곱 시간 동안 기도한다. 만약 주일이면 거의 온종일 이렇게 기도한다. 그의 모든 이웃에 대한 사랑으로 그의 기도가 진짜요 거짓이 없음을 증명했다. 설령 그 이웃이 제일 가난한 사람이라 할지라도 그의 사랑은 변함이 없었다. 샤를은 일찍이 수개월 동안 예배당을 벗어나 홀로 기거했다. 이 더할 나위 없이 소중한 시간은 그가 나중에 사막 부락을 섬기는 길로 들어서는 데 다리 역할을 해주었다. 이 시대를 대표하는 이 사막 교부는 자신을 사하라 사막에 묻고 복음 때문에 투아레그(Tuareg)

족 이슬람들을 섬겼다. 투아레그 족은 유목 생활을 하는 민족이다. 자신들의 전통 풍습을 이슬람 교리나 신앙보다 중시한다.

방황 그리고 돌이킴

1858년 9월 15일 샤를은 프랑스의 동부 스트라스부르(Strasbourg)에서 부유한 귀족 집안의 후예로 태어난다. 여섯 살 때 고아가 되어 여동생과 함께 할아버지 집에서 자란다. 열다섯 살 때 성찬을 받은 지 채 1년도 못 되어 그리스도를 떠난다. 그는 불가지론자가 된다. 그는 생시르 육군사관학교(Ecole de Saint-Cyr)를 졸업한다. 그리고 군에 입대하여 쾌활하고 만족스런 젊은 장교가 된다. 그의 부대 제4기병단은 1880-1881년 사이에 연이어 알제리로 파견되어 폭동 진압 작전을 수행했다. 아프리카에서의 경험은 샤를이 이 지역을 탐색하고 관찰 연구하고 싶은 마음을 가져다주었다. 다음 1년 동안 그는 뜻한 바대로 모로코 탐색 여행을 떠난다. 이에 대한 자세한 내용은 그의 저서 ≪모로코 탐사록≫(Reconnaissance au Maroc)에 적혀 있다. 이 책은 나중에 모로코의 지리를 아는 데 큰 도움을 주었다. 이 때문에 그는 1885년 파리지리협회의 황금훈장을 받게 된다.

파리에서 책상에 앉아 책을 쓰는 기간에 샤를은 간혹 이모 모아테시에(Moitessier) 집을 찾아 갔다. 이 때문에 재능과 식견이 넓고 교양 있는 많은 그리스도인들을 사귀게 되었다. 이 같은 기회는 그에게 그리스도 신앙은 믿을 수 있는 길일 것이라고 생각하게 했다. 그는 종교 서적을 읽기 시작했고 예배당에 가서 기도했다. 뿐만 아니라 신부의 도움과 지도를 구했다. 1888년 10월 말의 어느 이른 아침 후벨린(Huvelin) 신부는 샤를에게 필요한 것은 하나님에 관한 지식이 아니라 하나님을 하나님으로 인정하는 것임을 간파했다. 그래서 그가 죄를 인정하고 회개하고 성찬을 받도록 인도해 주었다. 몇 달 후에야 비로소 샤를은 그때의 돌이킴이 얼마나 큰 의미가 있었는지 알게 되었다.

그로부터 얼마 지나지 않아 그는 자신을 완전히 하나님께 헌신해 드려야 됨을 깨닫게 되었다. 그래서 수도사가 되었다. 후벨린 신부는 그가 너무 성급하지 않도록 충고했다. 1888-1889년에 그는 예루살렘, 베다니, 나사렛으로 성지 순례를 떠났다. 거기서 그는 여러 많은 다른 수도회와 접촉하게 된다. 그는 시토 수도회 수도사가 되기로 선택한다. 자신이 견습단계를 마치면 시리아 아크베(Akbes) 소수도회의 수도사가 될 수 있을 것이라 생각했다. 그러나 시토 수도회는 그렇게 여기지 않았다. 하지만 그는 1890년 1월 노트레 데스 네이게스(Notre-des-Neiges) 대수도원에 가입하고 견습수도사가 된다.

면류관을 쓰는 것처럼 그리스도의 낮아지심을 본받다

샤를은 소정의 견습단계를 끝마쳤다. 그런데 전통적인 수도사의 생활이 지나치게 안정적이라는 것을 보게 되었다. 이러한 생활은 "솔직하고 꾸밈없이 그리스도를 따르라"는 복음서의 가르침의 원래 모습에서 많이 벗어나 있었다. 1897년에 그는 끝내 이 수도회를 떠난다. 그는 후벨린 신부의 충고를 듣고 성지에서 계속 3년을 머문다. 주로 나사렛에서 기거하면서 간혹 예루살렘도 방문했다. 나중에 그는 프랜시스회에서 여자들을 위해 설립한 가난한 클라라 수녀회(Poor Clares)에 가입한다. 그리고 그들의 사무총무가 된다. 그는 정원의 아무 물건 없는 텅 빈 초가집에서 살면서 회당을 관리하고 수녀들의 편지를 배달해 주는 일, 그리고 여러 자질구레한 일들을 맡아 처리했다. 한 편지의 마지막 부분에 그는 당시의 상황을 이렇게 묘사하고 있다.

> 선하신 그 하나님께 많이 드리면 드릴수록 하나님께로부터 되돌려 받는 것도 많습니다. 저는 확신합니다. 이 세상을 떠날 때 저는 모든 것을 드렸습니다. 시토 수도회에 들어왔을 때 얻은 것이 드린 것보다 훨씬 많습니다……. 다시 한번 저는 확신합니다. 시토 수도회를 떠날 때 저의 모든 것을 드렸을 것입니다. 저는 충만합니다. 매우 충만하여 도저히 헤아릴 수가 없습니다……. 입는 것이 일꾼 같고 수고함이 머슴 같습니다. 빈궁함 가운데 저는 참으로 큰 기쁨을 느끼고 있습니다. 주 예수님이 나사렛에서 처했던 모든 것과 같은 비천한 처지입니다. 면류관을 쓰셨던 것 같은 특별한 영광입니다.(Rene Bazin, Charles de Foucauld, Hermit and Explorer. New York; Benzinger, 1923, p.142)

샤를은 사람들이 알다시피 그리스도께서 나사렛에서 가난하게 사셨던 길을 나눔으로써 그리스도를 본받는 비결을 찾은 것처럼 보인다. 그는 절대적이고도 화분 전부를 옮겨 심은 것처럼 그리스도의 비천했던 상황을 본받고자 했다.

성육신의 사막 교부

3년 후에 그는 성지를 떠나 다시 프랑스로 돌아갔다. 그리고 1901년 6월 9일 신부로 임직한다. 그 해 말에 다시 알제리로 떠난다. 사막의 오지에서 샤를은 섬김의 세월을 마치게 된다. 그는 은거생활을 했을 뿐만 아니라 사하라 사막에 수도회를 건립하고자 시도했다.

그는 거주 지역의 투아레그 족 언어 사역이 증가한 것 외에는 그의 사막에서의 생활이 나사렛에서 살 때와 매우 흡사했다. 샤를은 투아레그 족 사전을 완성했다. 투아레그 족의 시를 수집하고 자신도 투아레그 족 언어로 시를 지었다. 투아레그 족이 관심 갖는 모든 일은 그의 관심거리가 되었다. 가정생활, 농업, 건강, 위생, 교육, 문화 등. 투아그레 족 사람들은 한결같이 그를 존중했다. 왜냐하면 그가 그들을 존중했고 그들의 문화를 존중했기 때문이다. 그는 그리스도를 논함으로 그리스도를 전파한 것이 아니라 생활로 그리스도를 나타내 보여 주었다. 기도로 그리스도를 전파했다. 그는 일찍이 말한 적이 있다.

저는 수도사이지 선교사가 아닙니다. 존재 목적은 잠잠함이지 강론이 아닙니다······." (위의 책, 348쪽)

복음주의 진영의 관점과 아주 다르다! 샤를은 이미 오래 전에 자신의 잠잠함과 이미지를 사용해 북아프리카가 그리스도에게로 돌아오는 길을 예비했다.

직접 복음을 전하는 것, 이 시점에서는 불가능합니다. 오직 나사렛에서의 그 같은 생활만이 가능할 뿐입니다. 가난, 비천함, 굴욕, 기도, 혹은 육체노동 혹은 정신노동 혹은 두 가지 모두, 무엇이 필요한지 무엇을 할 수 있는지 자세히 살펴봐야 합니다. (Quoted in Andrew Louth, The Wilderness of God, p. 13)

그에게 있어서 가장 효과적인 복음 전파 방식은 하나님을 논하는 것이 아니다. '하나님의 함께하심' 가운데 자기를 유지하여 하나님의 진실된 사랑을 전달하는 그릇이 되는 것이다. 이 정신은 예수 작은 형제회, 예수 작은 자매회의 건립을 고무시켰다. 이 두 수도회의 회원은 모두 '예수님께서 나사렛에서 나타내 보여 주셨던 삶의 모습대로 살고자' 뜻을 세운 사람들이다. 이 클라라회의 형제는 죽을 때 증명했다. 그의 전도 사역이나 그의 새로운 수도회의 기획에 위대한 면이 있었던 것이 아니다. 보이지 않는 생활 가운데 이미 많은 열매를 맺은 것이다.

하나님이 사랑하는 바를 사랑하라: 가난한 사람 가운데 살았던 작은 형제

줄곧 사하라 사막에서 살던 샤를은 1916년에 흉악한 아랍 사람에게 살해당한다. 그의 삶은 한 알의 씨앗처럼 싹도 틔워볼 겨를도 없이 하나님 나라로 돌아갔다. 그가 죽은 지 20년도 채 안 되어 그의 정신, 목표, 규정을 계승한 단체들이 생겨났다. 예수 작은 형제회, 성심 작은 자매회와 예수 작은 자매회가 그것이다. 그들은 전 세계적으로 작은 무리들 가운데 살면서 그들이 제창하는 '생활'로 '언어'의 전도를 대신하고 있다. 명칭 속에 있는 '작은'이란 말은 그들의 값진 보배로 삼고 있다. '작은'이란 글자는 두 가지의 의미를 내포하고 있다.

　첫째는 그들의 기도 가운데 하나님에 대한 완전한 신뢰를 대표하고, 둘째는 그들의 열려 있는 우정과 열정으로 가난한 사람들 사이에 살고자 하는 마음의 뜻을 대표한다. 샤를은 그리스도인 삶 가운데 마땅히 있어야 할 내용에 대해 분명한 이상이 있다. 복음서에서 요구하는 온 마음으로 하나님을 '사랑' 하라는 명령에 응답하기 위해 우리는 온전히 '예수님을 본받고자' 모색해야 한다. 그가 부름 받은 것은 사랑과 순종 가운데 그리스도를 본받도록 하기 위함인 것을 그는 분명히 믿고 있다.

　이 취지에 대해 그리고 후벨린 신부의 충고로 샤를은 십자가의 요한의 작품을 읽는 중에 달콤한 맛을 만끽하게 된다. 그의 가르침 가운데 많은 정수들이 모두 장기간에 걸친 십자가의 요한을 사숙한 결과였다. 우리의 수치와 희생이 되시고자 주 예수님은 친히 '자기의 연모와 소원' 과 분리되는 경험을 했다. '하나님의 연모와 소원' 을 사랑하게 되었다. 십자가의 요한의 영적 여정을 근거로 볼 때 오직 그리스도를 본받는 것을 통해서만 유일하게 오감을 정화하는 길이 된다.

　　　먼저는 자기가 습관적인 갈망을 갖도록 해야 합니다. 하는 각각의 일에서 그리스도를 본받아야 합니다. 자기의 삶이 그리스도의 삶과 일치하도록 해야 합니다. 이런 일을 함에 있어 반드시 묵상을 통해서 어떻게 본받아야 하는지 어떻게 모든 일에서 그리스도가 하시는 행위에 근거하여 할 수 있는지 알게 됩니다. 그 다음은

> 자기로 하여금 이런 일들을 잘할 수 있도록 주님을 온전히 존귀하고 영화롭게 할 수 없는 감각의 즐거움을 모두 포기해야 합니다. 예수 그리스도의 사랑 때문입니다. 완전히 거절해야 합니다. 예수 그리스도의 삶 가운데 양식이라고 말씀하신 하나님 아버지 외에 다른 갈망이 없기 때문입니다.(John of the Cross, The Ascent of Mount Carmel, 1.13.3-4. Kavanaugh and Podriguez translation)

십자가의 요한의 이 견해는 샤를의 그리스도를 본받는 묵상에 관해 풍부하고 고귀한 영향력을 지니고 있다. 이미 이 점을 묵상하기에 이르자 그는 이어서 주의를 기울이게 되었다. 그렇다면 어떻게 이 목표에 도달할 수가 있는가? 하나님의 뜻과 연합할 수 있는 것은 하나님을 사모하는 자연스러운 발전이다. 왜냐하면 사랑의 특징이 바로 사랑하는 대상과 결합하고 서로 닮기를 갈망하는 것이기 때문이다. 이런 단순한 의지의 헌신은 단지 자기 한 사람만을 초월한다. 혹은 다른 피조물의 사랑을 초월한다. 이런 그리스도를 본받는 것을 사랑의 기초와 동기로 삼는 신념은 샤를의 영성관 가운데 복잡하게 얽혀 있다. 순종은 자주 볼 수 있는 또 다른 신념이다.

순종: 가장 완벽한 발판목

첫 번째로 본받음, 사랑, 순종의 사상을 함께 연결시킨 것은 1887년 1월 24일에 나타난다. 그가 시토회의 마지막 순종 시험 후의 어느 날 편지 중에 나타난다. 샤를은 친구인 제롬 신부에게 함께 기도할 것을 요청한다.

우리는 야곱이 꿈꾸었던 사다리 위에 줄곧 머물 수 있습니다. 그 사다리 위에서 천사는 계속 끊임없이 오르락내리락 했습니다. 영원히 조금도 멈추지 않고 사다리의 발판을 밟고 있었습니다. 사모, 하나님께 대한 주목, 본받음, 미치도록 빠져듦, 생각과 의지의 하나 됨, 마음으로 사랑하는 것을 영화롭게 하는 것, 순종. 순종은 사랑의 사다리의 최종의 초고의 가장 완벽한 발판목입니다. 거기에는 다시는 자아가 없습니다. 거기서 우리는 섬멸을 당하고 죽임을 당합니다. 마치 예수님께서 십자가 위에서 죽으셨던 것과 마찬가지로 말입니다. 거기에서 우리는 몸과 영혼을 함께 사랑하는 분께 드리게 됩니다. 다시는 생명이 없습니다. 의지도 없습니다. 독립적이고 자주적인 행함도 없습니다. 만약 가능하다면 살아 있는 송장에 불과합니다……. 그러므로 우리가 온 영혼으로 순종하고 온 영혼으로 사랑합시다! (Quoted in Philip Hillyer, Charles de Foucauld, Collegeville, Minnesota: The liturgical Press, 1990, p. 67)

진정으로 그리스도를 본받기 위해서 해야 할 첫 번째 일은 바로 매순간마다 하나님의 뜻에 순종하셨던 그분을 본받는 것이다. 그런데 우리는 예수님과 같은 하나님의 뜻에 대한 첫 번째 자료를 가지고 있지 않다. 이때 영적인 인도자가 바로 중간에 서 있는 협조자가 된다. 샤를은 해석한다. 영적인 인도자가 잘못을 범할 가능성이 하나도 없는 것은 아니지만 우리는 그에게 여전히 순종해야 한다. 이것은 영적인 인도자는 모든 방면에서 '그리스도를 본받게' 하는 가이드라는 것을 의미한다. 그렇다. 샤를의 견해를 근거로 보면 사람이 영적인 인도자 없이 그리스도를 본받는 것은 불가능하다(위의 책, 67쪽).

실천적인 면에서 본다면 본받는 것은 순종 다음이다. 먼저 순종이 있어야 그 다음에 진정으로 본받을 수 있다. 그런데 이 주제를 다룰 적에 샤를은 '본받는' 동시에 또한 '정신을 똑바로 차리고 시선을 집중하는' 것도 포함한다는 사실을 잊지 않았다. 왜냐하면 예수님 자신도 조금도 멈추지 않고 하나님께 시선을 집중했기 때문이다. 만약 하나님께 시선을 집중하지 않으면 그리스도를 본받을 가능성이 전혀 없다. 심지어 이렇게 말할 수 있다. 본받는다는 것과 정신을 똑바로 차리고 시선을 집중한다는 것은 모두 사랑의 한 차원이다.

> 사랑하는 그 순간부터 우리는 바로 본받고 시선을 집중하기 시작한 것입니다. 본받는 것과 시선을 집중하는 것은 필수적이고도 자연스럽게 사랑의 일부분이 됩니다. 사랑은 연결이 되고 사람을 사랑하는 자는 사랑을 덧입는 자가 되기 때문입니다. 사람을 사랑하는 자와 사랑을 덧입는 자는 연합하게 됩니다. 본받는 것은 바로 연결입니다. 한 사람이 다른 사람과 비슷하기 때문에 연합합니다. 정신차리고 시선을 집중하는 것은 바로 서로 아는 것과 통찰을 통해서 한 사람이 다른 사람과 연결되는 것입니다……
>
> (Quoted in Hillyer, p.68)

사랑의 세 딸

그러므로 우리는 이 두 주제를 함께 놓고 다음과 같이 말할 수 있다.

> 그들이 완벽한 존재로 추구되고 또 유일하게 완벽한 존재를 향할 때 '사랑'은 갈라놓을 수 없는 세 딸을 가지게 됩니다. 그들은 정신차려 시선을 집중하는 것, 본받는 것, 그리고 순종하는 것입니다. 이 세 딸은 우열을 가릴 수 없이 평등합니다. 절대로 반드시 사랑의 반려자와 영향이 되어야 합니다. 이 때문에 그들은 사랑의 어머니라고도 말할 수 있습니다. 그들 각각에 있어서 그들은 동시에 사랑의 원인이 되고 사랑의 산물이 됩니다. 사람이 하나님께 시선을 집중하면 할수록 하나님을 더 사랑하게 됩니다. 하나님을 본받으면 본받을수록 하나님을 더 사랑하게 됩니다. 하나님께 순종하면 할수록 하나님을 더 사랑하게 됩니다.(Quoted in Hillyer, p. 68)

다른 의미에서 말한다면 정신과 시선을 하나님께 집중하는 것은 가장 핵심이 된다. 왜냐하면 오직 인식하고 알아가는 길 위에 확립될 때 우리는 비로소 본받고 순종할 수 있기 때문이다. 오직 정신과 시선을 집중하는 것을 통해서만 하나님을 알게 된다. 다른 측면에서 말한다면 본받고 순종하는 것은 정신과 시선을 집중하는 것보다 앞서야 한다. 본받고 순종하는 것 안에 정신과 시선을 집중하는 것이 포함될 수 있다. 순종하고 본받는 가운데 우리를 세우기 위해서 우리의 주님께서는 완전한 사랑 가운데 우리를 세우셨다. 마치 주님이 요한복음 15장 7, 8절에서 가르치시고 있는 것과 같이 영적 삶의 모든 기초를 포함하고 있다.

> "…… 너희가 내 안에 거하고(사랑), 내 말이 너희 안에 거하면(순종), 무엇이든지 원하는 대로 구하라(기도, 정신과 시선을 집중하는 것)……, 너희가 과실을 많이 맺으면(자기와 이웃의 성화), 내 아버지께서 영광을 받으실 것이요(하나님의 영광), 너희가 내 제자가 되리라(본받음)."

그렇다. 복음서의 메시지는 샤를이 보기에 처음부터 끝까지 모두 '사랑' 이라는 단어다. '본받음' 은 '사랑' 의 자녀요 자매요 어머니이다. 우리가 예수님을 본받아야 한다. 우리가 그분을 사랑하기 때문이다. 우리가 예수님을 본받아야 한다. 그분을 더 많이 사랑하자! 우리가 예수님을 본받아야 한다. 그분이 우리에게 요구하시기 때문이다. 순종이 바로 사랑이다……. 예수님께서 제자들에게 하셨던 첫 번째 말씀이 바로 "와 보라!" 였다. 이 말은 바로 "나를 따르라, 나를 주시하라" 는 의미이다. '본받고 정신과 시선을 집중하는' 것을 가리킨다. "나를 따르라" 는 바로 "나를 본받으라" 는 의미이다.(Quoted in Hillyer, p. 69)

유일하게 구하는 것

본받음과 순종은 모두 사랑을 포함하고 있다. 왜냐하면 예수님께서 몸소 보여 주시고 말로 가르치신 것이 이를 설명하고 있기 때문이다. 바로 그들은 서로 그 가운데 있는 것을 포함하고 있다. 사랑과 본받음과 순종의 대상은 모두 예수님이다. 또한 모두 무조건적이다. 샤를에게 있어서 이것은 인간이 평생 도달할 수 없는 완벽한 경지이다. 그렇지만 여전히 온 힘으로 목표를 향해 매진해야 한다. 예수님은 우리의 유일하고 완벽한 모델이다. 유일한 '길'이요 유일한 '진리'요 유일한 '생명'이시다.

그의 일생을 종합해 볼 때 샤를이 평생토록 추구했던 것은 사랑 안에서 하나님께 자신을 열어드리는 것이었다. 이처럼 사랑 안에서 하나님께 자신을 열어드리는 것은 그의 기도묵상의 삶의 자양분이 그를 사랑 안에서 성장할 수 있도록 했다. 샤를과 마찬가지로 우리도 이처럼 성장해야 한다. 이것 외에 다른 것은 없다. 샤를이 체험한 것처럼 사람이 영적인 여정의 출발점에 서있는 것처럼 보이든 혹은 중간 지점이나 목적지에 거의 도달한 것처럼 보이든 영원히 오직 한 말씀뿐이다. 이 요청의 말씀은 직간접적으로 우리의 순수함과 깨달음을 재촉한다. 바로 이 말씀은 초보자도 바로 깨달아 알 수 있는 말씀이다. 뿐만 아니라 영적인 성도들도 외면해서는 안 될 말씀이다: "와 보라, …… 와서…… 나를 따르라!"

26. 긴 밤중에 소리 없는 전도자
토마스 머튼(Thomas Merton, 1915-1968)

머튼은 마지막 몇 권의 책 가운데 한 권의 머리말에 유대 랍비가 들려주는 한 가지 이야기를 적고 있다.

두 나그네가 있었다. 그중 한 사람은 술에 취해 있었다. 그들은 걷고 또 걸었다. 그런데 뜻밖에 강도를 만나 심하게 얻어맞게 되었다. 그리고 소지하고 있던 모든 물건을 빼앗기게 되었다. 입고 있던 옷마저 모두 빼앗겼다. 숲속을 벗어났을 때 길가는 행인이 그들에게 물었다.
"두 분께서는 숲속에서 무슨 안 좋은 일을 만나신 게로군요?"
"아니올시다."
술에 취한 나그네가 대답했다.
"모든 것이 정상이올시다. 아무 일도 만나지 않았소이다!"
행인이 참다못해 다시 물었다.
"그렇다면 두 분은 왜 옷도 입고 있지 않습니까? 그리고 온 몸에 묻은 피들은 또 뭡니까?"

술 취한 나그네는 아무 대답도 할 수 없었다.

"저 사람을 믿지 마시오. 저 사람은 술주정뱅이란 말이오."

정신이 말짱한 나그네가 말했다.

"우리는 진짜 재수에 옴 붙은 사람들이오! 강도를 만났지 뭐요. 주먹질 발길에 눈탱이가 밤탱이가 되도록 사정없이 얻어맞았소. 게다가 우리가 가지고 있던 물건까지 죄다 빼앗겼으니 쯧쯧. 보아하니 이 숲속에 들어갈 행세신데 조심하시구려. 우리 같은 꼴 되지 마시고. 돈과 물건은 잘 챙기시오. 빼앗기지 않게!"

머튼의 이 이야기에 대한 해석은 다음과 같다. 어떤 그리스도인들의 신앙은 술 취한 나그네와 매우 흡사하다. 명백히 알 수 있는 일도 그 시비를 가리지 못해 안절부절 못한다. 이런 신앙은 마치 마취제와 같아 사람이 현실세계의 불의와 강포함을 보지 못하게 한다. 심지어 사람이 자기도 모르게 세상의 물결 따라 흘러가게 된다. 구별된 거룩한 삶을 살 수 없게 된다. 세상에 대해 '아니오'라고 용감하게 말하지 못한다.

부정의 길

토마스 머튼(Thomas Merton, 1915-1968)은 아마 20세기의 가장 유명한 수도사요 다작의 작가일 것이다. 문학, 사회, 영성학 관련 자서전, 시집과 평론 등 80권의 책을 집필했다. 그의 작품은 일종의 강렬한 신앙적 자화상을 나타내 보여 준다. 이 자화상은 그의 내면의 갈망이 흘러나온다. 그는 현실 세계로부터 은둔하는 것보다 더 많은 일을 하기를 갈망한다.

　머튼은 1915년 프랑스에서 태어났다. 부모 두 분은 모두 예술가였다. 아버지는 뉴질랜드에서 왔고 어머니는 미국인이었다. 그는 유년 시절의 대부분을 뉴욕과 프랑스 그리고 영국에서 보냈다. 이 때문에 몇 개 국어에 능통했다. 그는 뉴욕의 컬럼비아 대학을 다니던 시절 이미 여러 권의 책을 집필했다. 그는 20세 이후부터 서서히 종교에 흥미를 나타낸다. 1936년 11월 세례를 받고 가톨릭 신자가 된다. 그후 진로를 고민하며 많은 갈등을 겪게 된다. 머튼은 1941년 12월 마침내 트라피스트 겟세마네(Trappist Abbey of Our Lady of Gesthemani) 수도사가 된다. 트라피스트는 천주교 시토 수도회(Cistercian) 중에서 가장 엄격한 분파 중 하나다.

　11세기경 많은 개혁적인 수도방식의 수도회들이 난립하게 된다. 시토 수도회는 개혁의 물결이 가장 거세던 때인 1098년 프랑스 시토(Citeaux) 마을에 설립된다. 시토 수도회는 초기의 성 베네딕트 수도회의 기조를 이어받는다. 깊이 생각하고 묵상과 기도하는 일에 힘을 기울인다. 뿐만 아니라 수도자 개인적으로 세상과의 과도한 왕래를 금하는 편이다. 그들은 장기간 금식할 뿐만 아니라 취침 시간을 극도로 줄인다. 하루의 일과는 새벽 2시에 시작된다. 대부분의 시간을 힘든 노동을 하며 섬긴다. 종일 말없이 생각하고 묵상하며 기도한다.

　그들의 목표는 하나님과의 묵상 기도 중에 자아에서 비롯된 억압에서 더 많이 벗어나는 것이다. 그들은 너무나 크신 하나님은 너무도 미미한 인간이 직접 알 수 '없다'고 여긴다. 그래서 늘 '부정'의 방식을 사용하여 하나님을 묘사한다. 예를 들면 하나님이 '안' 계신 곳은 '없고' 알지 '못' 하는 것이 '없으신' 분이다. 이것은 초기교회에서 일컫던 이른바 '부정의 길'(vis negation)이다. 모세는 일찍이 하나님의 등은 볼 수 있었지만 하나님의 얼굴은 볼 수 '없었다'(출애굽기 33장 23절). 사람이 하나님을 볼 수 '없기' 때문에 오직 '묵상' 을 통해서만 하나님을 인식하게 된다. 이것은 또한 그들의 생활 방식과 사상의 기초이다.

세상이 가져야 할 모습

머튼은 겟세마네 수도원에서 사반세기 가까운 세월을 보내며 교회와 세상의 수많은 변화들을 목격하게 된다. 교회 방면에서 보면 제2차 바티칸 공의회는 이단을 정죄하고 교의를 해석함에 있어 과거와는 완전히 다른 관례를 남겼고, 교회의 현대 세계에 대한 의의에 관해 매우 건설적인 자기반성을 하고 정책을 결정했다. 그것이 교계에 불러일으킨 개혁의 물결은 지금까지도 여전히 그 여파가 사그러들지 않고 있다. 비교적 넓은 측면에서 말한다면 이 세계는 원자탄 폭발의 위력을 목격했고 지금까지도 그 그늘 아래 살고 있다. 심지어는 미국의 민권운동은 마틴 루터 킹 목사의 주도로 저 멀리 불길같이 번져갔다. 이와 마찬가지로 미국에서는 월남전의 종결이 반전통문화(反傳統文化)의 파도를 일으키는 데 가속의 역할을 했다. 뿐만 아니라 이 파도는 주변 국가로 점차 확산되었다.

이 같은 시대의 거대한 변화는 개인적인 삶에 영향을 가져다 주었다. 머튼의 삶은 이 영향 아래의 신선하고 살아 있는 예증이다. 그는 수도원에 들어간 후에 원래는 전형적인 한 명의 수도사였다. 그러나 1950년대 기간에 머튼의 눈이 서서히 열리기 시작했다. 자신 스스로의 반성을 거치면서 서서히 보편적인 인성(人性)의 진면목을, 그리고 자신과 모든 인류가 직면한 공동의 운명을 똑똑히 보게 되었다. 그때 이후로 그는 결코 다시 이 세상을 소홀히 할 수가 없었다. 머튼에게 있어서 묵상의 목표는 바로 세상 가운데 있는 거짓되고 헛된 환상들과 이미지를 파헤치는 것이다. 이런 거짓되고 헛된 환상과 이미지는 인격적이고 진실된 자아를 아는 데 장애물이 된다. 세상의 궁극적 목표를 아는 데 방해가 된다. 그 같은 거짓되고 헛된 환상과 이미지는 개인과 온 세상이 하나님께서 세상을 창조하셨을 때의 완벽한 처음의 모습이 되는 것을 가로막기 때문이다.

머튼은 젊었을 때 에크하르트(Meister Eckhart, 1260-1328), 십자가의 성 요한(John of the Cross, 1542-1591), 그리고 아빌라의 테레사(Tersa of Avila, 1515-1582)의 작품을 탐독했다. 에크하르트는 독일 도미니크 수도회의 신학자요 작가였다. 독일 신비주의의 조상으로 일컬어진다. 가장 높은 수준의 신비주의 형식의 신비 경험은 '하나님과의 결합'으로 보았다. 십자가의 성 요한은 스페인의 신비주의 신학자 겸 시인으로 저작은 ≪영혼의 어둔 밤≫ 등의 시(詩)가 있다. 아빌라의 테레사는 스페인의 종교개혁자요 정신체험 작가였다. ≪영혼의 성채≫는 그의 정신체험을 기록해 놓은 작품이다. 머튼은 나중에 개인의 영적 경험의 전환으로 인해 많은 영적 신비의 경험을 가지고 있는 영국 신학자 노위치의 줄리안(Julian of Norwich, 1342-1416)을 더 좋아하게 된다.

1960년대에 머튼은 아시아 종교에 흥미를 가지게 된다. 뿐만 아니라 기독교 묵상과 불교 명상의 관계를 연구하기 시작한다. 영적 경험을 탐색하는 일에 열중한 나머지 선종(禪宗)과 라마교와도 어느 정도 관련을 맺게 된다. 아쉽게도 1968년 태국 방콕에서 불의의 감전사고를 당해 생을 마감하게 된다.

어거스틴의 《참회록》처럼 머튼도 1948년 10월에 자신의 정신체험 수기 《칠층산》(Seven Story Mountain)을 출간한다. 이 책에서 그는 자신의 삶의 역정(歷程)을 상세히 서술한다. 이 책은 출판되자마자 베스트셀러가 되었고 출판계의 진품이 되었다. 초판 60만 권의 양장본이 나오기가 무섭게 순식간에 매진되었다. 하루 만에 5,000권을 주문받은 적도 있다.

홀로 조용히 묵상하는 중에 얻을 수 있는 통찰

한번은 머튼이 켄터키 주 루이빌(Louisville, Kentucky)의 커머셜 센터에서 특별한 영적 경험을 하게 된다.

> 바로 제4거리와 호두거리가 만나는 곳 상업 지역의 중심지에서 저는 갑자기 일종의 깨우침에 빠져들고 말았습니다. 저는 갑자기 깨닫게 되었습니다. '나는 모든 사람들을 사랑한다. 저들은 나에게 속한 사람들이다. 나도 또한 저들에게 속한 사람이다.' 설령 서로 생소한 사이지만 우리는 다시는 상대방을 이방인으로 봐서는 안 됩니다. 이 깨달음은 저를 마치 세상과 격리된 꿈속의 나라에서 깨어나게 했습니다. 그것은 자신을 고결한 인격자라고 여기며 스스로 도취되어 자만하게 살아가며 스스로를 탁월하고 초연한 거룩한 경지에 있다고 여기는 꿈속의 나라였습니다. 저는 갑

자기 맑은 정신으로 볼 수 있었습니다. 사회를 벗어나 혼자 살고 있는 거짓 형상을 보게 되었습니다. 사실 그것은 꿈속의 나라일 뿐입니다.

비록 현실과 동떨어진 거짓 형상이 여전히 존재하지만 머튼은 거의 항상, 매일, 아침 저녁 구분 없이 하나님의 각 사람에 대한 사랑을 보고 체험할 수 있었다. 뿐만 아니라 각 개인과 인류사회가 그처럼 긴밀하게 동고동락하고 있는 것을 보고 체험했다. 나중에 머튼은 이 깨달음의 경험과 그가 홀로 벗어나 묵상했던 경험과의 관계를 반성하게 된다. 이로써 한 가지를 깨닫게 된다. 바로 홀로 묵상함이 있었기에 비로소 그 같은 분명한 깨달음을 경험할 수 있었다는 것이다. 그는 덧붙여 말한다. 만약 우리가 "하나님 외의 것들에 머리를 묻고 사물의 가상(假象)에 정신을 빼앗기며 살 때 자기도 모르는 사이에 환경의 파도에 휩쓸려 가고 만다." 이럴 때 우리는 그 같은 영적인 깨달음의 경험을 가질 수 없게 된다.

머튼은 그가 동떨어져 홀로 조용히 묵상했던 수련이 그에게 그 같은 특수한 영적인 경험을 하게 했다고 믿고 있다. 이 신념은 우리에게 한 가지 길을 제시해 준다. 그것은 바로 우리가 영적인 경험을 구할 적에 또한 그와 동시에 사회환경과 맞설 능력을 얻게 된다는 것이다. 아주 분명하다. 이것은 우리가 동떨어져 홀로 조용히 묵상을 수행할 때 바로 영적인 비전을 얻게 된다는 의미가 아니다. 머튼이 확신하는 바는 홀로 동떨어져 조용히 묵상하는 훈련을 쌓는 가운데 선지자적인 통찰력을 배양할 수 있다는 것이다. 이 통찰력은 인간에게 올바른 판단을 내릴 수 있는 능력 그리고 하나님의 마음에 맞게 행할 수 있는 능력을 부여해 준다는 것이다. 이에 대한 관건은 머튼이 주장하는 "조용히 묵상할 때 허황된 가상을 이길 수 있다"에 있다. 그리고 "홀로 됨은 사람이 자기도 모르게 파도에 휩쓸리는 것을 극복할 수 있도록 한다"는 것이다.

그는 우리에게 주의를 상기시킨다. 묵상의 초점은 하나님께 집중되어야 한다는 것이다. 그럴 때 우리의 마음과 생각이 장애물을 뛰어넘을 수 있도록 돕는다. 모든 사회의 환경의 가상이 사람에게 더해 주는 모든 장애물을 초월할 수 있다. 홀로 조용히 묵상하는 중에 하나님을 알게 된다. 사회 환경의 한계와 왜곡에서 오는 얽매임으로부터 벗어날 수 있도록 한다. 이런 벗어남은 궁극적으로 사람이 자신과 벗어났던 사회 환경과의 관계상의 전환을 허용한다. 비난하고 적대적이던 대립관계가 친밀한 서로의 가족관계로 전환된다.

'세속을 등진다'는 지조(志操)를 가지고 '사회에 뛰어들어' 세상을 돌보는 일을 하다

우리는 문자가 범람하는 문화권에 살고 있다. 이런 문화권은 한 가지 경향이 있다. 바로 '정확한 이해'는 '더 많은 어휘'에 의존하고 있다는 사실이다. 특히 교회 안의 원리주의자들은 더욱이 이 같은 좋지 않은 문화적 경향이 있다. 이 좋지 않은 문화는 문자와 문자의 계획되고 진행되는 행사에 지배당하게 된다. 문자에 대한 이 같은 집착은 우리가 문자에 대해 가지고 있는 확고한 신념 때문이다. 우리는 문자를 빌려 우리의 실체를 좌지우지할 수 있다고 여긴다. 우리는 문자를 빌려서 그리고 문자가 표현하는 사상을 통해서 세상에 대해 우리의 견해를 발표하고 우리의 이상(理想)을 투사할 수 있다고 생각한다. 심지어는 문자를 빌려 세상이 우리에게 그 여러 가지 면모를 나타내 보여 주도록 한다. 우리는 진실로 알아야 한다. 사물에 대한 깊은 이해는 문자에만 의존할 뿐만 아니라 더욱더 묵상에 있다.

대부분의 복음주의자들, 교회의 가르침, 문서 전도 자료는 모두 일종의 '천편일률적'이고 예민하지 않은 경향이 있다. 우리가 전달하고자 하는 메시지의 대상에 대해 우리는 그들의 내면세계를 예민하게 살피지 않는다. 일반적으로 우리는 우리가 처해 있는 문화의 분위기, 용어 사용 습관, 그리고 사고방식을 잘 이해하지 못한다. 이 때문에 우리의 언사가 공허하고 무미건조하다. 자기의 재간과 지혜를 내려놓고 먼저 충분히 묵상하는 것은 필수적이다. 특히 우리가 올바른 판단을 내리고자 고민하고 있다거나 혹은 하나님의 뜻이 긴가민가 느껴질 때 묵상을 통해 처한 상황의 핵심으로 들어가는 것이 매우 필요하다. 묵상하는 가운데 처한 상황의 진정한 모습을 올바로 볼 수 있게 된다. 우리는 조용한 묵상을 통해서 경우에 맞는 말을 하는 법을 배우는 것이 필요하다. 홀로 처함을 통해서 다른 여러 상황에 맞게 대응하는 법을 찾을 수 있다.

머튼은 그의 일생의 사명을 다음과 같이 묘사한 적이 있다.

긴 밤은 저의 끝없는 목양지입니다.

침묵은 저의 충심 어린 섬김입니다.
가난은 저의 아낌없는 베풂입니다.
무조(無助)는 저의 무언의 설교입니다.
너무 멀어 볼 수 없고 소리마저 다가갈 수 없는 사면 팔방,
모두가 제가 밤낮으로 찾아다니는 영공입니다.
뜻밖의 기회에 세상을 위한 값진 보물을 찾고 싶습니다.
고독한 나라의 변방을 정처 없이 방랑합니다.
우리는 모두 듣는 데 익숙한 나그네입니다.
말로 전할 수 없는 천상의 소리를
온 마음 귀기울여 들어보십시오.
저 멀리서 곧 전해올 것을 전심으로 기다리십시오.
그리스도의 승리 개선곡 중에 첫 번째 북소리,
저는 세상의 변방에 주둔해
열심히 지키고 있는 초병인가 봅니다.

　　이것이 바로 머튼의 비전이었다. 수도사의 지도자로서 그는 이렇게 이 세상을 섬겼다. 조용히 묵상하는 것을 통해서 귀기울여 듣고 하문함으로 겸손하며 용감히 자기를 이 세상의 무대에 나타내 보였다. 또한 세상의 사각지대에 자신을 나타내 보였다. 조용히 묵상하고 홀로 처하는 용광로 속에서 현대생활 중에 겉만 번지르르해진 우리의 거품 인생이 깨끗이 연단받게 된다고 머튼은 확신했다. 가상을 품지 않고 하나님을 대면하는 사람은 보는 것이 자연히 다른 사람보다 더 정확하다. 말하자면 머튼은 선지자의 통찰력이 가져다 주는 능력은 실제로 실천자가 가져다 주는

능력을 능가한다는 것을 확신한 것이다. 그런데 선지자의 통찰은 신비 경험, 깊은 사고와 묵상 그리고 끊임없는 기도가 뒷받침되어야 한다.

머튼의 영성신학상의 주장은 우리에게 생소하지 않다. 게다가 마땅히 받아들여야 한다. 그는 또한 '세속을 등진다'는 지조를 가지고 '사회에 뛰어들어' 세상을 돌보는 일을 한 더할 나위 없이 훌륭한 모델이 된다. '실천과 행함에 힘을 다 쏟는 것'과 '침묵과 묵상을 고수하는 것'의 성격 사이에 존재하는 장력, '하나님에 대한 충성과 전념'과 '사람에 대한 물심양면의 도움'의 마음 사이에 존재하는 장력, 머튼은 이 장력 사이에서 유유자적하며 균형을 유지하고 있다.

≪아무도 섬은 아니다≫(No man is an Island)에서 머튼은 그의 묵상과 홀로 처함에 관한 견해를 음악과 견주어서 설명하고 있다.

> 음악이 듣기 좋은 것은 그 안에 소리가 있기 때문만이 아닙니다. 음표와 쉼표 서로간에 간격이 없다면 리듬과 선율을 논할 수가 없습니다.

우리의 섬김과 영적 생명도 이와 마찬가지라고 그는 말한다.

> 만약 조용히 묵상함이 없다면 하나님은 우리 생명의 악장을 알아들을 수 없게 됩니다. 만일 쉼이 없다면 하나님은 우리의 사역에 개입하고 축복할 수 없습니다. 만약 우리가 온 힘과 열정을 다 쏟아 부어 우리의 삶의 공간을 활동하고 경험 쌓는 일로만 꽉 채

운다면 하나님은 조용히 우리의 마음의 방문을 나서시게 될 것입니다. 우리의 삶이 공허하고 빈혈 있는 상태로 내버려 두실 것입니다.

27. 집에 돌아가는 길을 찾았다!
헨리 나우웬(Henri J. Nouwen, 1932-1996)

천주교와 기독교계의 작가, 강사의 범주 안에 동시에 널리 알려져 있는 사람 중에 나우웬에 버금갈 사람이 없다. 수많은 복음주의 진영의 그리스도인들도 이 천주교 신부에게서 영적인 인도함을 받는다. 나우웬의 저서는 30권이 넘고 여러 나라 말로 번역되었다. 작품의 구절구절마다 삶의 체험에서 오는 영감들로 가득 차 있다. 곳곳에 하나님의 무조건적인 사랑과 하나님의 '각각의 한 사람'에 대한 영접하심을 자연스럽게 나타내 주고 있다. 그의 영적 사고는 독자가 더 깊이 기도하고 더 많은 시간을 할애해 하나님의 음성에 귀기울이도록 북돋운다. 이 때문에 셀 수 없는 수많은 사람들이 그리스도 안에서 뿌리를 내리고 싹을 틔우도록 도와주었다.

나우웬은 "우리 각 사람은 모두 하나님의 온전한 사랑을 덧입고 있다"고 믿고 있다. 그렇지만 또한 "그 자신이 하나님의 사랑을 덧입고 있다"는 사실은 온전히 믿지 못한다. 그 자신이 이미 진정으로 하나님의 가정에 있다는 사실을 믿지 못한다. 이 같은 혼란은 그의 삶 가운데 복잡하게 얽히고 설킨 비교가 안 되는 '은사'와 '갈등'을 형성토록 했다. 오랫동안 나우웬은 줄곧 자기의 개인적인 복잡한 감정과 마음속의 불안과 두려움으로 갈등했다. 바로 이 같은 인간의 심령에 가까이 다가서는 갈등은 그가 일반대중을 깊이 이해하고 동정할 수 있도록 했다. 글 속에서 보이는 나우웬은 그처럼 투명하고 연약하다. 이 때문에 그는 수많은 연약한 사람들을 끌어들이고 도와줄 수 있었다.

만약 나우웬의 저작의 기조가 자전체적이라고 말한다면 조금도 지나친 말이 아니다. 왜냐하면 그가 주의 깊게 관심 갖는 '사랑'과 '집'의 메시지를 아주 깊게 나누고 있기 때문이다. 이것은 또한 그가 지니고 있는 '믿음', 그리고 또 '믿을 수 없음'에 관한 메시지다. 그래서 그는 다른 방식으로 다른 매개를 들어 같은 메시지를 반복해서 쓰고 있다. 로마성의 피에로, 렘브란트의 명화(名畵) "돌아온 탕자" 등은 그가 사용한 대표적인 매개들이다. 그의 삶은 줄곧 '언뜻 보는 것'과 '언뜻 잃어버림' 사이에 망설이고 있는 것 같다. 그는 줄곧 그의 관심과 주의를 표현할 새로운 이미지를 찾고 있다. 예를 들면 떡을 쪼갬과 나눔, 텅 비어 적막한 예배당, 벌리고 있는 두 손, 피에로 분장, 서커스단, 거울, 춤과 귀가(歸家).

1996년에 나우웬은 진짜로 집으로 돌아갔다. 그를 금세기의 가장 중요한 영성 작가의 한 사람이라고 극찬하는 사람도 있다. 그런데 도대체 나우웬이 어떤 방면에서 그렇게 거룩하단 말인가? 그의 인간의 삶에 다가서는 영성관의 내용은 또 무엇인가?

우리 함께 처음부터 자세히 살펴보도록 하자.

'하버드'에서 '여명'으로 발을 내딛다

1932년 1월 24일, 나우웬은 네덜란드 네이케르크(Nijkerk)에서 태어났다. 성직자 양성 훈련 과정을 거쳐 1957년 신부로 세움 받는다. 그리고 다시 나이메헨(Nijmegen)에서 심리학을 연구한다. 얼마 후 다시 미국 캔자스 주 메닝거(Menninger) 의료센터에서 종교학, 심리학, 정신병학을 전공한다. 1966년부터 노트르담 대학교(Notre Dame University)의 요청으로 2년간 심리학을 강의한다. 그는 거기서 강의하는 것을 몹시 좋아했다.

> 하지만 머지않아 마음 깊은 곳에서 심리학은 저의 밭이 아님을 알게 되었습니다. 저에게는 깊은 갈망이 있습니다. 하나님과 관련된 일을 전파하는 것입니다. 성경을 설파하는 것입니다. 만약 제가 여기에 남게 된다면 신학에 종사해야 함을 느낍니다.(Arthur Boers, "What Henri Nouwen Found At daybreak," Christianity Today, Vol.38, No.11 [Oct.3, 1994], p. 30)

1968년에 나우웬은 조국 네덜란드로 돌아간다. 암스테르담 교목연구센터와 위트레흐트(Utrecht) 신학교에서 강의한다. 1970-1971년 사이에 그는 다시 나이메헨으로 돌아가 신학을 연구한다. 그리고 박사학위를 받는다. 1972년 그의 아메리카 시절이 시작된다. 예일대학 신학교에서 교목학 교수로 재직한다. 나우웬의 이 기간의 성과는 대단했다. 하지만 마음속에 무언가가 부족한 느낌이었다. 그는 예일을 사랑했다. 하지만 그곳은 그가 부름 받은 사명의 땅이 아님을 느끼게 되었다. 신학 교육에 종사하는 일이 영적 삶의 깊이를 보장해 주는 것은 아니었다.

> 저에게 다른 것이 필요함을 느꼈습니다. 왜냐하면 저의 영적인 삶에 깊이가 없습니다. 저는 한낱 연약한 인간에 불과합니다. 또한 제 자신이 그리스도 안에서 내린 뿌리가 충분히 깊지 않다는 것을 압니다. 저에게는 더 기초적인 무언가가 필요합니다.(위의 책, 30쪽)

그 후에 다시 적고 있다. 그리스도의 말씀 위에 재삼재사 자기를 성찰한다. 그는 마침내 예수님께서 하신 말씀 "먼저 된 자가 나중 되고, 나중 된 자가 먼저 되리라"는 의미를 분명히 알게 된다. 나우웬은 두려워하기 시작한다. 자신이 '성공'의 대열에 서 있을수록 자기가 갈망하는 '사랑'을 잃어버리지나 않을까 걱정되었다. 나중에 그는 하버드 대학으로 자리를 옮기지만 갈등은 계속된다.

> 내면에 그 무엇인가가 제게 말하는 것 같았습니다. 성공하면 할수록 나의 영혼은 위험한 지경에 놓이게 된다는 것을.

하버드에서의 경험은 나우웬에게 좋은 인상을 남기지 못한 것이 분명하다.

거기는 제가 가본 곳 중에서 가장 힘들고 고달픈 곳 가운데 하나였습니다. 그곳은 다들 지식에 목숨을 걸고 그 성과에 환호하는 학부였습니다. 심지어 어떤 때는 다소 건방지고 거만하기까지 합니다. 그 안에 있으면서 저의 영혼을 어떻게 심화해야 할지 알 수 없었습니다. 그 안에 있으면서 도대체 어떻게 예수님을 가까이해야 할지 몰랐습니다.(위의 책, 31쪽)

이때 "방주"(프랑스어 L 'Arche)의 창시자 장 바니에(Jean Vanier)와 만난 것은 상황에 전환을 가져오는 계기가 되었다. 1984년에 나우웬은 프랑스 트로슬리(Trosly)의 방주 단체에 가서 9개월간 생활한다. 방주는 전 세계적인 사역을 하고 있는 단체로 거기에서 심리장애인들이 복음교리에 근거하여 그들의 도우미들과 함께 산다. 방주의 많은 사람들은 사회에서 버림받고 소외된 사람들이다. 하지만 방주는 이 같은 장애인들과 도우미들을 받아들였다. 하나님께서는 바로 우리의 망가진 곳에서 사랑하신다는 사실을 모든 사람들에게 일깨워 주고 있다.

1985년에 나우웬은 마침내 학술 영역을 떠난다. 1986년부터 1996년 하나님 집으로 돌아가기까지 캐나다 토론토 북쪽 변두리에 위치한 방주 "여명의 집" 신부로 지낸다. 이 같은 그의 인생의 전환은 많은 사람들을 크게 놀라게 했다. 다재다능한 작가요 아이비리그 학술 종사자가 그처럼 박수갈채를 한 몸에 받는 세상의 무대에서 놀랍게도 내려온 것이다! '하버드'에서 '여명'으로 발을 내딛게 됐던 그때의 심경을 나우웬은 '훌륭하고 빛나는 곳'에서 사회 가운데 '멸시받는 무리' 안으로 발걸음을 내디뎠다고 적고 있다. 한 편의 영화 속 이야기 같은 전환은 많은 독자들이 사랑하는 영성 작품 ≪새벽으로 가는 길≫(The Road to Daybreak)의 주제가 되었다.

여명의 집 정신장애인들이 나우웬을 좋아하자 나우웬도 여명의 집에 대해 서서히 사랑을 갖게 된다. 그리고 자기가 돌보는 아담(Adam, 1961-1996)과의 사이에 깊고 돈독한 우정이 싹트게 된다. 아담은 평생 한 마디 말도 한 적이 없는 형제였다. 아담은 나우웬에게 몇 가지를 가르쳐 주었다: 시간이 짧지만 조금만 천천히! 마음이 있는 곳에 사랑이 있다. 사랑은 말 없이도 자란다는 것을 믿게 되었다. 외부의 요청을 받고 매번 강연하러 갈 때면 나우웬은 한 명의 방주공동체 식구를 데리고 그와 함께 갔다. 그는 늘 이야기했다: "이제 저는 단지 나우웬이 아닙니다." 방주와 나우웬은 떼려야 뗄 수 없는 긴밀한 관계였다. 그에 대해 알고자 한다면 반드시 방주를 알아야 한다. 나우웬은 그를 찾아온 방문자에게 다음과 같이 말한 적이 있다.

> 방주의 존재는 정신박약아들이 '정상적인 생활로 돌아가도록' 돕는 데 있지 않습니다. 그들이 이 세상에 대해 '영적인 은사들을 나누도록' 돕는 데 있습니다. 영혼이 가난한 이런 분들이 우리를 돌이킬 수 있도록 합니다. 이런 정신박약아들은 가난 중에 우리에게 하나님을 계시해 주었습니다. 우리를 복음서의 가르침에 더 가까이 가도록 인도해 줍니다.(위의 책, 29쪽)

여명의 집은 1995년에 나우웬에게 1년간의 안식년을 주며 저술을 하도록 배려한다. 그 기간에 그는 다섯 권의 책을 집필한다. 그 중에 ≪안식의 여정≫(Sabbatical Journey)은 그 1년 동안의 정황을 묘사한 것이다. 안식년이 끝난 후 셋째 주 러시아 텔레비전 방송의 요청으로 렘브란트의 명화 "돌아온 탕자"와 관련하여 방문하는 길에 네덜란드에서 갑자기 심장병이 도진다. 병원으로 옮기자 곧 회복되었고 큰 문제가 없을 것처럼 보였다. 그런데 뜻밖에 일주일도 채 안 되어 퇴원하기도 전에 심장병이 재발하여 끝내 숨을 거두게 된다. 1996년 9월 21일 토요일 새벽이었다. 그의 나이 64세였다.

그러면 이제 우리의 주의력을 나우웬의 영성신학으로 옮겨 보자.

홀로 처함과 침묵

나우웬의 영성관은 대부분 그의 수기체적인 혹은 자서전체적인 그의 작품 가운데서 엿볼 수 있다. 기록들이 대부분 그의 심령의 하나님에 대한 체험으로 되어 있기 때문이다. 나우웬은 심령의 발자취를 뒤따르는 사람이었다. 이 때문에 그의 작품은 마음이 통하는 친밀감과 진실성이 배어난다.

나우웬은 홀로 처함과 침묵하는 것을 크게 지지하는 사람이다. 그의 많은 초기의 작품들 가운데 나우웬의 독자에 대한 간곡한 권면을 볼 수 있다. 침묵을 영적 삶의 활력소 삼으라는 내용이다. 그런데 홀로 처한다는 것은 개인의 '하나님과의 만남'으로 '홀로' 하나님과 함께 만남에 '처하도록' 하는 것을 의미한다. ≪마음의 길≫(The Way of the Heart)에서 나우웬은 설명한다.

침묵은 우리가 세상에서 질식되지 않도록 지켜주고 하나님께 속한 말을 할 수 있도록 가르쳐 줍니다.(p. 75)

말하자면 그가 체득한 것은 우리의 마음 가운데 있는 이 세상의 잡음들은 우리가 하나님의 말씀으로 발을 내딛는 데 방해가 된다는 것이다. 다시 언급하기를 그가 말하는 홀로 처한다는 것은 사람이 세상을 등지고 사회와의 관계를 단절하는 것을 의미하지 않는다. 반대로 사람이 세상 가운데서 성장하도록 격려하는 것이다.

그는 논하고 있다.

그리스도인의 삶을 산다는 것은 세상에 살지만 이 세상에 속하지 않는다는 것을 의미합니다. 그런데 바로 홀로 처하는 중에 이런 내적인 자유가 성장할 수 있도록 하는 것이 필요합니다.(Out of Solitude, 1974, p. 21)

나우웬은 급하게 널려 있는 일을 하는 데 낭비하지 말라고 우리에게 경고한다. 대신에 우리 마음 가운데 계신 하나님의 음성에 귀기울여 보라고 충고한다. 홀로 침묵하는 중에 우리는 우리의 마음 속에 이미 계시되어 있는 오묘한 일을 알게 된다. 마음과 생각이 '조잘대는 말'로 인해 분산되지 않도록 해야 한다(The Way of the Heart, p. 31).

홀로 침묵하는 것이 중요한 이유는 '그분' 하나님의 음성에 귀기울이는 데 있다. 그분은 바로 우리를 '사랑받는 자'라고 칭하신 그분이다. 나우웬에게 있어서 기도는 '그분'이 우리를 '나의 사랑하는 딸아' '나의 사랑하는 아들아' '나의 사랑하는 자녀들아' 라고 부르시는 하나님의 부르심에 귀기울이는 것이다.

> 기도는 바로 그 소리가 당신 생명의 중심으로 향하도록 하는 것입니다. 당신의 오장육부를 향해 말하도록 하는 것입니다. 그 소리가 당신의 온몸과 마음에 메아리치도록 하는 것입니다.("Moving from solitude to Community to Ministry", Leadership, Spring, 1995, p. 82)

나우웬은 렘브란트의 명화 "돌아온 탕자"를 몹시 사랑한다. 자주 직간접적으로 그의 작품에서 언급한다. 그림에서 아버지는 다 해어진 누더기 옷을 입고 있는 아들을 온유하게 안고 있다. 이 모습이 하나님 자녀들의 마음을 감동시킨다. 마치 그분은 각각의 아들과 딸에게 말씀하고 있는 것 같다: "너는 나의 사랑하는 자녀다". 우리가 하나님의 사랑을 덧입고 있다는 것을 알고 마음에 기억하는 것은 매우 중요한 일이다. 나우웬은 우리에게 상기시킨다.

> 큰 성공을 했을 때나 또는 극도의 실패 가운데 있을지라도 한결같이 자기에 대한 긍정의 마음을 잃지 마십시오. 우리의 신분은 하나님의 사랑을 덧입은 사람이기 때문입니다. (위의 책, 82쪽)

나우웬은 매우 절묘하게 적고 있다.

홀로 할 때 발견하게 됩니다. 우리의 중요성은 '우리가 무엇을 했는가'에 있지 않습니다. 반대로 '우리가 무엇을 받았는가'에 있습니다. 우리는 자신의 판단의 결과가 아닙니다. 반대로 하나님의 사랑에서 태어난 것입니다.

홀로 할 때 우리는 하나님께서 당신 자신을 우리에게 계시해 주실 수 있는 공간을 얻을 수 있습니다. 그분의 지극하신 사랑으로 인해 그분은 우리를 창조했습니다. 또한 우리를 다시 빚으셨습니다.

홀로 할 때 우리는 발견합니다. 하나님께서 우리를 위해 먼저 뭔가를 하셨기 때문에 우리가 비로소 다른 사람을 위해 뭔가를 할 수 있습니다. 우리가 먼저 사랑을 받았기 때문에 우리가 비로소 사랑할 수 있는 것입니다. 우리가 이미 자유를 덧입게 되었기 때문에 우리가 다른 사람에게 자유를 가져다 줄 수 있는 것입니다. 우리가 먼저 받았기 때문에 우리는 줄 수 있습니다.

홀로 할 때 우리는 발견합니다. 우리가 부름 받은 것이 정신없이 바쁘게 살도록 함이 아니라는 것입니다. 혹은 사정없이 곤두박질 치라는 것도 아니라는 것입니다. 머릿속이 온통 불만과 정죄 판단으로 가득하도록 함이 아닙니다. 부름 받은 첫 번째 임무는 내면의 공간을 확보하라는 것입니다. 이 내면의 공간 안에 하나님이 들어오실 수 있고 우리를 가르치실 수 있습니다. 우리가 진정으로 누구인지 말입니다.("Spirituality and the Family," Weavings, Vol.3, p. 6)

의심할 것도 없이 나우웬에게 있어서 침묵과 홀로 처함은 우리 영적 삶의 핵심이다. 만약 침묵과 홀로 처함이 없다면 절대로 영적인 생활을 해 나갈 수가 없다.

공동체 생활

나우웬의 영성신학에서 또 다른 중요한 주제는 공동체 생활(Community)이다. 홀로 하는 것과 공동체 생활은 깊은 연관이 있다.

공동체 생활은 우리가 '사람들 무리 가운데서 자유와 열린 공간을 창조하고, 거기서 우리가 함께 진실된 순종을 익히고 배울 수 있도록 해줍니다.' 공동체 생활은 또한 '두렵고 고독한 특수상황에서 우리가 서로 의지하는 중에 자유를 주시는 하나님의 음성에 귀기울이도록 인도해 줍니다.' (Making All Things New, pp. 80-81)

나우웬에게 있어 공동체생활은 조직이 필요한 것이 아니다. 그것은 일종의 생활방식을 대표한다. 이 공동체 안에서 구성원은 "우리는 하나님의 사랑하는 자녀다"라고 선포할 수 있게 된다!

공동체 생활은 약간의 공통점만 있으면 된다. 교육적 배경, 심리적 상태, 사회적 지위 이런 것들이 우리를 함께하도록 할 수 있다. 하지만 이런 것들이 공동체 생활의 기반을 조성해 주는 것은 아니다. 공동체 생활은 하나님이 뿌리가 되어야 하고 하나님의 은사이다. 나우웬에게 있어서 공동체 생활의 비밀은 다음과 같다.

마침 그것이 모든 사람을 포함하고 있다는 것입니다. 개별적인 차이가 어떻든지 모두 그리스도의 형제 자매처럼 하나님 아버지의 자녀처럼 함께 생활할 수 있습니다.(위의 책, 83쪽)

공동체 생활은 마음에 달려 있다. 그리고 시간과 공간의 한계를 초월한다. 그러므로 '몸'이 함께하는 것이 필요한 것이 아니다. 몸이 함께하는 것만을 공동체생활이라고 부를 수 없다. 나우웬은 주장한다.

> 우리는 '몸은 따로 살면서' 공동체 생활을 할 수 있습니다. 이런 상황에서는 설령 시간과 공간이 서로를 갈라놓을지라도 우리는 여전히 자연스럽게 행동하고 진실되게 이야기하고 또한 고통을 인내할 수 있습니다. 그 친밀한 사랑이 우리와 다른 사람을 응집시켜 주기 때문입니다.(위의 책, 88쪽)

그러므로 공동체 생활의 훈련은 성령께서 우리를 어디로 인도해 가신다 할지라도 우리는 자유롭게 된다. 설령 우리가 원하지 않는 곳을 간다 할지라도. 나우웬에게 있어서 이것이야말로 진짜 오순절 경험이다. 성령께서 제자들에게 임했을 때 그들은 세계 각지로 파송받고 갔다. 그러므로 하나님의 영이 공동체 생활 가운데 우리를 응집시킨다.

섬김

'섬김', 이 주제는 나우웬의 개인의 성찰 혹은 저작 중에 큰 부분을 차지한다. 나우웬에게 있어서 섬김이란 '무엇을 했는가'

라기보다 일종의 관계이다.

> 섬김은 반드시 어떤 것을 신뢰해야 하는 것입니다. 만약 당신이 사랑을 덧입은 줄 안다면 당신과 공동체에 있는 사람들을 항상 너그럽게 용서해야 합니다. 그리고 그 은사를 칭찬해야 합니다. 그렇다면 당신은 바로 그때 섬기고 있는 것입니다.("Moving from Solitude to Community to Ministry," p. 85)

그러므로 섬김이란 바로 "당신이 하나님의 자녀임을 믿는 것이다." 게다가 우리가 섬길 때 능력이 우리에게서 나가고 사람이 섬김을 받게 된다.

나우웬은 우리가 섬길 때 '불쌍히' 여기는 마음을 가져야 한다고 여긴다. 섬기려면 아픔이 있는 곳으로 가야 한다. 왜냐하면 불쌍히 여기는 것은 섬김의 기본 요소이기 때문이다. ≪불쌍히 여김≫에서 모리슨(Mcneil, Morrison)과 나우웬은 공동으로 '불쌍히 여김'이 그리스도인의 삶 가운데서 차지하는 의의를 설명해 준다.

> '불쌍히 여김'(Compassion)이란 단어는 두 라틴어 pati와 cum에서 나온 말입니다. 이 두 글자가 같이 있을 때의 의미는 '~와 함께 고통받는다'란 뜻입니다. '불쌍히 여김'은 우리가 상처 받은 곳으로 가고 고통이 있는 곳으로 들어가서 깨지고, 두렵고, 어쩔 줄 몰라 하고, 고뇌 가운데 함께 나누는 것입니다. '불쌍히 여김'은 슬픈 자와 함께 슬퍼하고, 고독한 자와 함께 탄식하고, 우는 자

와 함께 눈물 흘리도록 우리에게 도전을 줍니다. '불쌍히 여김'이란 연약한 자와 함께 연약함을 느끼는 것입니다. 괴로워하는 자와 함께 괴로움을 당하는 것입니다. 무능한 자와 함께 무능케 되는 것입니다. (Compassion: A Reflection on the Christian Life, p. 4)

진정한 섬김은 가난한 곳, 고독한 곳, 고통의 장소로 가서 용감한 마음을 가지고 가난한 자, 고독한 자, 고통 받는 자와 함께 하는 것이다. 모든 섬김은 이런 비전 위에 세워져야 한다. 고통 받는 사람을 돕는 것을 섬김의 일부분으로 삼고자 한다면 먼저 연약한 자의 친구가 되어야 한다. 외롭고 소외된 사람을 개인의 고통 가운데서 인도해 내는 것은 중요한 일이라는 것을 나우웬은 알게 되었다. 이 고통이 공동체 공동의 고통이 될 수 있도록 허용해야 한다고 여긴다. 소외와 외로움은 고통을 지연시키고 가중시키는 과정밖에 되지 않기 때문이다. 그러므로 고통 받는 사람이 홀로 고통을 감수하게 내버려 두는 것보다는 나우웬이 말한 것처럼 연약한 가운데 함께 우정을 나누고 그와 동행하는 것이 낫다.

≪도움의 손길≫(Reaching Out)에서 나우웬은 '고통 가운데 동고동락하는' 것으로 사람과 사람 사이에 존재할 수 있는 관계 방식을 표현한다. ≪상처 입은 치유자≫(The Wounded Healer)에서는 '고통 가운데 동고동락하는 것'의 섬기는 자에게 있어서의 의의를 더 상세히 기술하고 있다. 만약 이 섬기는 사람이 영적인 리더로서 목회자의 책임을 맡고자 한다면 이 세상 가운데 있는 각종의 고초들을 마땅히 알아야 한다. 현재 몸담고 있는 시대의 고통을 알아야 한다. 사람들의 개별적인 고통을 알아야 한다. 섬기는

사람의 고통을 알아야 한다. 인간 세상 가운데 있는 실로 다양한 고통을 모른다면 결코 진정한 섬김의 사람이 될 수 없다.

　나우웬에게 있어서 '안다' 는 것은 전반적으로 그 가운데에 참여하는 것을 의미한다. 단순한 지식적인 이해의 차원이 아니다. 사람이 연약한 바로 그곳에서 하나님을 발견할 수 있도록 해야 한다. 이것은 마치 나우웬이 줄곧 이야기하는 '하나님의 길은 바로 연약한 길' 과도 같다. (Life signs: Intimacy, Fecundity, and Ecstasy in Christian Perspective, p. 66) 그러므로 고통받는 사람의 심령 깊은 곳을 어루만질 수 있고 열매 맺는 섬김의 사람은 연약함에 대해 상당한 체험이 있다. 그리고 다른 사람의 혐오와 아픔을 몸소 함께 느낀다.

결론

　나우웬의 영성관을 개관해 볼 때 우리에게 영적으로 생각해 봐야 할 곳이 많이 있음을 알게 한다.

　어떤 교회들은 '성공' 의 해악을 받고 눈앞의 유익만을 보는 근시안이 되었다. 문화와 신학의 영향으로 교회를 마치 회사처럼 운영한다. 오직 성공만을 추구한다. 나우웬의 신학적 관점은 넌지시 우리에게 일깨움을 주고 있다. 현재 교회의 문제가 "우리가 얼마나 많은 사람들에게 예수님을 믿게 했는가" 에 있지 않다. "우리 교회에 얼마나 많은 교인이 있는가" 에 있지 않다. 오히려 "우리의 생활이 얼마나 많이 예수님의 뜻을 받드는가" 에 있다. 한번은 침례회 목회자 수련회 석상에서 나우웬은 이렇게 말했다.

'섬김'은 가장 중요하지 않은 일입니다. 여러분이 하나님과 교통할 때, 공동체 생활을 영위할 때 사실 이미 섬기고 있는 것입니다. 많은 사람들이 늘 관심을 갖습니다. '내가 어떻게 다른 사람을 도울까?' '어떻게 젊은이들이 그리스도를 알 수 있도록 도울까?' '어떻게 하면 설교를 더 잘할 수 있을까?' 그런데 이런 것들은 다 근본적인 문제가 아닙니다. 만약 여러분의 마음 가운데 그리스도의 사랑이 불타고 있다면 이상의 문제로 고민하고 염려할 필요가 없습니다. 사람들마다 여러분의 마음 가운데 있는 뜨거움을 알기 때문입니다. 그들은 이렇게 말할 것입니다: "이처럼 하나님으로 충만한 사람을 내가 좀더 가까이해야겠다!" ("What Henri Nouwen Found at Daybreak", p. 28)

이 말은 나우웬 자신을 가장 훌륭하게 묘사하고 있다. 그리고 예언적인 충고이다. 그 스스로도 늘 자신이 가르치고 기술한 이상을 삶으로 나타내고자 했다. 그는 줄곧 자신의 모든 실패와 갈등을 고백하면서도 여전히 하나님과 함께 나누고 누리는 삶, 공동체 가운데의 삶을 추구하며 살았다.

나우웬은 많은 위험들을 무릅썼다: 개인의 사적인 일들을 나누는 위험, 불쌍히 여김 가운데 홀로 처하는 위험. 이런 것들은 그의 기도와 삶이 한데 어우러진 결과를 우리에게 제공하기 위함이다. 나우웬의 투명하게 열리고 그처럼 연약함 그리고 아낌없는 나눔으로 인해 우리는 익히 알게 된다. 설령 장기적인 갈등과 몸부림, 걸려 넘어져 있는 영혼, 그럼에도 불구하고 마치 나우웬처럼 여전히 집에 돌아가는 길을 찾을 수 있었다는 것이다. 그리고 그와 접촉했던 수많은 사람들이 그의 솔직한 고백으로 인해 그리스도 안에서 더 깊이 뿌리를 내릴 수 있게 되었다. 믿으라, 집으로 돌아가는 것이 그처럼 어려운 일이 아니라는 것을.

| 저자 소개

영성실천가 사무엘 초우

　　사무엘 초우(Samuel H. H. Chiow) 박사는 목회자 가정에서 태어났다. 그는 타이완 타이베이에서 태어나서 어렸을 때부터 부모님을 따라다니면서 개척하고 교회를 섬기고 또한 해외선교에 힘썼다. 초등학교 3학년 때 타이완을 떠난 후 그의 성장과 학업은 대부분 해외에서 이루어졌다. 영어는 그의 모국어와 같이 되었고 중국어는 많이 모자랐다.

　　스무 살 때 부르심을 분명히 깨닫고 주님의 일꾼으로 헌신하였다. 부모님의 인도 하에 전임사역자의 길로 들어서게 되었다. 고등학교는 미국 아이오아 주에 있는 기독교 기숙사 학교에 다녔다. 이 학교는 전도자 무디의 한 동역자가 세운 학교로, 그리스도인의 영성 성장을 배양하는 기숙사 학교다. 그 후에 선교로 유명한 콜롬비아 국제대학을 졸업하였다. 그의 성경과 선교훈련은 이곳에서 기초를 닦게 되었다.

　　시카고 트리니티 신학교에서 M. Div. 과정을 공부할 때 신학에 깊이를 더함과 동시에 목회에 있어서 많이 배우고 실습했다.

게다가 박사과정에 있을 때 부친이 섬기는 미주리 주의 세인트루이스 중국인 교회에서 동역하며 섬겼다. 그러면서 필자는 당시의 교회의 가르침 중에 기독교 전통을 논하는 사람이 극히 적음을 알게 되었다. 특기 교부시대의 고귀한 영적 자원과 유산을 이해하는 사람은 훨씬 적다는 것을 알게 되었다. 그래서 트리니티 신학교에서 또 박사과정에 있을 때 연구의 핵심을 모두 교부시대에 두었다.

왜 필자가 영성신학에 대해 흥미를 갖게 되었는가? 그가 트리니티에서 M. Div. 과정에 있을 때 여러 신학교에서 공동으로 개설한 커리큘럼에 참가했다가 세인트메리 신학교의 영성신학 과목을 접하게 되었다. 그로부터 영성신학의 가르침을 체험하게 되었다.

그후 필자는 교인들의 반대에도 불구하고 천주교 예수회에서 운영하는 세인트루이스 대학의 신학대학원에서 박사과정을 밟기로 단호한 결정을 내렸다. 가장 큰 원인은 세인트루이스 대학 도서관에 교부시대의 고귀한 자료들이 충분히 소장되어 있었기 때문이다. 그 도서관에 소장되어 있는 자료는 로마 바티칸에 버금가는데 이것은 필자가 교부시대의 신학을 연구할 때 많은 도움이 되었을 뿐만 아니라 동시에 필자의 시야를 더 크게 넓혀 주었다.

이러한 연구로 인해 초우 교수는 오늘날의 교회가 전도의 성과를 너무 고려하다 보니 그리스도인들이 자기도 모르는 사이에 자신들을 초신 시절의 은혜에 국한시키고 보편적으로 영성 성장의 중요성을 소홀히 하는 것을 보았다. 영성 성장에 있어서 중요한 것은 죄 문제를 극복하는 것과 이 세계에 관심 갖고 섬김을 베푸는 것이다.

우리는 항상 스스로 조용히 묵상하고 홀로 있는 시간을 가져야 한다. 이때 우리의 삶은 동과 정의 율동감이 있게 되고 이렇게 함으로써 더 하나님을 알게 되고 또한 자신을 알게 되어 하나님의 빛 비추임 속으로 나아가게 되고 성령님께서 가져다주시는 변화와 새로워짐을 경험하게 된다. 이럴 때 우리는 비로소 신앙과 생활이 잘 어우러진 삶을 살 수 있게 된다.

그는 1988년 박사학위를 마치고 31세에 타이완으로 돌아와 20년간 중화복음신학교에서 강의했고, 2008년부터 타이완 카오슝에 있는 성광신학교에서 학장으로 재직 중이다. 가르치는 분야는 조직신학과 역사신학 과목이다. 현재 아내와 두 딸과 함께 살고 있다.

|판 권|
|소 유|

이름 없는 구름

2009년 12월 10일 인쇄
2009년 12월 15일 발행

지은이 | 사무엘 초우
옮긴이 | 조승호
발행인 | 이형규
발행처 | 쿰란출판사

주소 | 서울 종로구 이화동 184-3
TEL | 02-745-1007, 745-1301, 747-1212, 743-1300
영업부 | 02-747-1004, **FAX** | 02-745-8490
본사평생전화번호 | 0502-756-1004
홈페이지 | http://www.qumran.co.kr
E-mail | qumran@hitel.net
          qumran@paran.com
한글인터넷주소 | 쿰란, 쿰란출판사

등록 / 제1-670호(1988. 2. 27)

책임교열 / 임영주 · 송은주

값 10,000원

ISBN 978-89-5922-847-8   93230

*이 출판물은 저작권법에 의해 보호를 받는 저작물이므로 무단 복제할 수 없습니다.
 잘못된 책은 교환해 드립니다.